国家出版基金项目
NATIONAL PUBLICATION FOUNDATION

徽学文库　主编◎卞利　副主编◎胡中生

徽州民间信仰

樊嘉禄　张孝进　赵懿梅　张小明◎著

北京师范大学出版集团
BEIJING NORMAL UNIVERSITY PUBLISHING GROUP
安徽大学出版社

图书在版编目(CIP)数据

徽州民间信仰/樊嘉禄等著. —合肥:安徽大学出版社,2016.4
(徽学文库/卞利主编)
ISBN 978-7-5664-1038-2

Ⅰ.①徽… Ⅱ.①樊… Ⅲ.①信仰—民间文化—研究—徽州地区 Ⅳ.①B933

中国版本图书馆 CIP 数据核字(2015)第 281477 号

徽州民间信仰
Huizhou Minjian Xinyang

樊嘉禄　张孝进　著
赵懿梅　张小明

出版发行:	北京师范大学出版集团
	安 徽 大 学 出 版 社
	(安徽省合肥市肥西路 3 号 邮编 230039)
	www.bnupg.com.cn
	www.ahupress.com.cn
印　　刷:	合肥远东印务有限责任公司
经　　销:	全国新华书店
开　　本:	170mm×240mm
印　　张:	20
插　　页:	1.5
字　　数:	294 千字
版　　次:	2016 年 4 月第 1 版
印　　次:	2016 年 4 月第 1 次印刷
定　　价:	52.00 元

ISBN 978-7-5664-1038-2

策划编辑:鲍家全　张　锐	装帧设计:张　浩　李　军
责任编辑:李加凯	美术编辑:李　军
责任印制:陈　如	

版权所有　侵权必究

反盗版、侵权举报电话:0551—65106311
外埠邮购电话:0551—65107716
本书如有印装质量问题,请与印制管理部联系调换。
印制管理部电话:0551—65106311

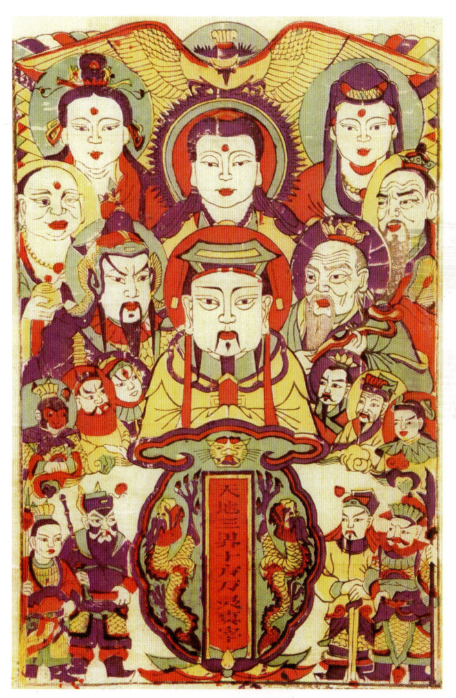

天地三界十方万灵真宰纸马

奉敕安社

傩舞土地公

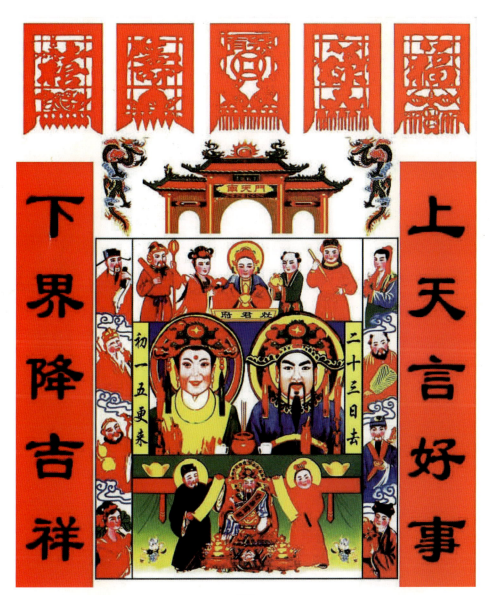

送灶

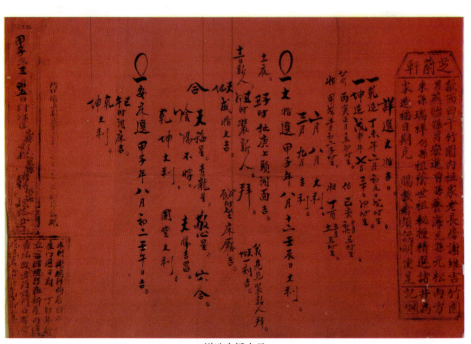

详选大婚吉日

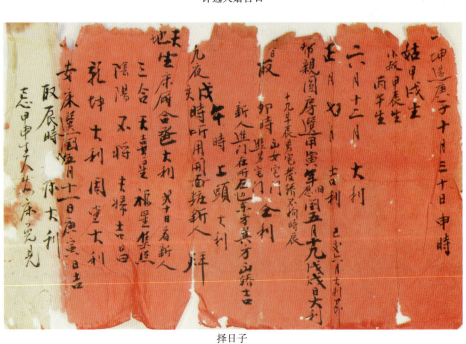

择日子

齐云山太素宫玄天上帝塑像

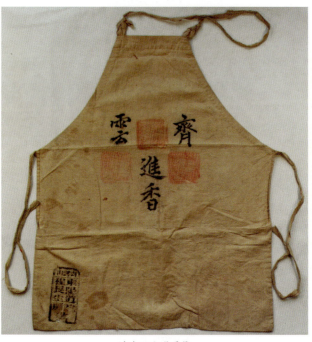

清齐云山进香袋

清《齐云山求子版画》正面

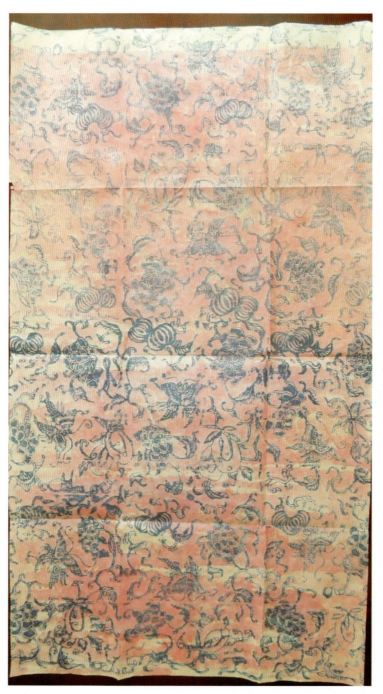

清《齐云山求子版画》背面

2015年清明云岚山汪华墓祭

绩溪上庄汪公菩萨游神看稻（许琪供图）

2015年3月绩溪余川汪华诞辰祭祀神像

2012年重修三公祖墓

杨家坞九相公佛仙纪念碑

抬汪公（许琪供图）

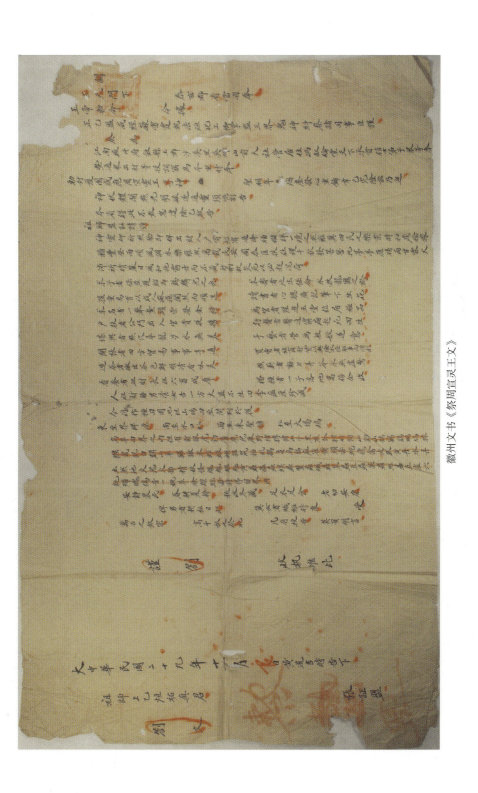

徽州文书《祭周宣灵王文》

黎阳仗鼓（许琪供图）

祁门黄龙口新人上祖坟

黟县宏村汪氏宗祠寝堂

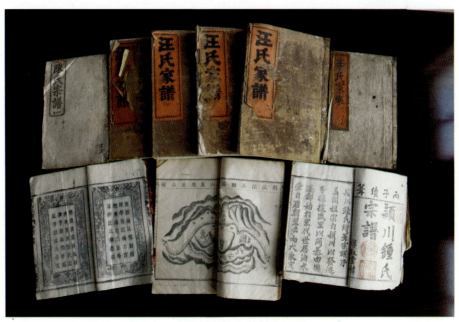

黄山学院图书馆藏族谱

宏村南湖

2012年葬礼前停放在祁门黄龙口永安堂的棺木

黄山学院图书馆收藏歙县晓溪项氏祖容像

2015年清明汪王祭于唐模举行全国汪氏宗亲及嘉宾流水宴

2012年黄龙口汪氏宗族晒谱仪式

村民拜谱

火狮舞表演

跳钟馗

轩辕车会

休宁徐双全收藏牌匾

徽州文化寻根馆藏对联

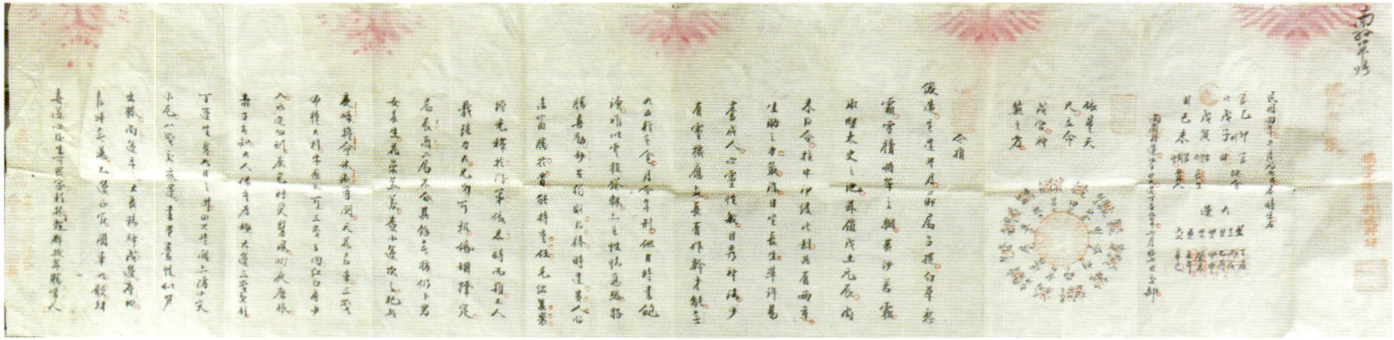

民国初年的“流年大单张”（全图）

民国初年的"流年大单张"（局部图1）

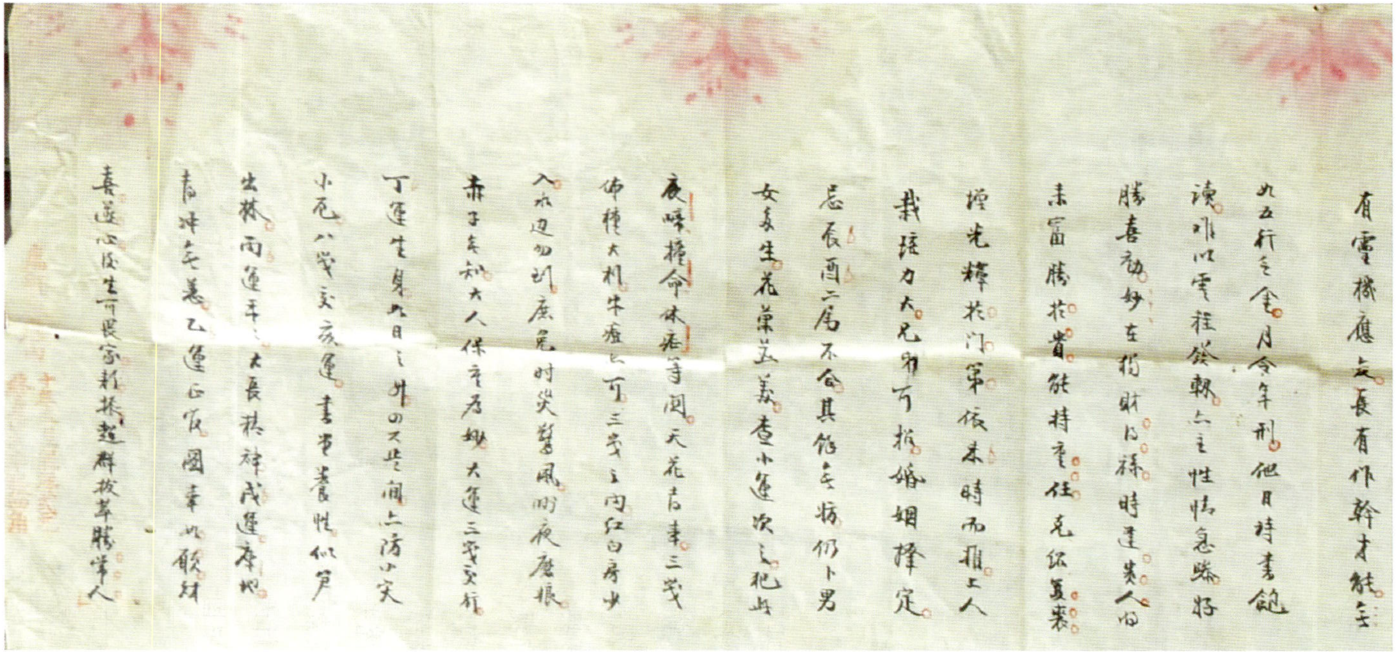

民国初年的“流年大单张”（局部图2）

总 序

尽管"徽学"一词出现的时间较早,但是,作为一门新兴的学术和学科研究领域,"徽学"则仅有不到百年的历史。1932年,徽州乡贤、近代山水画的一代宗师黄宾虹在致徽州乡土历史文化研究学者许承尧的一封信函中第一次提出了具有学术意义上的"徽学"概念。①

客观地说,黄宾虹所说的"徽学"及其研究对象,实际上还仅仅指的是徽州的地方史研究,与我们今天所称的"徽学",在学术内涵上还有一定的差别。此后,随着富有典型特征的徽州庄仆制、徽商和徽州宗族与族谱研究的不断深入,真正具有现代学术和学科意义上的"徽学"才逐渐进入人们的视野。

正如徽学的开创者和奠基人、中国社会经济史学派创始者傅衣凌先生在总结自己20世纪三四十年代对徽州庄仆制和徽商的研究时所指出的那样,他对徽州的研究并不是立足于对徽州地方史的探讨,而是通过对徽州伴当和世仆的研究,探索中国的奴隶制度史;对徽商的研究,则是基于为中国经济史研究开辟一个新天地。也就是说,徽学的研究对中国历史的意义体现为,其在充实和完善中国奴隶制度史、中国经济史以及中国社会史等领域,已经远远突破了徽州地方史的界限,而成为整体中国史研究的一部分。傅衣凌先生

---

① 卢辅圣、曹锦炎主编:《黄宾虹文集·书信编·与许承尧》,上海:上海书画出版社,1999年。

敏锐地预见到,"徽州研究正形成为一种专门的学问,活跃在我国的史学论坛之上"①。

然而,作为一个严格意义上的学术和学科专门研究领域,徽学的形成、发展与繁荣,主要还是借助于近百万件自宋至民国时期徽州原始契约文书的发现和研究。徽州的契约文书自1946年4月在南京首次被学者发现以来,至今已逾半个世纪。随着徽州20世纪50年代土地改革运动的展开以及1978年以来改革开放政策的实行,深藏于歙县、休宁、婺源、祁门、黟县和绩溪等原徽州(府)六县民间的各类原始契约文书开始被大规模地发现。据不完全统计,迄今为止,徽州原始契约文书包括卖身契、土地买卖与租佃契约、分家阄书、鱼鳞图册、赋役黄册、诉讼案卷、科举教育文书、置产簿、誊契簿、徽商账簿和日记杂钞等类型,且上起南宋,下迄民国,时间跨度近千年之久,总量约有100万件(册)之巨。

同祖国其他地域相继发现的原始契约文书相比,徽州契约文书具有真实性、连续性、具体性、典型性、启发性和民间性等诸多特征,而且内容丰富,类型广泛,蕴含着大量的历史信息,为我们进行宋元明清时期各种制度运行特别是明清时期历史社会实态的研究提供了丰富的资料。我们知道,敦煌文书的时间下限在北宋,徽州契约文书的上限则在南宋,正好与敦煌文书相连。如果我们把敦煌文书和徽州文书中的动产与不动产买卖和租佃文书联系起来进行考察,一部中国古代动产和不动产买卖与租佃制度及其运行史便可以完整地复原和再现出来。

正是由于徽州契约文书蕴含着如此珍贵的历史信息和丰厚的学术内涵,它的发现引起了国内外学术界的高度重视。1978年以后,海内外学者纷纷到北京和安徽,查阅徽州契约文书,深入契约文书的发现地——徽州,进行田野调查。英国著名学者约瑟夫·麦克德谟特在对徽州原始契约文书进行全面调查后,撰文指出,徽州契约文书等原始资料是"研究中华帝国后期社会与

---

① 刘淼辑译:《徽州社会经济史研究译文集·傅衣凌序》,合肥:黄山书社,1988年。

经济史的关键","对中华帝国后期特别是明代社会经济史的远景描述,将在很大程度上依赖于徽州的原始资料"①。日本著名学者鹤见尚弘则认为,徽州契约文书的发现,"其意义可与曾给中国古代史带来飞速发展的殷墟出土文物和发现敦煌文书新资料相媲美,它一定会给今后中国的中世和近代史研究带来一大转折"②。白井佐知子也强调,"包括徽州文书在内的庞大的资料的存在,使得对以往分别研究的各种课题做综合性研究成为可能……延至民国时期的连续性的资料,给我们考察前近代社会和近代社会连续不断的中国社会的特性及其变化的重要线索"③。

有学者认为,徽州文书是继甲骨文、简帛、敦煌文书和明清故宫档案之后20世纪中国历史文化的第五大发现。④ 正如甲骨文、简帛、敦煌文书和明清故宫档案的发现与研究催生了甲骨学、简帛学、敦煌学和明清档案学等学科一样,徽州文书的发现和研究,也直接促成了徽学的诞生。徽学是利用徽州契约文书,并结合其他相关文献资料进行研究的专门的学术研究领域。它以徽州社会经济史、特别是明清徽州社会经济史为研究主体,综合研究整体徽州历史文化以及徽州人的活动(含徽州本土和域外)。在历经半个多世纪的发展之后,徽学终于在20世纪80年代中期最终形成,正逐步走向成熟与繁荣。傅衣凌关于徽商、徽州庄仆制和土地买卖契约的研究,叶显恩的《明清徽州农村社会与佃仆制》,章有义的《明代徽州土地关系研究》和《近代徽州租佃关系案例研究》,张海鹏主编的《徽商研究》等著作,都是利用契约文书进行研究所取得的成果中的佼佼者。

国学大师王国维曾经说过,"古来新学问起,大都由于新发见。有孔子壁中书出,而后有汉以来古文家之学;有赵宋古器出,而后有宋以来古器物、古文

---

① [美]约瑟夫·麦克德谟特:《徽州原始资料——研究中华帝国后期社会与经济的关键》,载《徽学通讯》,1990年第1期。
② [日]鹤见尚弘:《中国社会科学院历史研究所收藏整理徽州千年契约文书》,载《中国史研究动态》,1995年第4期。
③ [日]森正夫等编:《明清时代史的基本问题》,北京:商务印书馆,2013年。
④ 周绍泉:《从甲骨文说到雍正朱批》,载《北京日报》,1999年3月24日。

字之学"。他紧接着论及了殷墟甲骨文、敦煌及西域各地之简牍、敦煌千佛洞之六朝及唐人写本卷轴、内阁大库之书籍档案和中国境内之古外族遗文等五项发现,认为:"此等发现物,合世界学者之全力研究之",当会产生新的学科。①如今,甲骨学、敦煌学、简牍学和明清档案学早已创立了各自的学科研究体系,并为学术界所广泛接受和认可。而徽学作为一门新兴学科则形成较晚,它的创立,首先得力于20世纪40年代后期以来徽州近100万件(册)原始契约文书的大规模发现;包括徽州族谱在内的9 000余种徽州典籍文献与文书契约互相参证;现存1万余处徽州地面文化遗存,更是明清以来至民国时期徽州人生产与生活的真实见证。所有这些,都构成了徽学这座大厦坚实的学术支撑。因此,以徽州社会经济史特别是明清徽州社会经济史研究为中心,整体研究徽州历史文化和徽州人在外地活动的徽学,正是建立在包括徽州契约文书在内的大量新资料发现这一基础之上的。通过对徽州文书、其他相关文献和地面文化遗存等资料的整理和分析,研究者得以综合研究明清社会实态,重新检视中国封建社会后期社会经济与文化的演变历程和发展轨迹,进而从整体上把握中国封建社会发展特征和规律。这正是徽学的学术价值之所在。

进入21世纪以来,随着教育部人文社会科学重点研究基地——安徽大学徽学研究中心的批准设立,徽学研究开始进入一个崭新的发展阶段。作为徽学基础研究、资料整理、人才培养、咨询服务的唯一一所教育部人文社会科学重点研究基地,安徽大学徽学研究中心一向重视徽学前沿领域的探讨和研究,致力于徽州文书和文献的整理与出版,致力于徽学学科的建设和人才队伍培养,致力于海内外徽学研究的交流与合作。徽州契约文书和文献的系统整理、研究与出版的全面展开,徽学理论与学科建设的有序进行,徽学专题研究成果的次第推出,特别是具有宝贵文献价值的20卷本《徽州文化全书》的整体出版,以及徽学研究国际交流与合作的繁荣,都为徽学研究向纵深领域

---

① 王国维:《王国维遗书》第五册《静庵文集续编·最近二三十年中国新发现之学问》,上海:上海古籍出版社,1983年。

拓展奠定了坚实的基础。在《徽学研究资料辑刊》《徽州文书》和《海外徽学研究丛书》等系列成果的基础上,此次隆重推出《徽学文库》,显示出了该研究机构开阔的学术视野和深远的学术见识。

本次推出的《徽学文库》,精选近年来徽学研究的最新成果。本丛书既有国家社会科学基金等国家级项目结项成果,也有教育部人文社会科学重点研究基地重大项目的最终鉴定结项成果,还有中国台湾学者的研究——它为祖国大陆的徽学研究提供了不同的视角和必要的补充。这些成果内容涵盖了徽学理论探讨和学科体系建设的成果、徽学专题研究,以及徽州文化遗存调查、保护与研究。因此,无论是就选题内容的广度和深度、作者队伍的结构与层次,还是就成果的质量及水平而言,本丛书都堪称目前徽学研究前沿领域的精品,集中代表和反映了徽学研究的现状与未来发展趋势。

徽学是20世纪一门新兴的学科和一块专门的研究领域,徽学所研究的徽州整体历史文化既是区域历史文化,又是中国传统文化的杰出代表,是"小徽州"和"大徽州"的有机结合。徽学的学科建设,不仅关系徽学的可持续发展问题,也直接涉及中国地域文化研究理论和范式的创新问题,是徽学融入全球化视野,与国际接轨、开展国际交流合作和构建徽学学科平台的重要基石。

因此,我们有理由相信,随着《徽学文库》的出版,徽学一定会在整体史和区域史研究中发挥积极作用,徽学的学科建设也势必在更加广阔的天地中得到进一步发展和提升。

是为序。

卞 利

2014年7月2日于

安徽大学徽学研究中心

序

　　民间信仰和宗教信仰是两种不同层次的文化现象。它是人类在生活中基于一定的信仰心态所形成的社会风俗与习惯，它包括信仰观念、崇拜心理、禁忌，以及有关崇拜与信仰的各种具体操作仪式。在民众的精神生活中，民间信仰是隐藏在普罗大众内心深处的一种内涵丰富而微妙的世界。

　　正如其他民俗具有地域性一样，民间信仰同样具有很强的地域性特征。作为自然环境相对封闭的地理空间，自东汉末年至南宋之初，先后经历三次中原地区世家大族南迁移民运动的徽州社会开始稳定下来。聚族而居，人文鹊起，经济发达，成为南宋以降徽州社会、文化和经济的一般现象。而随着新安理学的崛起、徽州商帮的形成、科举入仕的成功，徽州逐渐赢得了"礼仪之邦"、"文献之国"和"东南邹鲁"之誉。与此同时，徽州的民间信仰也逐步呈现出多样化的发展趋势，举凡山川、风雨、雷电等自然神灵信仰，三教与行业神灵信仰、祖先崇拜，以及巫术和各种生产与生活禁忌等民俗，都在一个独特的时代和社会背景下，得到了系统的整理，形成了内涵丰富、形式多样的民间信仰民俗。

　　由樊嘉禄教授等著的《徽州民间信仰》一书，从自然崇拜与阴阳五行信仰，三教诸神与行业神、功能神崇拜，区域神灵崇拜、祖先崇拜，以及巫术和禁忌等多个视角，对历史上特别是宋代以来徽州地区的民间信仰，进行了较为系统的梳理和全面深入的探讨。

纵观全书,我们欣喜地发现,无论在内容的选择、理论方法的使用和文书文献的利用,还是在篇章结构和研究的视角等方面,都堪称是迄今为止徽州民间信仰研究领域最为系统的一部力作。

内涵丰富,内容充实。徽州民间信仰具有丰富的内涵和多样化的类型。对此,明代万历《歙志》曾有精彩的描述,云:"邑有祠庙,大都四端:崇德以淑士者、先师、先儒也;报功以保民者,忠壮、忠烈也;祭赛以祈年者,社稷、山川、风云、雷雨也;褒美以劝俗者,孝子、尚贤也。城隍犹之社稷也,东岳犹之山川也,蔺将军犹之二忠也,孚惠王犹之孝子也,睢阳、忠武几遍齐州矣。汉寿亭侯远恢夷裔矣,不独吾邑也。若厉坛之设,毋亦曰国殇,若敖之鬼乎?而义所从来矣。"这种分类现在看来,不一定科学,但确实道出了徽州历史上民间信仰复杂多样的事实。经过作者的精心剪裁与周密安排,本书依次从天地山川等自然神灵的崇拜、阴阳五行的信仰,逐步过渡到儒释道三教信仰和商业、教育等行业神崇拜,汪华、程灵洗、张巡、许远等区域乡土英雄神灵的形塑与崇拜,再到祖先崇拜和巫术与禁忌,特色鲜明的徽州民间信仰之内在逻辑和宏大画卷,便由此清晰地展现在读者面前。

文书文献史料翔实,并多系首次披露和利用。本书的最大特色,或者说最富有学术价值的部分,是其极为丰富的第一手文书资料的广泛挖掘和使用。在每一章节中,本书都大量利用黄山学院近年来收集的徽州原始文书。这些专题性文书的广泛使用,不仅使所论述的内容更加充实完善,观点更加鲜明突出,结论更具有说服力,而且更为重要的是,它为读者特别是为研究者进一步分析和探讨徽州的民间信仰提供了非常珍贵的原始文献资料与广阔的研究空间。这样一种以史料说话的朴实学风,对当下动辄冠以新理论和新方法而缺乏史料论证的所谓"学术创新",可谓是一剂苦口的良药,是十分值得倡导的一种扎实学风。

视野开阔,视角独特。尽管本书研究和关注的对象是徽州这一独特地理空间的各种民间信仰,但作者并未就徽州论徽州,只见树木,不见森林,而是以更加宏观的视野,将徽州地域的民间信仰置于广阔的整体史框架内予以考察。在对徽州地域乡土神灵越国公汪华的信仰和崇拜进行考察时,作者就独具匠心地将汪华从人到神的演变过程,通过北宋以来的历代帝王持续敕封,并从国家、地方和民间互动的视角,鲜活地勾勒出了汪华的神化轨迹。不唯如此,作者还从汪华等神灵的祭祀仪式叙述入手,剖析徽州乡土神灵信仰与崇拜所蕴藏的深刻内涵。毕竟仪式是民间信仰的显性表现形式,立足对祭祀仪式的说明与阐释,使得其对徽州民间信仰的分析与研究更趋细致而深入。

跨学科理论与方法的使用与分析。本书以历史学科为主,综合利用了社会学、人类学和民俗文化学等学科的理论与方法,对植根于徽州的各类民间信仰与社会空间,展开了全面而系统的分析与探讨。既注重对徽州地域小传统的叙述与阐释,也关注中国大历史的背景分析。尤为值得肯定的是,作者将徽州地域的小传统置于中国大历史的宏大叙事背景下进行探讨和研究。宏观分析和微观探讨相结合方法的使用,使整体史下的徽州地域社会空间的民众信仰特征更加鲜明地凸显出来。

最为值得称道的是,建立在大量丰富而翔实的文书和文献资料基础之上的研究,使得本书的创新性观点迭出。众所周知,徽州一向以"东南邹鲁"之地而享誉遐迩,似乎民间信仰都是围绕传统儒家思想和道德实践而展开。为此,许承尧曾专门引用江登云的《歙风俗礼教考》,来论证和解释包括儒释道三教在内的宗教与民间信仰在徽州没有市场的原因,指出:"徽州不尚佛、老之教,僧人、道士惟用之以事斋醮耳,无敬新崇奉之者,所居不过施汤茗之寮,奉香火之庙,求其崇宏壮丽所谓浮屠、老子之宫,绝无有焉。于以见文公道学之乡,有不为歧途惑者,其教泽入人深者哉。"我早就对徽州缺乏佛道信仰的观点提出质疑,依据是《清道光十四年绩溪蜀马村觉重建觉乘寺记碑》所云:"独兹古刹千有余年,犹能后先相继而存之,且加宏壮焉。岂释氏之教,果高于儒耶?"但总觉论据不足。本书以雄辩的事实证明:"推崇儒家教化,贬抑佛道二教地位,徽州本土知识分子的良苦用心昭然可见,却与该地民间信仰的事实有很大的差距。"这一结论再次印证了我当初的看法。类似的创新性观点和见解,在本书中可谓层出不穷,比比皆是。就此而言,本书不失为一部极具创新意义的徽州地域民间信仰研究专著。

我和樊嘉禄教授交往有年,知他在非物质文化遗产研究领域成就卓著。在《徽州民间信仰》行将出版之际,他又发来本书的排印稿,并嘱我为其作序。

拜读整部厚重的《徽州民间信仰》著作,见其史料丰实、结构严谨、论述有力、新见迭出,不禁击节称叹,并拉拉杂杂地写下以上文字,权作是读后感想吧。

是为序。

卞利

2015 年 12 月 16 日

目 录 MULU

前 言 ………………………………………………………………… 1

第一章　自然崇拜与阴阳五行信仰 ……………………………… 1

　　第一节　天地诸神崇拜 ……………………………………… 1
　　第二节　阴阳五行信仰 ……………………………………… 23

第二章　三教神灵与行业神、功能神崇拜 ……………………… 54

　　第一节　三教神灵崇拜 ……………………………………… 54
　　第二节　行业神、功能神崇拜 ……………………………… 92

第三章　区域性神灵崇拜 ………………………………………… 119

　　第一节　汪华崇拜 …………………………………………… 119
　　第二节　张巡、许远诸神崇拜 ……………………………… 150

第四章　祖先崇拜 ·· 179
第一节　徽州祖先崇拜概述 ································· 182
第二节　徽州祠祭和墓祭 ···································· 213

第五章　巫术与禁忌 ·· 246
第一节　巫术 ·· 248
第二节　禁忌 ·· 280

参考文献 ·· 301

前 言

徽州文书的发现和研究,直接催生了一门新兴学科——徽学。正如徽学前辈中国社会科学院历史所栾成显先生曾经指出的,徽学的研究对象虽有一定的区域性限制,但徽学的内涵则是具有普遍性的。它反映的历史文化的性质具有广泛的意义。

民间信仰是一种普遍存在的特殊而复杂的社会文化现象,是文化的重要组成部分。徽州民间信仰与其他文化现象一样在中国传统社会特别是汉民族地区具有典型代表性。作为徽学研究不可忽视的一部分,徽州民间信仰研究具有重要的学术价值。

有关民间信仰的研究,前人已经做了大量的工作,其中有关民间信仰的内涵阐述和外延的界定对于我们开展本课题研究具有重要的指导意义。例如,乌丙安《中国民间信仰》(上海人民出版社,1995)关于中国民间信仰几千年来一直处于一以贯之的自然、自发状态,处于一种世代因袭、缓慢前移的"冷文化"状态等特征,以及民间信仰与宗教之间的十大区别等论述,对于我们甄别研究内容、确定研究对象的范围很有启示。此外,金泽先生的《中国民间信仰》(刘魁立先生主编的《中国民间文化丛书》之一卷,浙江教育出版社,1990)、陈旭霞《中国民间信仰》(河北人民出版社,2013)、徐晓望《福建民间信仰源流》(福建教育出版社,1993)、王水《江南民间信仰调查》(上海文艺出版社,2006)、姜彬主编《吴越民间信仰习俗》(上海文艺出版社,1992)、吴效群主编的《中原文化大典·民俗典·民间信仰》(中州古籍出版社,2008)、王景琳和徐陶《中国民间信仰风俗辞典》(中国文联出版社,1992)等等,也具有重要的参考价值。然而,正如有位学者指出的,过去相关研究多集中在西南少数民族,汉族地区的民间信仰除了华南地区涉及较多外,总体上相当薄弱。①

除了民间信仰综合性研究著作外,一些有关民间信仰某一方面的专门研究也值得关注。如宋兆麟先生《巫与民间信仰》(中国华侨出版社,1990)、李乔先生的《中国行业神崇拜》(中国文联出版社,1985),还有宗力、刘群主编《中国民间诸神》(河北人民出版社,1986)、何星亮《中国自然神与自然崇拜》(上海三联书店,1992)等等,均为本书相应部分研究提供了参照系。

徽州的民间信仰已经为一些徽学研究者所关注,如王振忠《徽州社会文化史探微》(上海社会科学院出版社,2002)、卞利《明清徽州社会研究》(安徽大学出版社,2004)、陶明选《明清以来徽州民间信仰研究》(复旦大学博士论文,2007)、何巧云《清代徽州祭祖研究》(安徽大学博士论文,2010),以及《徽州文化全书》多卷中都有涉及徽州民间信仰的内容。论述的角度或有所不同,但无疑值得借鉴。此外,在徽州地区《故园徽州网》等信息平台上,多年来总是有地方学者将自己所见资料、所思心得与大家分享,对于本书研究也大有裨益。还有大量的前人研究成果为本书所引用,在相应部分都做了注释说明,这里不一一细述。

本书是教育部社会科学研究项目"徽州乡土文献中民间信仰研究"(10YJAZH017)的研究成果,其中,部分内容也是安徽省教育厅人文社科研究基地重点项目"徽州目连戏民间演出本研究"(2011SK789zd)的成果。主要依据是传统诗文集以外的徽州乡土文献资料,包括地方志、宗谱、掌故丛谈、契约文书、民间文化刻本与钞本、墓葬碑刻、民间艺术实物资料及口传资料等与徽州地方文化紧密相关的文献资料。徽州传统社会中存在过的民间信仰活动有不少现在已消失殆尽,正是凭借这些乡土文献才得以确认。从研究方法上说,本书是通过田野访查与乡土文献互补勾勒出徽州民间信仰全貌。

本书共有五章,涉及自然崇拜、阴阳五行信仰、三教诸神和行业功能神崇

---

① 杨正军:《近三十年中国民间信仰功能研究综述》,载《西南边疆民族研究》,2015年第2期,第189—196页。

拜、祖先崇拜、地方神崇拜以及巫术与禁忌等内容,既有汉民族民间信仰共性的内容,也有带有显著的徽州地方特色的内容。具体分工:樊嘉禄承担第一章和第二章第二节(约7万字),张孝进承担第二章第一节和第三章第二节(5万余字),赵懿梅承担第三章第一节和第四章(8万字),张小明承担第五章(约5万字)。4位作者原本均在黄山学院工作。该校地处古徽州腹地,是徽州文化研究的主要单位之一,收藏了近10万件徽州文书。近些年,有包括本书作者在内的多位学者以安徽省人文社科重点研究基地"安徽非物质文化遗产研究中心"和学校"徽州文化研究所"为平台开展相关研究工作,取得了有一定影响力的成果。2014年底,樊嘉禄教授应组织安排调离该单位,现在安徽广播电视大学工作。本课题组成员学科专业各异,但大家对于徽州文化研究具有共同的兴趣。由于内容特点不同,各部分内容在表述方式上不可避免存在差异,比如,阴阳五行信仰部分比较强调对理与术的介绍,而巫术与禁忌中则侧重于该文化的当代意义等等。我们认为,这种差异也是合理的,故未刻意地对全书的写作风格进行统一处理。

我们深切地感受到,此项研究充满着挑战,涉及的内容的把握和资料的收集都存在较大难度。在书稿集中写作的两年多时间里,大家相互鼓励,相互鞭策,竭尽所能,终于达到既定目标。毋庸置疑,书中仍有这样和那样的不足,希望出版之后得到各位专家的批评、指正。同时,我们也将继续努力,将这一课题继续深入下去,有机会再版时一定将发现的问题一一纠正。

在本书出版过程中,得到出版社领导的鼎力支持,保证了本书的顺利出版。安徽大学徽学研究中心主任卞利教授百忙之余为本书作序,又为本书添色增光。在此一并表示感谢!

作者
2015年10月

第一章 自然崇拜与阴阳五行信仰

天地诸神崇拜和阴阳五行信仰既是中国传统社会民间信仰的基础,也是徽州民间信仰的基本背景和重要组成部分。

第一节 天地诸神崇拜

一、天地崇拜

自古以来中国人就十分敬畏天地诸神,历代朝廷对敬天神之事,不敢稍有怠慢,明朝廷更是将天地诸神规定为正统祭祀对象。明初对国家、诸侯国、府州县及庶人等不同层次的祭祀从对象和内容上都作了明确的规定。据《明史·礼志》记载:"洪武元年,命中书省暨翰林院、太常司,定拟祀典。乃历叙沿革之由,酌定郊社宗庙仪以进。"

国家祭祀分为三个层面,据《明史》卷四七记载,大祀的对象包括"圜丘、方泽、宗庙、社稷、朝日、夕月、先农";中祀对象有"太岁、星辰、风云雷雨、岳镇、海渎、山川、历代帝王、先师、旗纛、司中、司命、司民、司禄、寿星";小祀的对象则为诸神。后来又有调整,将先农、朝日、夕月改为中祀。对不同的祭祀场合参加者也作了明确的规定,如天子亲自参加的有"天地、宗庙、社稷、山川"等。一般中祀、小祀都要"遣官致祭",而帝王陵庙及孔子庙,则传制特遣。

除此之外,若国有大事,还要命官祭告。在王国层面,所祀对象为"太庙、社稷、风云雷雨、封内山川、城隍、旗纛、五祀、厉坛"。府州县所祀,则为"社稷、风云雷雨、山川、厉坛、先师庙及所在帝王陵庙"。各卫亦祭先师。至于庶人,亦得祭"里社、谷神及祖父母、父母并祀灶"。所有这些,均"载在祀典。虽时稍有更易,其大要莫能逾也"。

朱元璋还下令中书省下郡县"访求应祀神祇、名山大川、圣帝明王、忠臣烈士,凡有功于社稷及惠爱在民者据实以闻,著于祀典,令有司岁时致祭"。[①]

值得注意的是,明朝皇帝在规定应当祭祀者的同时,还诏令对天下神祠不应祀典者,即所谓"淫祠","有司毋得致敬"。朱元璋的诏令影响深远,不仅整个明朝严格执行,清朝的官方祭祀也一直沿用。

概括地说,明朝廷规定从国家到地方都要重视祭祀,但对象有层次之分。从名义上讲,天地崇拜为天子所独占,普通民众不可以越位崇拜。徽州的族规中也能见到"不淫祀"的内容。《茗洲吴氏家典》谈到,所谓"淫祀",即"非所当祭而祭之",按传统的说法,"淫祀无福"。还特别指出,"若复为祸福之说所中,而淫祀横行,则于学为异端,于人为陋士,于行为乡愿,以事亲则为不纯,以事君则为鄙夫、为乱贼"。[②]

但从实际情况看,天地崇拜在民间仍然广泛存在。特别是在明中后期,随着政治统治的松弛,民间祭祀异常活跃,不仅各种淫祀得以公开,正统的官方祭祀在民间也呈现出相当丰富的面貌。官方祭祀的内容大多在徽州民间祭祀及各种儒道仪式中广泛存在,并且带有浓厚的民间和地域色彩。

图1-1为徽州民间普遍供奉的"天地君亲师神位"(民国后改为"天地国亲师位",张孝进藏)。这个几乎家家都要供奉的牌位,将天放在首位,供在宗堂之上,可见天地崇拜在徽州民间信仰中具有重要地位。

徽州民间祭祀的方式有很多种,除庙祭、坛祭、祠祭、墓祭外,家祭也是一种非常重要的具有当地特色的祭祀形式。家祭科文中包含大量天地祭祀的

[①] (清)张廷玉等撰:《明史》卷五〇,北京:中华书局,1974年,第1306页。
[②] (清)吴翟辑撰:《茗洲吴氏家典》卷七,合肥:黄山书社,2006年,第282页。

内容。

抄本《菩萨谱》(现藏黟县档案馆)是清代中期黟县民间信仰的真实记载,所收内容以家庭祭祀为主,广涉各路神众,反映了传统徽州社会民间信仰的普遍性和深入性。其中的《新年贺天地》科文内容如下:

图1-1 徽州民间普遍供奉的"天地君亲师神位"

> 伏以春令佳端,乃是新年之令节;乾元开泰,正当元旦之良辰。人民既念于贺恭,天地宜先于礼拜。故求多福,感(敢)不致诚。香袅清烟瑞气,遍通于三届;烛瑶(摇)影红祥光,普达于十方。少伸恳祷之诚,仰读高明之听。今据大清国江南徽州府黟县厶乡厶里厶社管居住,奉神庆贺天地弟子厶通家眷等,投词切为厶年正月初一元旦,谨备清醮之仪,谨焚信香,虔诚奉请天地神祇,十方三界,门宫土地,福德正直尊神,财进宝童子,和合利市仙官,家居香火,司命六神。元旦启请,一切圣众。伏愿新岁以来,弟子出入,全赖天地神祇,阴中保佑,暗里扶持。三元启请,一旦回春。乃新年之春,盖正月之始。信男信女,人人清吉,个个平安。五谷丰登,六畜旺相。经营买卖,所护(获)称心。官非不惹,货到无惊。般般遂意,事事亨通。一切事情,俱叨庇佑。火化信仪,俯垂洞鉴。

值得注意的是,此处"天地神祇"是个集合概念,包含传统官方信仰神祇(正神)的全体。从一幅石谷风收藏的徽州版画《天地三界十方万灵真宰纸马》(图1-2)可以看出,其中的神灵包括天、地、人三界和儒、道、释各路真神。民间在除夕供奉,以谢天地全神、万物之灵的保佑。

清代抄本《祭神祝文》正旦(正月初一)拜天地诸神祝文,对"天地诸神"有

图1-2 天地三界十方万灵
真宰纸马 370×220mm

明确的说明,它是指天地、日月星辰、风雨雷电、山川、社稷、国王、水土、天曹、地府、水国、阳间、城隍府主、遐迩祀典一切神祇,基本等同于官方祭祀。

另一抄本《元旦接天地》(现藏黄山学院安徽非物质文化遗产研究中心)中《请天地献饭》祭文里奉请的天地则为"渺渺大罗天上皇皇金阙宫中昊天至尊金阙玉皇大帝、昊微南极长生大帝、金珠化身大摩天尊、满天星斗列宿星君、上元一品赐福天尊、紫微大帝中元二品赦罪地官、清虚大帝下元三品解厄水官"等等。虽然带有明显道教特征,但所祭仍与官方祭祀大致相同,其中尤其值得注意的是,昊天至尊与天坛祭祀的昊天上帝高度类似,应视为同一个至上神的不同称呼。这就意味着,徽州民间祭祀崇拜的对象中,包括国家和州府层面崇拜的天地诸神,只是比较笼统。

从《祈神奏格》看,民间对天地的祭祀非常普遍,除了一年中的一些重要的日子要祭拜外,家人成年或结婚等重要时间点也要祭拜天地。

二、城隍崇拜

"城隍"作为城市的保护神和冥界的地方官,既是官方祭祀中一个重要对象,也是民间崇拜的重要对象。

"城隍"一词本指护城河,汉班固《两都赋·序》有"京师修宫室,浚城隍"

的记载。"城隍"作为一种地方守护神,产生于古代祭祀,是经道教演衍出来的。他是冥界的地方官,有的地方又称其为"城隍爷",据说其职权相当于阳界的市长或县长,故城隍的形象与城市相关,并随着城市的发展而演变。

在汉代以前,城隍被称作"水庸"(沟渠神),在八蜡神中居第七位,地位较为卑微。汉代以后,随着城市经济的发展,祭祀城隍的祠庙大量修建,城隍的地位陡然提升。对城隍祭祀的习俗可能开始于南北朝时期,至唐代就已经相当兴盛,宋代更是将此列为国家祀典。元代城隍神被封为佑圣王。明初大封,将京师、都城、府州城、县城的城隍神分别封为福明灵王、明灵(威灵)公、灵佑侯、显佑伯四等,岁时由从国王到府州、县守令主持祭祀。把城隍由护卫神变成了阴界的监察神,以达到"鉴察民之善恶而祸福之,俾幽明举不得幸免"的目的。道教因之也称城隍神职司为剪除凶逆、领治亡魂等。

如果一个地方没有城池,也可以奉祀守护本地的神祇,但不能称城隍,而应改称"境主尊神"。

各地供奉的城隍神大多是由一些杰出的人物演变而成的。死后能成为城隍的人既有勤政为民、造福一方的地方官,有扶善安良、功高盖世的功臣名将,也有行侠仗义、救弱济贫的义士,甚至还有积德修行的善鬼。简单地说,作为城隍供奉的杰出人物,至少要具备三方面的条件:一是勤政为民,有功于当地;二是为人正直,不畏权势;三是积善行孝,扶弱济贫。[①]

以下是《祈神奏格乐卷》中请城隍大帝的祝辞:

请城隍大帝

伏以,城池巨镇,明禋既典于官司;功德广施,昭报无分于黎庶。信香上达,谨祷下情。今据(乡贯)奉神信士厶通家眷等,谨焚真香,先伸召告门丞土地之神、敢劳值日功曹,降重香筵,受兹忱烟。涓今厶年月日,谨备清酌牲礼之仪,仰仗功曹,传忱拜请府(县)主城隍福

---

① 郑土有,王贤淼:《中国城隍信仰》,上海:三联书店,1994年,第51页。

德康济大帝、后宫夫人、掌善罚恶鬼宰判官、佐佑神司之神,恭望圣慈,俯垂光降。悉仗真香,受沾供养。伏念,惟神金汤千里,血食一方。圣朝大正夫礼仪,位号不仍乎侯伯。职司阴事,昭明与阳事而俱同;神掌地官,治化赞人官而共理。普天皆戴,易地钦崇。言念厶等,生居凡世,忝在人伦。于日拜于洪造,所伸情旨,投词盖为(某事听意请)。仰叩神通,专祈保佑。

伏以,德同天地,运神力以卫民生;道合乾坤,役阴兵而销寇虐。万年庙食,兆姓□瞻。酒酌芳半樽,敬陈初奠。

伏以,功施社稷,当为前代之具瞻;泽被生民,尤至今时之感仰。中夏咸宁,下民皆戴。酒酌芳樽,再陈亚奠。

伏以,威灵烜赫,毫尘之恶而莫犯;圣德明彰,邪曲之私而不容。惩奸罚恶,济弱扶倾。酒酌芳樽,再陈终奠。

伏愿,神灵默相,圣德潜孚。人口和平,合家共旋乎元吉;官非珍息,生平不及乎公庭。宝桂争妍,老少育咸和之福;田荆联茂,家门敦相好之风。求名纡朱拾紫,觅利积白堆黄。田畴倍进,火盗双消。凡干悃祷,悉仗匡扶。火化珍财,神慈鉴纳。

明清时期,城隍信仰达到了最鼎盛的阶段。明初洪武改制,城隍神被封为王、公、侯、伯的爵位,城隍制度成为定制,与阳间的府、州、县相对应,司职冥界,"使人知畏,人有所畏,则不敢妄为"。城隍信仰带有浓厚的宗教色彩。城隍被道教所吸纳成为冥界诸神之一。城隍信仰吸收了佛教地狱审判、扬善罚恶的观念,城隍神在原本地方保护神的基础上,受到阎罗阴司的委派,引申和复合成为阴阳两界的司法神,记录和通报人间善恶、审判和移送亡魂。这篇祭文内容正是对中国历史上城隍信仰变迁的一种民间记录。徽州的城隍信仰归属于汉地城隍信仰系统,城隍大帝裁断的是徽州地方的冥界阴事,能够"惩奸罚恶,济弱扶倾"。徽州老百姓相信城隍神的权威,既祈求神灵庇护保佑平安,有时在人间无处申冤时,就会向城隍老爷告冥状,希冀获得天理公平。

徽州一府六县具有各自的城隍。城隍祭祀和通常的名人崇拜不同。因城隍主要承担管理地方的行政功能，可以将其视为一个较大地域内阴间的管理者。在民间信仰中，亡魂在进入阴间之前必须先到城隍挂号，这方面的内容在徽州目连戏抄本中仍有遗存，但仅存节目，细节不详。此外，阳间发生的不平之事在阳间得不到公正解决，也可以在城隍老爷座前诉告，祈求作恶者得到阴间的报应。这种行为称"烧王告"，从现存的文书实物中可以了解这方面的信息。黄山学院图书馆收藏的徽州文书中有两份民国时期的冥状，为研究这一现象提供了重要的实证史料。①

第一份文书是民国七年（1918）十月歙县漳潭人张肇裕具禀冥状抄白，尺寸为302×186mm。内容如下：

> 具禀冥状，阴魂张肇裕，歙有漳潭，距城四十里。
>
> 禀为强占承继，图谋祀产，乞求恩准提究事。身于同治三年，凭族立继，功义胞妹名下为嗣，即功义叔去世，是身备孝，送葬、托牌入祠，不幸身亡故，至今五十五年，早有胞侄承挑，祭祀烝尝。岂料本年秋间，堂弟长才年三十七岁，籍母七十二岁。诡使张新，大年七十七岁，四月十二生，唆使欺身，顿起昧良，暗地勾通，功义婶母张方氏，另立承继，不但灭身祭祀，强欺先人遗训，胞子侄阳间凭族公论长才，反若行凶，恃强欺弱，自此目无法纪，身在泉下不忍，只得具禀申诉府县主城隍尊神台前，威灵赫曜。叩求饬阴差同当方土垒将长才生魂提到阴府咨询判断，以关风化，庶免效尤，生殁衔恩。再求府县主城隍尊神，赏准提究，感德上禀。
>
> 神之格思，感应甚速。
>
> 民国七年十月良日施行

---

① 赵懿梅：《从新发现民国冥状探析徽州烧王告现象》，载《淮北师范大学学报（哲学社会科学版）》，2014年第5期。

另一份冥状原件如图 1-3,尺寸为 271×168mm。其中内容如下:

具禀伸冤状张ムム年ムム

三十六都二图漳潭清河祖社仁寿里下,为以继嗣霸业事。三房长ム年卅八岁,强霸功义公二房产业,为前叔父仙之弟肇裕成继,不略去年三房恶犯长ム诱通张心ム司立继书,谋夺二房产业。两造边成词讼,阳官逍知事判断长房、三房各立继嗣,业产均分。不想恶棍长ム并心ム遍通婶母方氏,强霸业产,行凶殴斗,良心每已不故明伦正理。窃身再生事端,岂再将祖上血产灾于他人。现在阳间恶霸当道,缙绅治人民,受此不明冤苦无伸迅(讯)。迫不得已,恳求县主城隍使司垂怜,立提恶犯张ムム、ムム二犯到案执法,究判治罪,明察秋毫,威灵显圣,报即速追治办,以安民心,等得上禀。

民国八年立 伸冤状人ムム血押

亡肇ム(代)

府主城隍使司鉴怜,立提恶犯张ムム、ムム二犯到案执法,阴究判。天理照(昭)障(彰),明察秋毫,报显灵威。感得上禀。

第二份文书中提到当事人的名字时作了省略处理。但根据文书的内容可以判定这两份文书叙述的是同一件事,即张肇裕在世时继给同族二房功义叔,奉养并为之送终,也继承了功义叔的家产。张肇裕死后,遗产由其胞侄承祧。后来三房之后张长才勾结张新大、张方氏另立承继,霸占遗产。虽经阳间官员调解审判,各立继嗣,均分财产,张长才等仍通过寻衅斗殴,以强欺弱。实在不得已,才以亡者张肇裕名义向城隍申告,请求城隍主持公道,将这些恶人的生魂提至阴府质讯审判。

这种企图借助阴间力量帮助的行为,实际上是出于对现实的无奈,至少是自己觉得在阳间通过合法的手段无法获得真正的公平,才不得已出此策略。当然,通过此途径根本不可能达到目的,但这也反映出民间对于城隍神的信仰崇拜。

第一章　自然崇拜与阴阳五行信仰

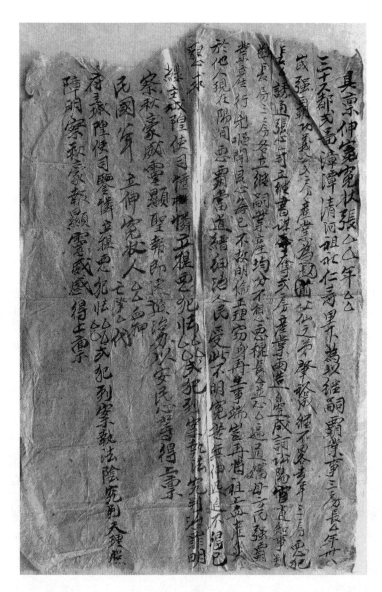

图 1-3　告城隍冥状文书

三、社稷崇拜

在中国传统农业社会，社稷崇拜极为重要。社稷指的是土地神。"社"指土地之神，按方位命名：东方青土，南方红土，西方白土，北方黑土，中央黄土。五种颜色的土覆于坛面，称"五色土"，象征国土。中国古代把祭祀土地神的地方以及祭祀的日子和礼仪都称作"社"。"稷"特指五谷之神中的原隰之祇，即能生长五谷的土地神祇。由于中国传统社会是以农业为主的社会，民以食为天，所以社稷之神"自天子至于庶人，皆得祀之"。祭祀活动从官府到民间都得到特别重视。正如志书所言"民非谷则不食，谷非土则不生"。

明弘治《徽州府志》卷五记录了徽州本府和各县社稷坛的相关信息。①先看看本府社稷坛的情况：

> 宋社在城之南隅，元迁西南，国朝洪武三年份行定式，迁于镇安门外，建神厨宰牲，各有池，有井，缭以坛墙。

可见州府设社稷坛等祭坛的做法最迟在宋代就有了，元代也几乎没有改变。明初的规定似乎是在重新规范。所以在"行定式"过程中，不仅迁址，而且增加了不少设施，如社稷坛于洪武三年（1370）迁到镇安门外，建了"神厨"和"宰牲"，并且都有水池和水井，坛的周围还有坛墙等。从这些设施中也能看到一些祭祀活动的痕迹。

其他五县社稷坛的情况如下：

> （休宁）宋社在县东南，元丰末，管干河北保甲马诚奏请严天下社稷，而县社在酒税务后湫隘不能容坛墠，卜迁城西，数请于州及部使者不见听春秋祈报佛庐及驿舍之庑。绍圣四年，张宁为令，白于转运使林郡得钱四万有奇，营五坛为庖库于其东，备祭器焉。后徙县西门外。元因之。国朝仍旧址，社稷各一坛，坛之西置社厨、宰牲、库房各三间，洗牲、宰牲各有池、有井，缭以周坛。

> （婺源）宋置在来苏门外，元置于城北社坛山。国朝置于城北、汤村社稷各一坛，坛之西置神厨、宰牲、库房各三间，洗牲、宰牲各有池、有井，缭以垣墙。

> （祁门）宋元在县西门外。国朝仍旧社稷各一坛，置神厨宰、库

---

① （明）彭泽修：《徽州府志》卷五，弘治十五年（1502）刊刻。

房、池井,全缭以垣。

(黟县)宋初在城西南,绍熙间重葺之,后废。端元改元,知县舒泳之重建,环以堵垣。元至元间在城南隅。国朝洪武三年改置在县治西北,建神厨、宰牲、库房各三间,洗牲、宰牲各有池、有井,俱于坛之左,缭以周垣并置门。

(绩溪)宋在县西,元在眉山门外,有坛无屋。国朝因之于坛外置神厨、宰牲、库房各三间,洗牲、宰牲各有池、有井,缭以周垣。成化间知县吴珏重建坛壝,砌以砖石,宰牲、斋房各五间,颇为宏丽。

比较这些县城所建的社稷坛,可以看出,坛址方位的选择没有硬性要求,在城门之外的东西南北方位都可以,房屋多至十余间,配有宰牲等使用的井、池及厨房等。

徽州府城内同歙县各乡一样建有里社坛,其最主要的职能是"春祈秋报",礼仪还比较复杂。明代以后,里社坛改为社屋,里面挂有社公的画像,供人们祭祀膜

图1-4 奉敕安社

拜。各县的情况差不多。此外,据弘治《徽州府志》记载:"府城内及歙各乡皆有社,春祈秋报,礼仪颇丰,但易坛以屋,而肖社公之像以祀之,不如式耳。各县同。"

徽州社屋林立,绝大多数是按照明太祖的规定改淫祀祭祀场所而成。但明中后期,随着统治的松弛,社屋再次发生淫祀化倾向,其中供奉的远不止社公、社母,而是包含了大量地方神祇。据《菩萨谱》中的《春秋祭社祝文》记载,祭祀的社神就包括"社稷明公尊神、社公神农皇帝、社母国泰夫人、社男社女、社子社孙、社宗社祖、左右神稷之社、社家、宗社台社、省社、州社、县社、明公大社尊神"。这些统称为"社稷神"的神灵好像有一个家族,祖宗妻子儿女都有。这是徽州民间神灵崇拜的一个有趣的特点。此外,在祭祀一个神时,往

图1-5 傩舞中的土地公形象

往要把本地的各路神灵都请来,有些像是招待一个客人,请一些邻居作陪似的。如在这篇《春秋祭社祝文》中,同时祭的还有"冯八郎大王、护国汪将军、吉阳龙女、三圣真仙、社坛土地、土地夫人、合社威光真宰"等等。

一般来说,每年两次以各社为单元组织的"春祈"、"秋报"成为徽州乡村重要的社会活动,是官方祭祀在民间的重要表现形式。

社屋之外,土地祭祀更普遍的方式是各村林立的土地庙,最简单的土地庙甚至无神像和牌位,仅仅由三块石头支成。另外,一些寺庙也有土地,比如黄山狮林寺。土地祭祀在《菩萨谱》诸书中有专门的祭文。同时对土地的崇拜也出现在各种祈求疏文中,与值日功曹一道成为上达各路更高神格的神灵所必经的程序。

图1-6为徽州文书抄本《祭神祝文》中的《正旦请社公祝文》:

维大清某几年某太岁正月朔旦良辰,江南徽州府歙县孝女乡漳湍里龙臻社太湖圫,现寓漴溪重上社,管居住信士弟子,吴某暨合门及眷等,谨焚真香,牲醴之仪,百拜上请龙臻大社、后稷明

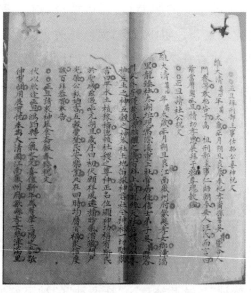

图1-6 正旦请社公祝文

公尊神、五土之神、五谷之神、本社土地苗稼神君、社令神祇、一切圣众。言曰:平水土,植稼穑,德赖社稷之尊神;正名位,显神功,福宥斯民于圣域。兹遇正元朔旦,岁序日初,伏愿祥风远播,时气潜藏,门户光荣,公私迪吉,五谷丰登,民安乐业。凡在四时均膺百福,众信虔诚,百拜恭贺,敢告!

时间是正月朔旦。崇拜对象包括"龙臻大社、后稷明公尊神、五土之神、五谷之神、本社土地苗稼神君、社令神祇,一切圣众",祈求五谷丰登,幸福吉祥。

《茗洲吴氏家典》卷七有祀社仪节,从中可以看到徽州人祭祀社稷的具体而完整的细节。时间是"春秋二社日"。准备工作分三个步骤:一是"前期一日斋戒",会首及典祭之人,皆宜斋戒沐浴,另遣人扫除坛所。二是"陈器具馔",设牲案、香案于正中,设祝版、酒樽所于东,设盥盆、帨巾于东南。宰牲割毛血,用五谷,以备米面食之类。三是"厥明,设牲醴酒馔于坛所"。

仪节:序立。鞠躬,拜、兴、拜、兴,平身。行三献礼。盥洗。诣神位前。跪。焚香。初献酒。再献酒。三献酒。俯伏、兴、平身。跪。主人以下皆跪。读祝。俯伏、兴、平身。复位。鞠躬,拜、兴、拜、兴,平身。焚祝文。礼毕。

祝文式:

维大清康熙厶年岁次干支厶月干支越干支朔厶日干支,徽州府休宁县虞芮乡趋化里茗洲吴某某等,敢昭告于五土之神、五谷之神:
惟神参赞造化,发育万物。凡我庶民,悉赖生殖。时维仲春,东作方兴,谨具牲醴,恭伸祈告。伏愿:
雨旸时若,岁登大有,官赋无亏,民食充裕。神其鉴之。尚飨。

秋社则改云:"时维仲秋,岁事有成。谨具牲醴,恭申报告。"余并同。

之后进入"会饮"环节。请一声音洪亮的子弟大声宣读"社会词":

凡我同里之人,各遵守礼法,毋以强欺弱,毋以富吞贫。婚姻死丧,邻里相助,鳏寡孤独,有余相周。违者有罚,罚之而不从,或屡罚而不改,然后闻官理治,摈不与会。于戏,慎之哉!

宣读完毕,分长幼依次就座,尽欢而罢。"桑柘影斜春社散,家家扶得醉人归",在一定程度上可以看作徽州社祭的真实写照。此活动的主要目的"务在恭敬明神,和睦乡里,以厚风俗"。

四、风雨雷神崇拜

农业生产不仅需要肥沃的土地,而且需要风调雨顺,当然不希望有旱涝之灾,正如《徽州府志》所言:"土非风云雷雨则不滋,云雨非山川之气上升则不降。"因此,古代社会对于风云雷雨山川之神也十分敬畏,对它们的祭祀仅次于对社稷的祭祀。徽州多山,暴雨能造成洪水和泥石流等严重灾害,干旱则会导致禾苗干枯,收成锐减。所以,徽州人对于风雨雷神的祭祀十分重视。关于徽州本府的风云雷雨山川坛情况,弘治《徽州府志》有如下记述:

> 宋元符祀式风师置在社坛之东,雷师在稷坛之西,雨师又在其西,各稍北。其坛并卑小于社,后惟雷雨师坛附于社,风师坛在于东关。国朝合风云雷雨山川为坛迁于南门外,南面,制同社稷坛。

就是说,宋时风师、雷师、雨师分别设坛,分列社、稷坛之东、西,明代将风云雷雨山川的祭祀坛合在一起,设在府城南门之外,面向南,建制也增大至与社稷坛同。同时,该志称,休宁、婺源、祁门、黟县和绩溪各县均将该坛设置在县南,而且"制同社稷坛"。显然这也是明代以后的情况。

除了官方的风雨雷电坛祭祀外,朝拜龙王庙、泗州大圣庙成为民间祈雨更普遍的祭祀方式,晒龙王和晒大圣在徽州同样广泛。

龙祭的一种表现形式是求雨,一般在大旱年份由农民临时自发地组织。据近年出版的《溪头志》称,民国二十三年(1934)大旱,徽州各村普遍求雨;1953年松关村、1954年溪头村还分别举行过求雨活动。求雨的地点,各村都有自己认为最灵的地方,一般称为"龙潭"、"龙井"、"龙洞"等。如洪村口一带选定潜口的上岩龙井,溪头至蓝田、西坡一带则选定岱岭龙潭,黄村乡的松关村认为富金、贵金二山之间的石佛洞里的龙是本村人的外甥,对本村特别照顾,十求九验。

各村求雨仪式不同。潜口这边较为简单,数杆大龙旗配一些纸糊的小龙旗,加一副锣鼓,自然要带上足够的香纸爆竹。在上岩买一张印有龙神的黄纸。到了龙井之后往井里扔三个铜板,打上来一葫芦水,随即燃放爆竹,焚香纸,敲锣打鼓回村。在村中广场放一个案桌,用龙神黄纸糊个牌位,同那一葫芦水一起供在案桌上。村民们焚香膜拜,直到下雨方止。

龙潭求雨过程则相当复杂,要提前几天就开始准备。首先,全村人素食三天,以示虔诚,其间出门时不仅不能打伞,也不能戴草帽、拿扇子,以免"吓跑了雨";其次,要提前搭建一个低台作为坛,四周插上龙旗,供上龙神牌位。当天,求雨队伍手拿大小龙旗和观音幡,不仅带上锣鼓、香纸,还要带上破犁尖和一个秤砣,还有人手擎带环钢叉,挥动时"哗哗"作响。沿途遇到撑阳伞、戴草帽、拿扇子的,会立即上去夺下这些"违禁物"丢在路边,对方也无可奈何,只能等待队伍全都过去了才能捡起来。

到达龙潭,先焚香化纸,祈祷,然后将那个秤砣丢入龙潭,待水花泛起即认为龙被惊动,于是敲锣打鼓,抖动钢叉,燃放爆竹,鼓噪呐喊:"求雨啊,求雨……"算是告知。与此同时,主事者点燃香烛,焚烧求雨祭文,从潭中装满一葫芦水;最后,将破犁尖用细绳拴好,挂在龙潭石壁上,点燃一根板栗树花辫成的火绳,此火绳的尽头与挂犁尖的细绳缠绕在一起,等火绳燃尽,犁尖即坠入潭中,龙被激而起,升到空中,在求雨队伍的引导下布雨。

这种火绳过去在农村很常见,燃烧的速度很慢,一些抽水、旱烟袋的老人用它点烟。为什么要用火绳控制时间呢?据说,必须等求雨队伍回到本村,龙才会把雨下在本村,过早则只会把雨布在龙潭不远处,导致劳而无功。返途中见乌云稍起,即摇鼓展旗响应。求雨队伍所经过的没有来求雨的村子不能摇鼓鸣爆"拦雨",否则,一旦雨只下到这里,就会引起双方的纠纷。队伍回到村子,将装满水的葫芦与龙牌一起供在坛场香案上,供村民膜拜。如果当时无雨,接下来的日子要继续鼓噪,有时还要抬着香案游村"催雨",直到下雨为止。①

五、灶神崇拜

灶神既是士大夫所祭的五祀之一,也是士庶之家可祭的神灵,因为"一门火食,皆赖神休,祀而报之,于本为当"②。不仅如此,按照《茗洲吴氏家典》中的说法,过去有人在"岁杪,仅以疏腐米食,就灶陉致享,殊为不恭",应当"以牲肴酒醴,迎神而祀之厅事"。

《菩萨谱》中有《新年求灶司文》,其中提到的神仙有"十方常住三宝如来、南无大慈大悲救苦救难灵感灵应

图1-7 徽州年画"送社" 许琪供图

观世音菩萨、东厨司命五帝灶君、东方青帝甲乙灶君、西方白帝庚辛灶君、南方赤帝丙丁灶君、北方黑帝壬癸灶君、中央黄帝戊己灶君;五方五帝灶君、五方五帝夫人;天厨灵灶灶君、地厨神厨灶君、五方娇男娇女灶君、五方童男童女灶君;曾灶祖灶灶君、公灶婆灶灶君、父灶母灶灶君、夫灶妇灶灶君、子灶孙灶灶君、男灶女灶灶君、大灶小灶灶君、长灶短灶灶君、行灶坐灶灶君、新灶旧灶灶君、成灶败灶灶君、方灶圆灶灶君、远灶近灶灶君、热灶冷灶灶君;远近二将军;进火童男,吹火神女;十二时辰灶君;灶家合部,一切圣众"。从中可以知晓徽州人心目中的灶神是一个庞大的家族似的群体。该文涉及的祭祀过程为"谨备净茶米粿之仪,恭就灶前"。祭祀的目的是"祈保合家人眷,老幼康

---

① 《溪头志》编纂委员会:《溪头志》,合肥:合肥工业大学出版社,2003年,第862—863页。

② (清)吴翟辑撰:《茗洲吴氏家典》卷七,合肥:黄山书社,2006年,第282页。

安。四时八节,无半点之灾;东西南北,有千祥之庆。公私两利,火盗双消。五谷丰登,六畜旺相。凡百事为,俱叨庇佑!"

《茗洲吴氏家典》卷七对祀灶仪礼作了详细说明。时间是农历十二月,之前要洒扫屋尘。届期还要准备好"腥馔",布席于厅事。仪节如下:

> 先设司灶之神位于灶陉,主祭者就灶前,焚香。跪。告曰:"厶堂主人厶,今以腊月,敢请司灶神位,出就厅事,恭申奠献。"俯伏、兴、平身。奉神位就厅事。就位。降神。盥洗。诣香案前。跪。上香。酹酒。俯伏、兴、平身。参神。鞠躬。拜、兴、拜、兴、平身。行三献礼。诣神位前。跪。初献酒。再献酒。三献酒。俯伏、兴、平身。跪。读祝。俯伏、兴、平身。复位。辞神。鞠躬。拜、兴、拜、兴、平身。焚祝文。送神位于灶陉,揖,平身。礼毕。

祝文式:

> 大清康熙厶年岁次干支厶月干支越干支朔厶日干支,茗洲厶堂主人吴厶,敢昭告于本宅司灶之神:岁云暮矣,一门康吉,享兹火食,皆赖神力。若时报事,罔敢弗虔。菲礼将诚,惟神顾歆。尚飨。

《祈神奏格·乐卷》中有"卜灶听兆"一节,首先论述祭灶的重要性:"灶者五祀之首,吉凶之柄,尽归所主。"

凡有疑虑,候夜稍静,洒扫翼室,涤釜注水令满。以木构一个顿于灶上,燃灯二盏安在灶腹,一盏安在灶门,将镜一面安于灶门边,焚香叩首,祷告祝白:

> 维厶年腊月厶夜,信士某谨焚真香,特伸昭告于东厨司命圣君。切闻福既有基,咎岂无微,事之先兆,惟神是主。今据乡贯奉神信士厶兹为厶事衷心营营,周知枚指,敬于静夜移薪息壁,涤釜注泉,求趋向卜之途,恭候指迷之柄。情之所属,神实鉴之,某不胜听命

之至。

祷毕以手拨锅水,令左旋,执木构祝之曰:"四纵五横,天地分明,神构所指,祸福枚分。"

祝毕,以木构放在锅水(中)任其自旋,随木构柄所指何方,抱镜出门,不得回头顾盼左右,审听人之言语,即是向卜之兆。事应后方得与人言之,或木构柄旋于无路之处,即是有阻,宜再占之。

六、孤魂祭祀

厉之祭,对象是没有后人因而无依无靠的孤魂野鬼。《明史·礼志四》:"厉坛:泰厉坛祭无祀鬼神。《春秋传》曰'鬼有所归,乃不为厉',此其义也。祭法:王祭泰厉,诸侯祭公厉,大夫祭族厉。洪武三年(1370)定制,京都祭泰厉,设坛玄武湖中,岁以清明及十月朔日遣官致祭。"除了京都有泰厉之祭,各王国有国厉之祭,各府州则有郡厉之祭,各县有邑厉之祭,各地方还有乡厉之祭。正如《徽州府志》所言:"鬼之为厉,非有所依则不息,故皆坛以祀之。"厉之祭目的不在祈福,而带有劝惩之义,能起到教化作用,对于民风民俗大有裨益。厉之祭一般在清明日和十月朔日这两天举行。

郡厉坛旧在临溪门外,石壁山下南面,缭以垣墙而无屋,祭文刻于碑。永乐五年,因洪水漂坏,知府张从道迁于东关,接官亭西,制如式。

歙县各乡都有"乡厉坛"。厉坛的规格似乎远不如社稷坛,也不比风云雷雨坛,明朝早期的郡厉坛没有屋,只是围了一圈墙,立了一块刻有祭文的石碑。明永乐五年(1407)发洪水,把府衙冲坏了,张从道主持将该坛迁于东关,接着官亭的西面按规定的制式重建。

徽州民间有孤魂总祭及放蒙山、放焰口等各种相关仪式。

徽州人不仅祭祀已经逝去的祖先亲人,对于与自己没有亲缘关系的"孤坟"也要进行祭祀。徽州民间流传着一种被称作"孤坟总祭"的习俗。孤坟总祭亦称"殇魂总祭"、"孤坟总汇"或"泽枯处"等。图 1-8 为休宁县右龙村村口的孤坟总祭碑刻。祁门县大洪岭的古道旁可以看到一座"白骨墓",它是在古时有人做善事,将野露的白骨安葬起来留下的。

人们相信,逝者在阴间必须靠阳间子孙供奉财物生活,而这些孤坟的主人由于没有子嗣或者因客死他乡而远离亲人,如果得不到祭祀,就会过得很悲惨,因而会成为相当于阳间流浪汉一样的"游魂"。徽州人认为,鬼的归处不仅是遗骨所在,也是被子孙祭祀之所。这些游魂与那些诸如暴死在路边、溺死在水中且没有得到安葬的非正常死亡的"怨鬼",与年代久远而失祭的祖先一道成为危害人间的"厉鬼"。尤其是每年的七月十五日阎王爷开放鬼门时,这些孤魂野鬼就会从阴间出来作祟。

图 1-8　孤魂总祭石碑
（立于休宁右龙村口　许琪供图）

徽州人祭祀孤坟的时间是每年七月十五"中元节"。除了中元节,还有正月十五"上元节"和十月十五"下元节"。在中国民间,中元节又称"鬼节"、"盂兰盆节"、"祭祖节"以及"祀孤魂节"等。其中,盂兰盆节与佛教有关。《大正藏》中收有《盂兰盆经》全一卷,此经又称《盂兰经》,记述了佛陀之大弟子目连,因不忍其母堕入饿鬼道受倒悬之苦,乃问法于佛,佛示之于七月十五众僧自恣日,用百味饭食、五果等供养十方佛僧,即可令其母脱离苦难。这个孝子救母的典故使得中元节又被演化为"祭母节",或中国的"母亲节"。破"四旧"之前,许多民族都有过此节的习惯。此时正是秋收时节,民间按例祭祖,向祖先报告收成。这种习俗由来已久,据宋孟元老《东京梦华录》卷一记载:"中元前一日,即买楝叶,享祀时铺衬桌面,又买麻谷巢儿,亦是系在桌子脚上,乃告先祖秋成之意。"

徽州人在中元节这一天要祭祖上坟,点荷灯为已故先祖照回家之路,让他们与家人团圆。按照"亲吾亲以及人之亲"的原则,既然祭典亲人,自然也会念及与自己的祖先同在一个世界却无人祭祀的孤魂野鬼,所以也会有人在这一天设道场,放馒头,供那些失亲之鬼魂们分享。由此及彼,人们自然想到还有一些无人赡养的孤寡老人需要关爱,于是一些地方就把这一天又作为"敬孤节"。

祁门《目连戏》讲的是目连历经千辛万苦救赎因打狗开荤而被打入地狱的母亲的故事。演《目连戏》的目的之一是超度亡灵,同时也是为了镇抚那些招灾致病的恶鬼冤魂,故又称之为"平安戏"。演《目连戏》开场要"起猖",结束要"赶鬼",观众因害怕有"鬼"跟随而不敢中途离场。过去山区有不少山民相信人生病是因为有"野鬼附体",治疗的方法就是准备一些酒饭放在野外,并焚烧一些纸钱。

在徽州设立"孤坟总祭"是一种"积阴德"的善举,也是大户人家行善的一种方式。有资料记载,明代歙县岩寺的丰乐河畔曾经是"荒坡野土,积冢垒垒。每极霉雨泛涨,水溢两岸,枯骨飘荡,尽逐波臣。"[①]面对这种惨状,岩寺镇佘翁施舍钱财,将这些枯骨集中起来安葬。钱塘人陈善评价说:"夫岩镇民居栉比,生齿浩繁,固歙西之奥区也。翁不惜膏腴之地,以施死者,此其布德施惠,非所谓富好行其德者耶!呜呼!均是人也,彼生不能庇其同胞,而翁乃泽及枯骨。"所谓"泽枯处"中的"泽枯"就是"泽及枯骨"之意。

徽州乡土文献中可以找到许多关于"炼度"的祭文。如有一份《设立本境孤墓文》记载:"祭典岁行两次,春期百六,而秋节中元。善缘限定一隔,本境招邀,而殊方缺略。不分贵主,惟应同病交怜;勿混伦常,须循左男右女。今当初祭,特备告文。"

这样的祭文在徽州大族的宗谱中也时常可见。祁门《文堂陈氏家谱》(陈德郊修纂,民国十七年木活字版)中录有光绪甲辰年的一篇《设立本境孤墓总汇祭文》:

---

① (清)佘华瑞:《岩镇志草》元集《揽胜桥记略》,黄山市徽州区地方志编委会整理点校本,2004年9月内部印刷。

窃惟朝夕饔飧饮食,乃生人大欲。春秋尝禴酒浆,实神鬼,式凭庙祀。既着明文墦祭,复昭令典惟嗣孙之寖炽,斯上冢兮弗衰,倘身后以无传问扫茔之奚望,况夫他乡寄迹,异地殒生。三寸有棺,已比东山殡客;一坏得土,类叩西伯。墟枯埋□骼于荒山孤坰,未正长荆榛于丛冢,马鬣谁封。岁岁清明,莫奠黄鸡之酒;年年寒食,孰烧白蝶之钱。有不对"芳草之萋萋,声吞春雨;睹垂杨之瑟瑟,泪洒秋风"者哉。原夫天地悠悠,死生扰扰。世上之荣枯既判,冥中之欣戚亦分。沉埋纵有殊途,寂寞要同一辙。或生而孤独,或素属寡鳏。或一再传而衰,或数十世而斩。或本无嗣续负螟蛉而竟虚,或尚有孙曾逐鹿冢而不返。或寄祭仪于亲族代远典湮,或祔祀产于祖宗门衰礼废。凡兹土著已足含悲,矧属客踪尤为抱痛。或被兵戈而丧命,或遭瘟疫而戕躯。或乞丐而殍殁沟中,或工佣而病亡旅次。或业医巫而终邸舍,或谈卦命而卒庙坛。为女为男,若殇若寿。游魂种种,滞魄纷纷。欲归而道里云遥,莫给冥途旅费;欲留而姓名不齿,谁怀泉下孤踪。泣杜宇于山头空望,魂招屈子,眠狐狸于冢上;那知鬼馁若敖南北,虽有墓田,祭余难乞往来。纵多利客崇作,敢施白打分标。羡邻家桐孙克孝,青磷遍烛,饮到处麦饭无遗。惟斯美举,创夫仁人。墓培总祭,善果修于令节,济普诸幽。已而弟子等志慕布施,力惭绵薄,丰碑特起。俾馋魂共有依归,高冢崇封,愿残魂向兹团聚。荐三升之义粟,枵腹交充;倾一斗之仁浆,枯肠共润。焚来楮帛,灰飞而鬼国能通;冢到檀香,烟吹而仙源可接。祭典岁行两闪,春期百六而秋节中元。善缘限定一隅本境,招邀而殊方,缺略不分主客。惟应同病交怜,勿混伦常,须循男左女右。今当初祭,特备告文。自是踵行,爰兹为例。伏愿诸灵,来格共鉴。征忱尤期同志,矢诚永隆斯典。尚飨!

《茗洲吴氏家典》卷七"厉祭仪节"记载了其具体情况。
时间是清明日和十月朔日,提前准备牲肴酒馔。

仪节:就位。鞠躬。拜、兴、拜、兴、平身。斟酒。读祝文。鞠躬。拜、兴、拜、兴、平身。焚祝文。礼毕。

祝文式比较复杂,如下:

大清康熙△年岁次干支△月干支越干支朔△日干支,徽州府休宁县虞芮乡趋化里茗洲吴某某等,会典告文录后。

为祭礼阖境无祀鬼神等众事。钦奉旨意,普天之下,后土之上,无不有人,无不有鬼神。人鬼之道,幽明虽殊,其理则一。故天下之广,兆民之众,必立君以主之。君总其大,又设官分职于府州县,以各长之。各府州县又于每一百户内,设一里长,以纲领之。上下之职,纲纪不紊,此治人之法如此。一辈子祭天地神祇及天下山川,王国各府州县祭境内山川及祀典神祇,庶民祭其祖先及里社土谷之神,上下之礼,各有等第,此事神之道如此。

尚念冥冥之中无祀鬼神,昔为生民,未知何故而殁其间。有遭兵刃而横伤者,有死于消灭盗贼者,有被人取财而逼死者,有被人强夺妻妾而死者,有遭刑祸而负屈死者,有天灾流行而疫死者,有为猛兽毒虫所害者,有为饥饿冻死者,有因战斗而殒身者,有因危急而自缢者,有因墙屋倾覆而压死者,有死后无子孙者。此等鬼魂,或终于前代,或殁于近世,或兵戈扰攘,流落于他乡;或人烟断绝,久缺其祭祀。姓名泯没于一时,祀典无闻而不载。此等孤魂,死无所依,精魄未散,结为阴灵。或依草附木,或作为妖怪,悲号于星月之下,呻吟于风雨之时。兴言及此,怜其惨凄,故敕天下有司,依时祭享。在京都有泰厉之祭,在王国有国厉之祭,在各府州有郡厉之祭,在各县有邑厉之祭,在一里又各有乡厉之祭。期于神依人而血食,人敬神而知礼。

钦奉如此,今某等不敢有违,谨设坛于本里,以今某日期率领阖境人等,于此置备羹饭肴物,祭于本里无祀鬼神等众,灵其不昧,依期来享。凡我一里之中,百家之内,倘有忤逆不孝、不敬六亲者,有奸盗诈伪、不畏公法者,有拘曲作直、欺压良善者,有躲避差徭、靠损贫户者。似此顽恶奸邪不良之徒,神必报于正神,发露其事,使遭官府。轻则笞决杖断,不得号为良民;重则徒流绞斩,不得生还乡里。若事未发露,必遭阴谴,使举家并染瘟疫,六畜田蚕不利。如有孝顺父母,和睦亲族,畏惧官府,遵守礼法,不作非为,良善正直之人,神必达之正神,阴加护佑。使其家道安和,农事顺遂,父母妻子,保守乡里。如此则鬼神有监察之明,我等无诌谀之祭。灵其不昧,永垂昭格,尚飨。

要求祭告时本此宣读,宣读时"意极剀切而词则详明",使宣读者和听者在此过程中"仁孝之心未有不油然动者",从而起到"幽可以格孤魂,明可以兴起良善"作用,对于人心风俗,都很有裨益。

放蒙山和放焰口都属于佛事活动。放蒙山亦称"蒙山施食",旨在利济孤魂。大蒙山施食仪式上,置一法坛,上供佛像,中置香花时果,香炉烛台,备白米、清水各一杯,并请大僧主坛说法;法坛对面设一孤魂台,供十方法界天、人、阿修罗、地狱、饿鬼、畜生"六道"群灵之位。恭请有德行的大僧主坛说法,救度幽冥众生,使之闻法受食,消除罪孽,超升善道。放焰口的"焰口"指地狱里的饿鬼,其体形枯瘦,咽细如针,口吐火焰。按佛教的说法,生前悭吝者死后有此报应。放焰口是以饿鬼道众生为主要施食对象,施以水食,救其饥渴之苦,进而使其得到超度。放焰口后来成为追荐死者的佛事之一。

第二节　阴阳五行信仰

阴阳是中国古代哲学的一对基本范畴,最初表示阳光的向背,后引申为寒热、干湿、上下、左右、内外、动静等。古人认为,宇宙间有阴、阳两大势力。光明的、正面的、处于控制地位的力量为阳,阴暗的、负面的、处于从属地位的力量为阴。阴阳相互对立,又相互依存。阴阳之气一升一降、一开一合,相互作用,构成了宇宙的动势,是一切变化的根源。

事物的阴阳属性是相对的,每一个侧面都以另一个侧面作为自己存在的前提,没有阴就没有阳,没有阳,阴也不能存在。在一定的条件下,阴阳可以相互转化,即阴可以转化为阳,阳也可以转化为阴。

五行是指木、火、土、金、水五种不同的物质所代表的五种属性、作用及其相互关系。在中国古代,人们在长期的生活和生产实践中认识到,各种事物之间存在着既相互滋生又相互制约的关系,在不断的相生相克的运动中维持着动态的平衡。

五行学说以五行的特性对事物进行归类,将自然界的各种事物和现象的性质及作用与五行的特性相类比后,将其分别归属于五行之中。具体说,将具有生长、升发、条达舒畅等作用或性质的事物归属于木;将具有温热、升腾作用的事物归属于火;将具有生化、承载、受纳作用的事物归属于土;将具有清洁、肃降、收敛等作用的事物归属于金;将具有寒凉、滋润、向下运动的事物归属于水。五行之间存在着生、克、乘、侮的关系,由此解释事物之间的相互联系和相互影响。

五行实际上是一种分类方法。如果从利与害的关系视角看任何不同事物之间或事物内部不同部分之间的关系,都可归结到"害我、利我、我利、我害"的矛盾利害关系的基本模式之中。把这个模式中的"我"用土的物象来表达,那么对土有害的物象就是木,有利的物象是火,土对其有利的物象就是金,有害的物象是水。由此不难得知,有利、有害其实就是相生、相克的同义语。现实中与这种矛盾利害关系模式无关的利害关系都是不存在的,所以,五行所表达的生克制化模式是万事万物间利害关系的基本模式。

阴阳与五行的关系是形式与内容的关系。阴或阳的内部(包括阴阳之间)都具有木、火、土、金、水五种物象表达的那种生、克、利、害的基本关系。阴阳的内容是通过五行的五种物象反映出来的,五行属于阴阳内容的存在形式。

在阴阳五行学说体系中,阴阳五行不仅与东南西北中五方对应,还与十天干和十二地支具有对应关系。

阴阳五行是抽象的概念，只有将其加以物化才能具体地表达出来，包括阳的具体存在方式和阴的具体存在方式的物化。在阴阳五行学说体系中，甲、乙、丙、丁、戊、己、庚、辛、壬、癸十天干就是对阴、阳在木、火、土、金、水空间的具体物化方式。

在任何具体矛盾体之中，除了相互对立的两个方面，还存在着同一性。事物内部通过对有害的肯定、否定，有利的肯定、否定及其同一性的肯定和否定形成了六种不同的表现方式，阴和阳两方面各自都有这六种关系，总数就是十二，对应为子、丑、寅、卯、辰、巳、午、未、申、酉、戌、亥十二地支。简单地说，十二地支就是指事物内部阴阳两个方面各自对其内在的矛盾因素通过自我肯定和否定而形成的气化内容的物化表达。

天干和地支与五行、季节、方位的对应关系如下表所示。

五行	所旺的季节	所主的方位	对应的天干	对应的地支
木	春	东	甲乙	寅卯辰
火	夏	南	丙丁	巳午未
金	秋	西	庚辛	申酉戌
水	冬	北	壬癸	亥子丑
土	旺于四季	中	戊己	辰戌丑未

上述基本理论在中国古代社会漫长的历史进程中得到广泛的应用，并衍生出丰富的次生学说，比如，算命术和风水术等等。这些术在民间具有深厚的根基，是民间信仰的重要组成部分。研究徽州文书中的民间信仰，不能不触及这一领域。然而，限于作者的学识，仅能就其中的一部分内容进行介绍。

一、推算命运

徽州与在其他地方一样，算命术在民间十分盛行。徽州文书中可以找到不少这方面的内容，从中可以了解这种古老的文化在当地流传的情况，了解作为一种民间信仰的算命术的主要内容等方面的情况。算命术先算命造的基本情况，然后谈大运流年。

(一)算命

古代算命术根据一个人出生之年、月、日、时,分别用干支表达,共有四柱八字,据此判断其一生的基本情况。图 1-9 所示为清咸丰十一年(1861)的一份批命书,下面结合这个命造介绍用八字判命的基本方法。

命书中的命主生于道光五年(1825)九月二十八日(壬子)亥时(辛亥)。该年的九月二十八日正好是立冬,而亥时已经过了立冬的时间,按命书的算法就不能算是九月而是到了十月丁亥。这样,这个人的生辰八字就排出来了(如下框所示)。

有了八字,就可以进行基本判断了。

伤官	乙酉	正印
正财	丁亥	食禄
日元	壬子	羊刃
正印	辛亥	食禄

首先,要分析八字中五行的盛衰。按命理学的说法,这是断定一个人一生的关键。其中有一套说法,比如,要看日干在所生的月份是否"得令",看日干在四柱中得到的生助多少判定是否"得势",还要将自身日干对照四柱地支,看是否"得气"。如果得令、得势、得气都集于一身,那就是日干处于极旺状态;反之,三者皆失,就是极弱状态。这两个极端之间又可分为强、中、衰三种状态,或者旺、强、中、衰、弱五种状态。无论旺或弱都不宜太过,以中和为贵。抑扶的原则是"旺极宜泄,强者宜克,衰者宜扶,弱者宜抑"。

其次,根据八字分析命中格局。这部分内容比较复杂,除官、杀、财、印、食神、伤官等正格外,还有百余种变格。像这份命书中的月支为亥,所藏天干五行为壬水或甲木。这两个都没有在年、日、时干中出现。可以根据这两行的势力,选择强者。从八个字对应的五行看,除了日干壬对应水之外,月支亥、日支子、时支亥均为水,同时年支酉、时干辛均为生水的金,这显然属于水多金重的"大水",故命书中说"此造宜行金水运,若木运反不佳,所谓顺水之性也"。从命理分析,其格局应取壬水,而不是金水。而且由于他生于壬日,又在亥月,按规定又不应取正格,而应当取变格。这里出现偏差可能是算命先生怕麻烦,简单处理了事。

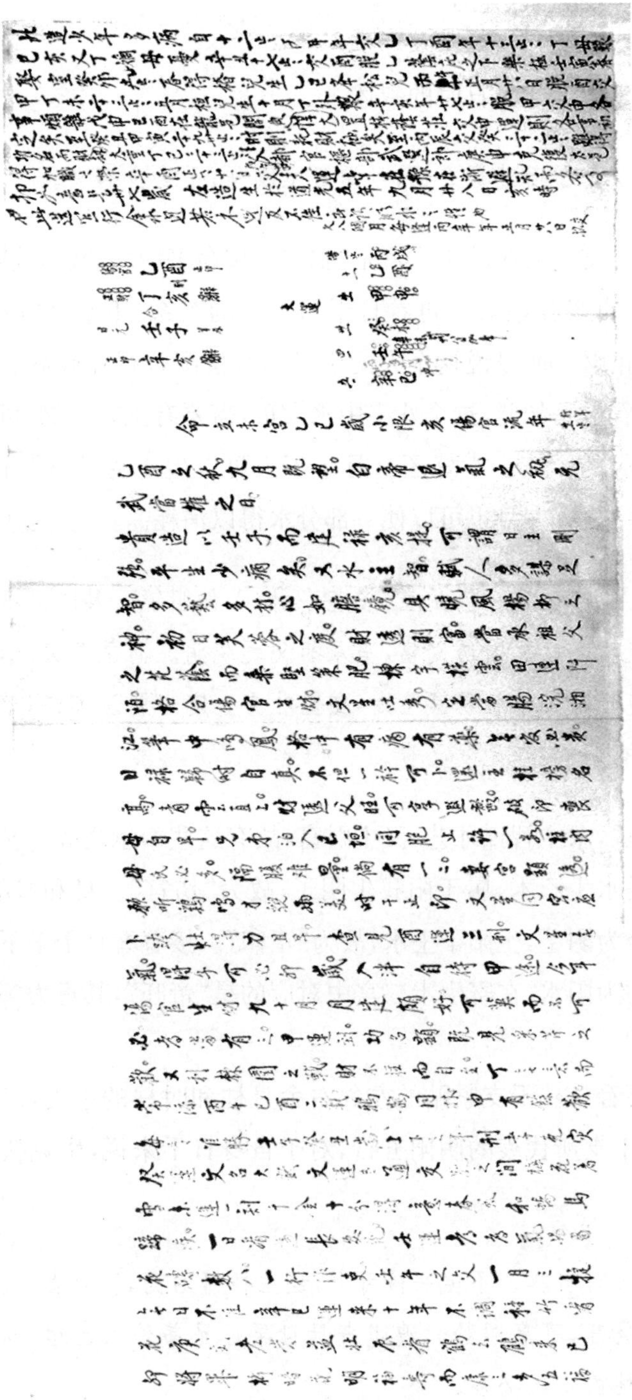

图1-9　咸丰年间批命书

乙酉之秋,九月既望。白帝退气之初,元武当权之日。

这些是对其出生年月日时的叙述。

贵造以壬子而建禄亥提,可谓日主刚强,平生少病矣。

日干壬与月支亥对应的十二宫是"临官",按命书中的说法,临官"如人之临官也"。表明自身比较好。再看日干与月干的关系,壬水是"阳我"克"阴干"丁火,属于正财。所以说这个人的生日与月份配合得比较好。从五行相生相克的关系看也是如此,这个八字中水太重,需要有土来抵御,可这八个字中没有与土对应的干支。幸好还有月干丁火可以生土克水,同时火又能克金,使之少生些水,火本身也可以使一部分水得以消耗。

又水主智赋,人多谋足智,多艺多材,心如胆镜。具晓风杨柳之神,初日芙蓉之度。财透则富,当承祖父之庇荫。而乘坚策肥,栋宇横云,田连阡陌。格合伤官生财,文星吐秀。定当肠浣湘江,笔中鸣凤。格中有病有药,无发必贵。

按命理说法,水主智谋才艺,又主财富,故有这些奉承之辞。又看日干与年干的关系,壬水生乙木,属于阳我生阴子,故为"伤官"。日和时的分析,金生水,时干辛金为阴干,生阳干壬水,故为"正印"。接着看日干壬下坐的地支是子,子与壬均为阳水,在寄生十二宫中对应的是"帝旺",其意为"万物成熟,如人之兴旺也"。

此外,还要看日柱干支紧贴的左邻右舍月柱和时柱的干支,以至于年柱的干支。这些干支所代表的阴阳五行,对于自身日干来说,生克扶抑的情况如何。

日禄归时自真。不但一衿可卜,还主挂榜名高,青云直上。
财透父旺,可享遐龄。破印丧母自早。兄弟泊入巳垣,同胞止许一数。柱内母氏必多。

隔腹难量,倘有一二。妻宫显透,愿听鸡鸣,才貌两美。

按命理学说,通过一个人的八字还可以看其父母、兄弟、妻子、儿女等方面的信息。简单地说,就是在日干为主的基础上,以年柱为根,知世脉盛衰;以月柱为苗,知父母亲荫之有无,兄弟得力与否;以日柱为己身,日支为妻子,可知妻子的贤惠与否;以时柱为花实,可知小辈的兴旺情况。

这里说根据八字推断,其命旺父,父亲可以长寿,但年幼就会丧母。同胞兄弟不多,只有自己。当然,父亲有几房妻子,其他房也难免会又生出一两个来。实际上这些情况以及妻子"才貌两美"之类的说法都是算命时已经知道的,这里说成是八字定的,自然是牵强附会。

时于正卯,文星同宫。应卜跨灶,得力且早。查见酉运三刑,文星□气。得子可必卯岁,入泮自待甲途。今年伤官生财,九、十月月建颇好,可冀而不可必。考当有之。

甲运到,功名显。既见采芹之欢,又利棘围之战。财不胫而至。丁无意而常添。丙午、己酉二载,鸦鹊同林,申有余欢。每多佳胜。壬子、癸丑岁,上下之年,刑孝免灾。癸运文名大显。文运多通。交脱之间,梅花着雪,未运一刻千金,十分得意。春风和畅马蹄疾,一日看遍长安花。壬运考考气扬眉。花砖数八,一行作吏。壬午之交,一月三捷,无日不佳。辛巳运来,十年不调,种竹看花,庚到老当益壮,辰看鹤去鹤来。己卯将毕,柳暗花明,福寿而康,三多五福。

从这些资料可以看出,徽州民间对于算命术的基本观点十分认同。具体地说,人生下来生辰八字就定了,这八个字不仅确定自己一生的凶吉祸福,而且对于父母、妻子、子女的命运也有影响。所以,民间不仅相信算命术所说的这一套,而且十分重视。有些家长在孩子一出生就找人给他算命。

(二)推运

除了批八字,对一生的总体情况进行分析评判之外,徽州民间很多人请算命先生做的另一件事是推算大运和流年运气。

所谓"大运"是指一生中各个阶段吉凶祸福的总体情况,每十年一个阶段,十年中前五年与后五年又有所不同。在命理学说中,关于大运的推算有一套完整的方法体系。

要确定大运起运时间。方法是:甲、丙、戊、庚、壬等阳年生的男性和天干逢乙、丁、己、辛、癸等阴年生的女性,从本人生日的那天起顺数(当天不算)至下一个节止,每三天折算成一岁,余数一天算四个月,一个时辰抵十天。反之,如果是阳年生的女性和阴年生的男性,则要从生日起,倒数至上一个节止。注意二十四节气中,立春、惊蛰、清明、立夏、芒种、小暑、立秋、白露、寒露、立冬、大雪、小寒十二个节,其余十二个是气。

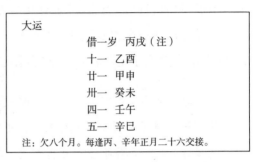

大运
　　借一岁　丙戌(注)
十一　乙酉
廿一　甲申
卅一　癸未
四一　壬午
五一　辛巳
注:欠八个月。每逢丙、辛年正月二十六交接。

以清咸丰年的那个命书为例。该男性命主生年天干为乙,为阴年生,从生日那天算起倒推到前一个节(立冬)。将天数除以3,所得商为行大运的岁数,余数每一天算四个月。他的生日正好在立冬那一天,又生在亥时,当过了立冬时刻。就是说,他的出生距离立冬之时不到一天时间,因此天数除以3所得商小于1,强算一岁,故有"借一岁"之说,注曰"欠八个月"也是这个道理。

大运的干支是根据生月的干支推排出来的,阴干年生的男性逆排,从其月柱丁亥起,其前依次为丙戌、乙酉、甲申、癸未、壬午、辛巳、庚辰等等,对应的是一岁、十一岁、二十一岁等等。每个时间段的干支与本命八字合参,推算这段时间的运势。该命主从不到一周岁开始行运,从出生到十岁的大运干支为丙戌。按命书的说法,头五年同时分析天干和地支,后五年只看地支。比如,从十一岁开始大运干支为乙酉,而十六岁之前以乙为主,兼看酉,十七岁开始不管乙,只看酉,故有"辛丑十七岁交酉脱乙"之说。同样,"辛亥年二十七岁脱甲交申"也是这个道理。

这份命书中描述命主此前各阶段的情况,主要是结合四柱八字与各阶段"大运"的干支之间的关系,谈各阶段的时运。

> 此造少年多病,自十二岁丙申年交乙,丁酉年十三岁丁母艰,己亥又丁嫡母忧。辛丑十七岁交酉脱乙,荫庇之下乐极。壬寅春娶室,癸卯十九岁,春得椿儿生,乙巳年松儿[生]。丙午年正月廿八日脱酉交甲。丁未二十三岁五月桓儿生,十月丁外艰。辛亥年廿七岁脱甲交申,各事烦杂。戊申、己酉在龙邑开惇大曲,置椿荫庄,交申运则各事初定矣。至癸丑、甲寅二十九、卅岁时,则耗财极矣。至丙辰交癸三十二岁虽得功名而劫财太重,丁巳三十三岁、戊午三十四岁,入都官枢部武选郎,庚申克复太邑,得加职之荣。辛酉正月十八日交未运,幸在豫在浙避乱,而各事却如意。现卅七岁。

说的是此人少年身体不太好,13岁(虚龄,下同)时母亲去世,15岁时嫡母(父之正妻)又去世。18岁结婚,19岁得长子,21岁生次子,23岁第三个孩子出生,同年十月"丁外艰",即岳父或岳母去世。后来,于戊申、己酉年生意上有所发展,而到了癸丑、甲寅年间遭遇曲折,至丙辰年32岁时得了功名等等,这些过去的经历在这里都与其流年运气结合起来,似乎得到合理解释。算命时命主37岁。这些过去的事情,由于已经发生,算命先生不可能真的从这套理论中推得,所谓解释,不过是一种附会。

除了大运还有小运,也称"行年"或"流年运气"。根据八字中日天干,结合流年,在命书注明。如在乙未年算命,命主日干为辛,则在命书上注明"流年乙未,偏财主事"。辛金(阴我)为乙木(阴干),是阴我克阴干,为偏财。若在丙申年算命,丙火为阳火,克辛金,是阳干克阴我,为正官。算流年运气就是要推算当年或来年的运势。大多发生在人生发展的关键时期,希望对前途有所预判。

图 1-10 所示为一张民国初年的"流年大单张",为"冯文先孙婿刘逸轩评"。末尾注有"寓轩辕庙内,十年五星龙洋二元,终身四元,单张四角"。就是说,这个先生帮人算流年运气,算当年的只收四角,算十年的收费"龙洋"两块,推算终身则收四元。从这个收费标准看,当时人们非常重视此事。

图 1-10　民国初年的"流年大单张"(详见彩插)

二、合婚与择日

(一)合婚

中国民间有合婚习俗,婚前要把对方的八字要过来,请算命先生合婚,称"合八字"。徽州民间也一直保留这种习俗。

古代婚姻重视父母之命、媒妁之言,当事人多半没有机会相处,对对方的品德操行和脾气性格都不太了解。双方一旦明确了意向,就得向对方讨要八字,并且请算命先生来推算是否合适。

算命先生首先要评估对方命运本身的贵贱,特别是对女方,要看其是否贤良,是否旺夫益子。女方也要了解男方是否性格中和、寿命绵长,是否一生丰衣足食。

当然,合八字最主要内容还是看男女双方是否般配。对此,命理学说也有一套理论。比如,大多数人都不可能有中和的八字,男女双方都会有所偏颇。合婚时将两者综合考虑。比如,男方八字中木过盛,若女命中金较强,或虽无金而能生金的土较多,都可以形成弥补;如果女方八字中木或水重,那就不能中和。如此等等。如果能相互补偏救弊,取长补短,达到动态平衡,就能够"琴瑟和谐,子嗣蕃衍",也就是转劣为优了。

像"六冲"、"六害"等较为简单化的合婚的原则在民间影响深远。按照五行相生相克的理论,十二地支两两相对,被称为"六冲",即子午相冲,丑未相冲,寅申相冲,卯酉相冲,辰戌相冲,巳亥相冲。在古代徽州,男女缔结婚姻,总要尽量避开这六冲。具体地说,如果男女双方的年支属于这六种情况,比如属鼠的与属马的、属牛的与属羊等等,则不宜结合。

图1-11　民国时期合八字文书

除了"六冲",在算命先生看来"大婚不合"还有"六害",即子未相害,丑午相害,寅巳相害,卯辰相害,申亥相害,酉戌相害。有些算命先生还把这些情况编成口诀,如用"逢龙遇兔空作伴"表达"卯辰相害"。又如在男子为中心的传统社会中,男子还对女方命中的"桃花煞"、"扫帚"、"八败"等特别忌讳。当然这些都是不足为凭的穿凿附会,既没有科学根据,也得不到现实生活中具体事例的支持。

大多数合婚书只是粗略地说说,只要不是有明显问题就行。

图1-11为己未(1929)年十月三日谢子期世传十七代孙为一男合婚的文书。男子十六岁,甲辰年庚午月壬申日辛亥时生。可能是媒人介绍了两个女孩,一个是乙巳年己卯月庚申日丁亥时生,另一个是庚戌年五月十八日亥时生。家长需要作选择,请算命先生"合八字"。先生推算的结果乙巳年生的那位"女命取夫星透,子星旺,日元坐禄,扫帚、八败,一切不犯,取配良缘"。而另一位则"与左命相冲,不对"。其根据显然就是甲辰年与庚戌年正好是"辰戌相冲"。

(二)择日子

徽州民间无论是儿女结婚、造房子、搬家,还是为死者下葬,甚至是外出远行或者长期寄居在外的人回家乡等等,但凡做重要的事,都要选择日期。对大多数人而言,像修整房屋或出行之类不太重要的事项,一般翻翻黄历也就可以了,但对于重大事项,大家都不敢冒险,都要慎重地找先生算算。徽州文书中可以找到很多这方面的资料。

择日子首先要查看黄历中所标通用的宜忌。比如,立春前一日为"四绝",婚丧嫁娶一概不宜。冬至前后各十天为"乱岁",这段时间动土不会犯太岁,建房子打地基,或者下葬之类很多都选择这段时间。一般情况下,需要推算做事的日、时干支与相关生年干支之间是否"犯冲"。

从一些文书资料看,徽州过去像结婚、建房还有下葬这样的重大事项,不仅要选择日期,对于各个环节的具体时间还要有所选择。当然,不同地方、不同时期,讲究的内容也有所不同。

下面先看看大婚吉日的选择。这方面的文书保存下来的相当多,可以做些比较研究。

图1-12为清同治四年(1865)的一份《详选大婚吉日》文书。内容包括男女双方的生辰八字、男方父母和两个妹妹的生年干支、女方父母兄嫂弟侄的生年干支。其中,首先谈到"务择临近星期",就是要择良辰吉日。中国古代将"七夕"称作"星期"。如王勃《七夕赋》中有"伫灵匹于星期,眷神姿于月夕"之句。后人把男女成婚的吉日良辰称为"星期"。其择日所依据的是钦定的黄历和《协纪辨方书选法》,主要看所选日子与对双方亲眷有无妨碍。

文书选定"乙丑年五月初二丙申日大吉",初一日发轿,"初一夜丑时出女宅门大吉"。取丑、卯、辰时进男宅门大吉。如果进门早,则必须等候足时辰才能坐床厅。不仅如此,女方"上头"的时间和男方"下定"的时间都有具体规定。还声明如果这样做,对双方的新人和家人都有利,将来"孙曾绕膝,兰桂盈阶"。

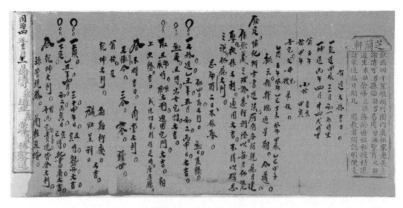

图1-12 清同治《详选大婚吉日》文书(1)

这份文书明确指出,吉期的选择只需考虑相关亲属的生年干支,认为"所有各妨亲属月建系无义之理论"。同时认为,选日子也无须考虑月建,哪个月都无所谓。这一现象与我们在其他文书中看到的情况有所不同。像图1-13中所示的择吉期文书中就写有男方父母、伯婶的生辰八字,而且批曰"二月、八月大利,三月、九月吉利",最后选定婚期为"甲子年八月十二壬辰日"。当然也有"上头开面"、换新装、坐床厅、拜天地的时辰安排。

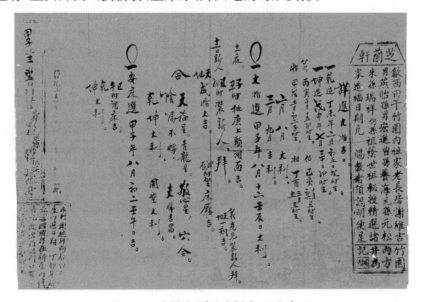

图1-13 清同治《详选大婚吉日》文书(2)

同样值得注意的是，这份文书中只有男方家人的信息，却没有女方家人生辰方面的信息。从内容来看，显然是为男方家选择的日子，或认为迎娶之事是男方家的事，只需考虑对男方家人有无妨碍。

图 1-14 所示的迎娶吉日文书则正好相反，只有女宅三对兄、嫂和侄儿、侄女生年干支信息，应是女方家选择的吉日期。其中提及"男宅发轿不拘时辰"，新娘出女宅大门、进男宅大门、出轿、拜天地、坐床厅以及冠笄等细节一应俱全，与第一份文书相似。后面还指出"忌庚辰生人免见安床"。

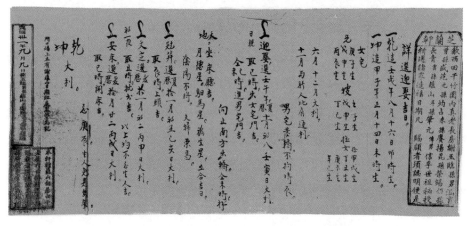

图 1-14 民国三十一年(1942)《详选迎娶吉日》文书

家境较好的人家娶媳嫁女都要请有些名头的专业人士择吉期，上面的三份文书都比较正式，都是请芝兰轩批算的。穷苦人家虽然没钱，办大事也要择日子。像图 1-15 所示这份文书，上面仅有婆婆和两小叔的信息，说明男方是一母亲带仨儿子过日子。形式虽然简单，内容也比较齐全。

徽州民间不仅重视大婚喜事，对丧葬之事同样十分重视。

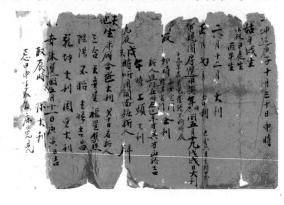

图 1-15 择婚期文书

图 1-16 所示为清光绪十一年(1885)十月初九的一份《详选安葬吉日》文书。其中的内容包括：(1)坟向为"丑山未向加艮坤"，判曰："乙酉年山向大利。"(2)山运：庚辰金，判曰："忌火，洪水利吉。"(3)死者为女性，甲寅年生。由此推出"四空忌"的庚午、庚子、辛丑、戊申等日与时。(4)祭主为墓主的四位孙和八位曾孙，列出其生年干支。(5)破土、移棺的时间为乙酉年十一月二十日巳时和午时，并指出戊申、庚申年生人不得进入现场。(6)安葬的时间为十一月二十三日卯时、巳时，落棺登位、定向、分金；午时、戌时安墓门坎石，定向；忌辛亥、丁亥、庚子年生人，不得进入现场。后面是一些总体判断，说照这样做方方面面都没有妨碍，大吉大利，祭主等"通合大利，人财两盛，房房发达，富贵绵绵"。最后还补充说明："细查本年除此另无上吉日。"

图 1-16 光绪十一年(1885)《详选安葬吉日》文书

从这份文书可以了解到此地的一些丧葬习俗。比如，这里选择的安葬吉日是二次葬，即老人逝去后先有一次葬，过些日子之后家人为其找好了墓地，再择期进行二次葬，所以才有何时破土、移棺的程序。再如，破土移棺的时间与再次落棺定向的时间有三天的差距，这三天还要举行一系列的悼念活动，亲朋好友都来参加，表达对逝者的怀念之情。最后，人们相信安葬是一件非常重要的事，无论是坟地、坟向还是安葬的每个环节、具体时间都需要认真选择，因为人们认为这涉及墓主的后人特别是子孙的凶吉祸福，所以得高度重视。

除了婚嫁和安葬这样的重大事件，徽州民间建造房屋也需要选择吉期。民国二年(1913)程新盛替房主选择的一组建造房屋时间表，内容有以下几方面：

(1)房子的门向为壬山丙向占子午三分。(2)房子主人的生年及忌用:丙辰生忌壬戌日、乙亥生忌申戌日、戊子生忌甲午日、辛丑生忌丁未日、甲辰生忌庚戌日、己酉生忌乙卯日、辛亥生忌丁巳日。原因是要"冲克避之"。(3)根据《洪范五行遁变》,"壬戌水运,纳音忌土克,宜用金制之"。(4)壬山避忌。查过无犯,不忌细开,以上冲犯之日不取。(5)具体操作如伐木;具工、架马;告符、动土;画柱墨、开柱眼;栽柱脚、平地基;平水、定磉;采取梁木;结梁榫、画梁眉;排列、穿枋;竖柱上梁;盖屋泥饰;门枋登位;上大门照等等工序的时间安排。从正月廿二伐木,到腊月初三上大门照前后近一整年。

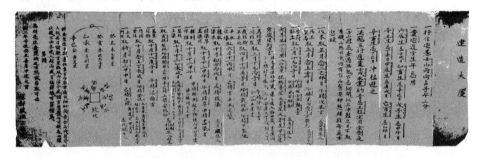

图 1-17　民国二年(1913)《建造大厦》文书

从这份文书可见,这位程先生不仅通晓阴阳五行学说,还了解建造房屋的工序和各工序所需时间,要在所忌日期之外安排施工的各个重要环节。

三、风水信仰

(一)风水理论的合理性与局限性

中国古人信仰风水。考古发现,上古时代的聚落选址就十分重视环境质量。《诗经·大雅·公刘》记载了公刘在自邠迁都于豳过程中,如何不辞劳苦,长途跋涉,观察测量,精心选择的案例,被视为最早的相宅文献资料。秦汉以后,在大规模营建宫室的实践基础和易学理论、阴阳五行学说等理论基础上,风水学说开始出现。魏晋南北朝时期,风水理论体系得到确立,郭璞被尊为"风水鼻祖"。后经隋唐五代时期的不断完善,到两宋以"形势派"和"理气派"的出现为标志,风水理论体系基本定型。明清时期,风水术泛滥,从皇室到民间普遍迷信风水,理气派出现了八卦、玄空、三合、八宅、三元等新的分支。清末以后,随着西学的大量传入,风水术遭到批判和排斥。新中国成立以后,风水作为一种封建迷信更是一度受到全面禁止,但作为一种民间信仰,仍有很强的生命力,一直在民间流传未断。近些年,不少学者也介入其中,从不同视角开始相关学术研究。

有关风水的学术古称"堪舆",又称"地理",其实是古人探究人与自然关系的一种方式,是古人对生活和生产经验的总结,是中国古代的环境生态学。联合国教科文组织界定"非物质文化遗产概念"的外延有六个方面,其中包括"有关自然界和宇宙的民间传统知识和实践",依笔者看,中国的风水术完全符合这一界定,可能是由于其中夹杂的迷信内容太多,政府没有将它列入非遗名录。

风水术中不少内容都有一定的道理。拿选址来说,住所的选择首先得安全,其次要靠近水源,生活、交通都方便,同时小气候也要好,以温和干爽为佳。由于冬季有西北方向的寒流,夏季有东南方向的季风,选择住所一般是要背靠西北边的山,借此可以阻挡冬季西北寒风;面向东南方向的开阔地,夏天则可接纳凉爽的东南风。即所谓"负阴抱阳",冬暖夏凉。再者,山区的房屋不宜建在山顶,那里风大,生活也不便利;是否建在山脚下,还要看是否易受山洪的侵扰;一般而言,建在半山坡适当的位置最为便当。

古人一般住在河边,便于取水和交通运输。中国的地势总体上说是西北高,东南低,这决定了水的流向。在多种因素的共同作用下,自然形成的河流总是弯曲的。在河流拐弯的内侧,古人称"汭位",最适于建造房屋。这里水流比较缓慢,泥沙逐渐聚积,形成平缓的河床,有利于取水用水,而且此处三面环水,还便于防御。如果凸岸三角地带恰好位于山南水北,兼有"负阴抱阳"的特征,那就堪称"形胜"之极致。相反,在河的另一侧,由于水的回转半径较大,流速较快,对岸边的冲刷作用使水土流失,造成河岸崩塌,如果把房屋建在这里就十分危险。古人称之为"反弓水",属凶位。

风水术中最基本的四个环节。一是"觅龙",就是要厘清来龙去脉,主要是指山脉和河流的走向及其起伏、转折、变化,寻找聚气之势,一般说来在西北方向要有个大山作屏障。二是"查砂","砂"在风水格局中,是指环卫在建筑基址四周的山丘土石,相对于作为"龙"的主要山体而言处于次级地位,起到护卫作用。风水理论中特别重视左右"护砂"的选择,要求左边的"青龙砂"(上砂)要比右边的"白虎砂"(下砂)高大一些,有所谓"不怕龙青高万丈,就怕白虎回头望"之说。简单地说,东西两边要有小山辅佐,好像两个扶手,理想情况是"护砂完整,拱护周密",可保护"生气"不会因外风荡刮而飘散。三是"观水",在觅龙的过程既要结合水的走向确定"来龙"的走势,也要看小环境中"来水去水"的情况。比如,在房屋面前有"玉带水"环绕最好,但不能有水直接对着房子冲过来。最后是"点穴",也就是确定建筑基址和建筑的朝向,从本质上说,一是要找到"藏风聚气"的最佳位置,二是要选择最佳的朝向,二者的结合使之能够获得完美的景观意象和最丰富的积极心理感受。龙穴砂水"四美兼备",同样也是村落选址的要求。

这种标准在丘陵地带不难达到,但在无山地的平原则无法实现,所以在平原地区,即以来水为龙脉,又以水为护卫。因此,风水术必须因地制宜。

风水术的合理性主要体现在重视对住宅环境的生态学和心理学上的把握,使居住者身处其中十分安逸和舒畅。实际上,宏观的风水更多应用于城市建设,特别是大都市的选址,其中涉及长期的气候条件和水资源供给等因素,从各个大都市的选址都可以看出这些因素的重要性。而对于村落和住宅的选址,则应当重视小环境的选择和营造,目的是在这里居住生活的平安、舒适、便利。

有一部重要的风水学著作《宅经》,据称为黄帝所著,被《四库全书》收录。其卷上称,宅有五虚五实,五虚令人贫耗,五实令人富贵。"宅大人少,一虚;宅门大内小,二虚;墙院不完,三虚;井灶不处,四虚;宅地多屋少庭院广,五虚。宅小人多,一实;宅大门小,二实;墙院完全,三实;宅小六畜多,四实;宅水沟东南流,五实。"这些说法在今天看来也很有道理。房子过大不仅会造成资源浪费,居者从心理上会有不安全感,打扫卫生也不方便;小小的屋开着老大的门既不协调,也不利于保温;墙院完整有利于居住安全,井灶布局合理便于生活,六畜兴旺自然会增添生活的乐趣。至于宅水沟东南流,临水而居便于生活不言而喻,只是水的具体流向只要因地制宜,"东南流"并无实际意义。

《宅经》又云:"其田虽良,薅锄乃芳;其宅虽善,修移乃昌。"以良田与耕作的关系作比,强调人的主体作用。住宅环境条件再好也只是外在条件,只是诚信良善的人通过辛勤劳动,行善修行,才能取得美满的回报。

风水理论认为,"塘之蓄水,足以荫地脉,养真气"①,"顺局宽旷,则取塘以凝聚之;来水躁急,则取塘以静注之。后值煞曜之方,有高山逼压,阴煞射来,取塘以纯之。"此说很有道理:来水急湍之处,塘可以起到缓冲水势,防洪的作用,景观上形成山水相映的美观,蓄水可供饮用、洗濯和灌溉。任何一个村庄都少不了供水和排水系统,风水术中将水说成能够带来"财气"之物,故受到高度重视和自觉维护。

有些具体操作中的方法也有一定的科学性。清人高见南《相宅经纂》卷三中介绍了一些阳基辨土方法。一是实验观察:"于基址中掘地,周围阔一尺二寸,深亦如之,将原土筛细,复还坑内以平满为度,不可按实,过一夜,次早起看,若气旺,则土拱起;气衰,则凹而凶。"二是称量:"取土一块,四面方一寸,秤之,重九两以上为吉地,五、七两为中吉,三、四两凶地。或用斗量土,土击碎,量平斗口,秤之,每斗以十斤为上等,八九斤中等,七八斤下等。"实际上这里说的是通过测量土壤在膨胀潜势和密度上的差异,来考察地基的承载力,与现代建筑材料学中的一些方法有相通之处。

水口不仅具有现代建筑中的补给排水的功能,还有更深层次的文化学意义,作为村落外部空间的标志,可谓一个村落的灵魂。水口是一个村落的入口,营建过程中构思巧妙,比如欲扬先抑,具有很强的导向性。水口往往是沿着一湾溪水上行,突然遇到叠嶂的屏山,正在疑无路之时,恰有一丛林木、一

---

① (清)林枚:《阳宅会心集》卷上,清嘉庆十六年(1811)刻本。

架小桥,一潭碧水,甚至有一组亭阁出现,引导你前行,沿着美妙的风景走廊不知不觉地进入村落。水口又是一个全村人共享的公共活动场所,有些村落的水口建有文塔、奎楼等人文景观,体现出村里人的梦想和精神追求。同时,水口作为村落的天然屏障,能够在一定程度上给村民带来安全感。

然而,这种实践中产生的正确的认识后来成为一种神秘化了的文化现象,变成了所谓封建迷信。究其原因,风水师为了沽名钓誉和骗取钱财,一方面把简单的道理复杂化、公式化,说得玄之又玄,另一方面夸大事实,很多人不知真相,信以为真,为了趋利避害,盲目崇拜,反而起到推波助澜的作用。

以水口为例,按照明代学者缪希雍在《葬经翼》中的说法,水口是"地之门户",是"一方众水之总出处"。水口一般处在两山夹峙的狭窄处,被视为村落的门户和灵魂所在。水口包容的地面越大,其中包容的人口数量就越多,或者说环境容量就越大,未来发展的空间也随之变大,这很容易理解。但是经风水先生一说,就成了水口范围越大,带来的富贵就越大,这样一来就有了一些神秘的成分。再比如,西北高,东南低是中国大地总体走向,风水术把它固化,以西来之水为吉,出水口以东南方(巽位)为吉,一些地方的地形明明不是如此,也要人为地造就,这也是僵化地理解风水理论的表现。

风水一旦脱离其科学依据,就被符号化,成为一种观念,一种迷信。至少从明朝开始,对风水的迷信就非常普遍,故宫的建造就是一个典型例证。故宫里流到每个宫殿的水之前都要从西北往东南绕一下,这当然没有任何实际意义;人工堆成了一个景山,也根本起不到挡西北风的作用。明清时期,许多城镇都在东南方建一个风水塔,其作用是补巽方地势偏低之不足,塔楼本身除了作为一种装饰景物,并无实质性效用。

理解了风水术的本质,知其所以然,就不会简单地套用一些概念。中国的地势西北高,东南低,江河的流向总体上是由西北向东南,但这只是宏观上的情况,并非各地均如此,因而风水师在实践中必须因地制宜,不可生搬硬套,否则风水术原有的合理性就会被荒唐无稽所替代。以汭位、凶位概念为例,英法联军入侵上海后,没有把房子建在处于汭位的老县城里,反而建在河对岸的凶位上,就是现在的外滩。道理很简单,凶位水深,恰恰能停下他们的深水轮船,而用现代建筑材料构筑的河堤又可以抵御激流的冲刷,既得其利,又能避其弊,自然有其合理性。由此可见,在肯定风水术合理性的同时,不能把它神秘化。

如果说,风水术在阳宅的选择方面尚有其合理性,那么它在阴宅选址方面则有很多附会的内容,更具有神秘主义的特征,更加不可理解。阴宅风水的核心思想就是旧题晋郭璞《葬经》所谓"气感而应,鬼福及人"。认为亲人之间可以相互感应,死者如果安葬得好,其尸骨可以集龙脉真气,并使后人感应而得到荫护。这显然是无稽之谈。

再如,阴宅选址也是强调后要有靠,前要有案,水要归一处,龙虎要环抱,明堂不倾斜,内明堂要圆,周围不被凹风吹扫。无反弓水,亦为阴宅选址的首要条件。同时,也以人们的文化审美心理的需要为根据。除了作为一种文化现象具有心理暗示方面的效应外,都无法从科学的角度加以解释。比如,阳宅的朝向对于居住者的生活的影响可以理解,但风水学把阴宅的朝向说得十分精妙,要求其精度比阳宅还要高。"分金差一线,富贵不相见"。这显然是故弄玄虚。再如,有些风水著作论述阴阳二宅选址过程中本质的区别时称,阳宅的水可从坤方而来流向巽方而去,而阴宅则水不能流破巽方,若流破则长女有灾或损。风水理论中还有一些说法,可以使人无法验证其真伪。比如,风水轮流转,三元九运,再根据各人的年庚四柱,所以风水格局必须是因人因时而不同的。这样就能找到托辞,让人很难通过实例予以否证,也是风水术在民间长久流行的原因之一。

(二) 徽州民间风水信仰

徽州人信仰风水,从清代学者赵吉士《寄园寄所寄》中"风水之说,徽人尤重之,其平时构争结讼,强半为此"。[①] 需要说明的是,在徽州传统的宗族社

---

① (清)赵吉士:《寄园寄所寄》卷十一,见《徽学研究资料辑刊》,合肥:黄山书社,2008年。

会中,宗族在处理日常生活中发生的矛盾上发挥着重要作用,许多矛盾都能够在宗族内部得到解决,无需去诉讼,而风水方面的矛盾往往发生在宗族之间,大多需要通过诉讼途径解决,故有此说。

藏于祁门黄龙口村《越国汪公祠墓志续刊》卷下记录了一桩因风水问题发生矛盾,构成诉讼官司的例子。同治年间,汪氏族丁汪庆高等勾引府胥杨良玉倚势恃强,在汪氏祖先汪华祠墓附近开设油榨作坊,一些汪氏族人迅即作出反应,认为油榨作坊"朝夕撞击,震伤地脉","祖墓大受戕害,丁命实在攸关"。同治八年(1869)三月初十日,徽州一府六邑支裔共一百余人前往云岚山墓祠商议守护之事。会议裁定"先将不肖支丁汪庆高、汪正大革出,毋许入祠",同时到官府进行控诉。由于双方当事人各有势力支持,案件形成缠讼。历时近一年,至十二月二十四日才尘埃落定,被告人杨良玉具呈切结书,声明"将吴山铺油榨遵奉府宪谕饬搬移尽净,嗣后遵奉宪饬,断不敢在汪姓免征地界附近五里以内开设"。

徽州人重视风水的情况可以找到很多例证。康熙《徽州府志》作者清初休宁人赵吉士撰有《寄园寄所寄》一书,卷十一专记徽州掌故,其中有一段提及他为父母选择坟墓时追求风水宝地的资料,原文如下:

> 今俗过信堪舆,多停柩于土上,以砖石甃之,至数十年远犹不瘞埋者,徽郡为甚。……甲寅葬先父母于琅源台上狮高原,此癸未年先宜人携余避乱处也。曾作诗纪此山之胜,今三十六年矣。徂岁访地师于白下,时伊大农奉旨伐木江南造船,慕巡抚行咨,谓:"新安多巨木,须遣道员督伐。"伊公知予徽人,因以抚咨掷阅。予对曰:"大木尽有,但不适用。"伊公云:"既有大木,自合式,如何不适用?"予对曰:"徽处万山中,每年木商于冬时砍倒,候至五六月梅水泛涨,出浙江者由严州,出江南者,由绩溪,顺流而下,为力甚易。值此隆冬即伐木,木不能出,徒利木商耳。"伊公首肯,遂寝其事。及予归里,未旬日,周地师云:"地已得矣,风水合局不必言,合抱大木罗列于前,亦不知多少。"予心动,谓果如愿,即旧冬陈说于大司农前,非为桑

> 梓，正以保吾父母莹木也。因不惜重价成事，阖郡堪舆家二十余人，纷纷点穴不定。予用称土法，择土之重者用事，及开金井，土如紫粉，光润异常，登山者咸贺得地。

这里提到的先人死后停柩于土上，以砖石甃之的做法至今仍有遗存，一般在三年之内下葬。由于没有选到理想的"风水宝地"，有"至数十年远犹不瘗埋者"，说明徽州过去的确存在"过信堪舆"的现象。后面记述的事是赵吉士本人为过世的父母找坟地，不惜重价，找过二十多位风水先生都不能确定穴位，这也从一个侧面反映出徽州人民对风水重视的程度。

徽州乡土资料中有大量对于风水重要性的论述。如《珰溪金氏族谱》卷之十八"保近山"：

> 本村坐山、朝山、青龙山乃一村之拱卫。拱卫受伤，一村必不得安。弘治庚申，误信鄙术，轻于青龙山头辟开一丈有奇，以广祠址。比及己巳，才十年耳，村中一旦大讼生，肇自祠中，积十余年不息。继有大火，起自西偏之末，延及东偏，又延及街之南，以至于溪，又逾东小溪以及桥下，又逾南小溪以及朝山（时在山草木皆煨烬，已议伐，未决，次年渐发生），仅存有同府仓楼及忠义门从堂。又不数年，同府新厅火，忠义新楼火，延毁从堂，予家宋元来屡世缔造，岂下二三千间，至是而片瓦不留矣，此始迁以来所未有之变。一时人心惶惶，交口追咎庚申之误，已无及矣。于是议立蓬瀛、中秋二会，严约长养，虽折一枝、采一叶亦有罚，况土与石乎？迩来二会既散，人情顿恣，害及小薪，害及古木，今又害及土石，而无所畏忌，遂使一村之中狱讼、火灾又作，连岁不息，其将谁咎？地理之说固不足信，然以理论，则不能不信，以祸福之征论，则不敢不信。人之一身，头目手足病，则痛彻于腹心。宅址，腹心也，前后左右山，头目手足也，焉有前后左右山病而宅址不病者乎？人之一家外垣圮，则祸潜及于内室。宅址，内室也，前后左右山，外垣也，焉有前后左右山圮，而宅址

无祸患乎？此理也。始失于青龙山而大讼、大火作，今失于朝山而讼兴，火又作，此祸福之征也。哲人先理而思防，凡民畏征而顺理，不念乎理，不畏乎征，妄作以犯地理之禁，天必厌之。

　　大意是说，村落的坐山、朝山、左右砂是一村之护卫，好比人之手足、宅屋之垣墙，不能损坏，否则就会有火灾或诉讼等灾祸发生，不可不慎重对待。早先就是吸取教训才成立了蓬瀛、中秋二会，严约长养，对恣意毁坏风水的行为予以处罚。近来二会不复存在，没有约束，导致灾祸再生，连岁不息。因此，地理之说以理论之不能不信，以祸福之征论之则不敢不信。

　　徽州人重视风水更体现在村落营造实践中。传统的风水理论把村落的来水入口称作"天门"，河流出口处称作"地户"。天门要开放，门开则财来；地户要封闭，户闭则财用不竭。徽州的村落处处体现这一原则，一般在下水口建筑桥梁或楼、塔、台、榭等建筑，并且大量栽种树木，营造水口园林，以锁闭地户。比较典型的例子如徽州冯村的"天门"和"地户"。据徽州《冯氏族谱》记载，该村"自元代开族以来隅隐庐豹隐，尚未能大而光也。后世本堪舆之说，因地制宜，辟其墙围绕于安仁桥之上，象应天门，筑其台榭于理仁桥梁之下，象应地户。非徒以便梨园，实为六厅关键之防也。所以天门开，地户闭，上通好国之德，下是泄漏之机。其物阜而丁繁者，一时称极盛焉。"不仅有界定村落外部区域的天门、地户，还有龟、蛇、狮、象几座山峰烘托，置身其中，能够感受到一种人与自然和谐的整体美感。

　　引水补基是风水实践中经常用到的方法，徽州村落中这方面的材料也很多。典型的如被联合国教科文组织列入了世界文化遗产名录的国家级重点文物保护单位黟县宏村在明永乐年间，采纳休宁风水师何可达的建议开挖的月塘。据《汪氏家谱·事实》记载，"宋彦济公九世孙曰玄卿公，乐施好义，四方文人墨士过访无虚日，而尤厚堪舆家。尝相与望楚景山，偶指村之正中有天然一窟，冬夏泉涌不竭，曰：此宅基洗心也，宜扩之以潴内阳水，而镇朝山丙丁之火。公信焉，笔诸谱，递传"。这里说的是开挖月塘的缘起，汪家祖先玄卿公，不仅乐施好义，喜欢结交四方文人墨士，尤其是堪舆家。在与这些友人查看村落周边形势时,有人偶然发现村之正中有一天然泉眼,认为这是"宅基洗心",建议扩大之,"以潴内阳水,而镇朝山丙丁之火"。这位玄卿公信以为然,书之于家谱告之后人。到了明永乐年间,这项工程得以规划建设。

图1-18　宏村月沼　许琪供图

明初,思齐公拟于窟北数武竖家祠,然犹未敢苟也,闻海阳何君可达,时号国师,三聘固请来踏厥地。欣然谓是慧眼人,应属杨廖一辈。得巧工追琢卞玉始成,乃遍阅山川,详审脉络,援笔立纪。曰引西溪以凿圳,绕村屋。其长川沟形九曲,流经十湾坎水横注丙地,午曜前吐土官。自西自东,水涤肺腑,共夸锦绣蹁跹;乃左乃右,峰倒池塘,定主甲科延绵。万亿子孙,千家火烟;于兹肯构,永乐升平。公因出储万余金,凿圳数百丈,引西来之水,南转东出,而于三曲处,沧小浦,又分注西入天然窟。窟之四畔,皆公租田,计五十有一砠。旋施人力浚而大之,形如半月,环拥祠前。而月沼之名号立,而月沼之规模成。临渊载咏,每令人有渊渊其渊之想。语云地灵人杰,又云人杰地灵。吾于此而叹天工人巧,两臻其妙矣![1]

---

[1] (清)汪纯粹纂修:《汪氏家谱》卷二十四"事实",乾隆十三年(1747)刻本。

思齐公本打算在泉眼的北面不远处建家祠,也不敢擅自行事,请海阳镇风水名家何可达指导。何可达"遍阅山川,详审脉络",经过反复勘察,确定其地理形势应为"卧牛形",提出一个引水方案。即引村西吉阳河溪之水,先是向南流入,经过一条人工开凿的宽 60 多厘米,长 400 多米的眠沟,像是弯弯曲曲的牛肠,穿庭过院,最后汇集到东边的天然泉眼处。泉眼四周都是公租田,计 51 砠(可能是按租子收入的量计算的,实际面积大约 30 亩),扩挖成半月形的"月塘",环拥在祠堂前,天工人巧,两臻其妙。

后来,有风水先生认为,牛有两个胃故能反刍,从风水学角度看,有月塘作"内阳水",还需加一个"外阳水"才算完整。明万历年间,又将村南百亩良田开掘成南湖,"牛形村落"终于建造告成。《汪氏家谱·事实》中的"南湖纪实"对此事做了较详细介绍。

> 明永乐时,思齐公从地师何可达先生指画,凿疏月沼,言内阳水,而火灾寝息,人得安居。堪舆之说,信有征已。历隆万间,椒枝孔蕃,堂构聿增,月沼之前及左右两旁,百堵俱兴,识者忧之,以南方山赤如烈焰也。忆前人遗言,谓新溪绕南之北畔,有双石田数百亩,能再凿池,蓄中阳水,子孙其更逢吉。万历丁未,爰踵疏月沼旧规,抉田百亩,凿深数丈,周围四旁,砌石立岸,名曰南湖。受眠西来之水,潴汇明堂,渊深四映,诸峰远近,倒影入池,钟灵厥址,肇启斯文。伯叔兄弟,咸称盛举。第田业有无不齐,有者以田作值,无者照田出价。鸠工经营,同心协办,至正至公。落成之时,禁售他姓。谱之宗盟,俾遵毋忽。

南湖的开挖是汪氏家族按照风水理论进行的最大规模的村落建设工程。月沼建成后,"火灾寝息,人得安居",让大家认为"堪舆之说,信有征已"。经过一百多年的发展,家族枝繁叶茂,发展得很快,大大超过月沼所能承担的环境容量,按照风水师的说法是南方赤如烈焰,光有"内阳水"还不够,需要一个"外阳水"才能确保平安,于是南湖的开挖被提上日程。延用疏月沼的规矩,动员全族力量,将村南的数百亩稻田开挖成深达数丈的水塘,蓄容流过村庄穿过月沼的水,既解决村庄的防火和用水问题,又形成一个大的景观,诸峰远近,倒影入池,美不胜收。如图 1-19。

图 1-19　宏村南湖

　　在徽州境内随处可见徽州人对于风水的重视。图 1-20 所示为我们在歙县北岸考察时在廊桥出口处看到的"泰山石敢当"。关于"泰山石敢当"的来历,有不同的说法。一种是传说在黄帝时期,生性残暴的蚩尤,长着坚实的头角,无人能敌。一次在泰山之上,蚩尤狂妄地自称天下谁人敢当。女娲遂投炼石,镌"泰山石敢当",蚩尤惧。后来"泰山石敢当"成为民间驱害避邪的风水神石。另一种见《姓源珠玑》,说石敢当是五代时的一名大力士,平生御侮防危,能逢凶化吉,故后人在路桥要冲,刻书其名。笔者在呈坎等古村落也看到过这样的"石敢当"。

徽州人重视风水有多方面的原因。首先是得天独厚的自然条件。徽州地处皖南山区,"山清水秀,称于天下。"①正如歙县金山洪氏宗谱所称,"山磅礴而深秀,水澄澈而潆洄,土地沃衍,风俗敦朴"。风水术中理想的风水宝地在其他地方可谓苛刻难求,但在徽州却比比皆是。

从源头上看,自然离不开汉民族普遍的风水文化和徽州作为古越之地受到的"好巫之俗"的影响。走南闯北的徽州商人,经营活动中总有很多不确定因素,不可能一直顺风顺水,总会遇到时运乖违的时候,因此,他们比一般人更加重视风水龙脉,更容易受到风水观念的影响。

图 1-20　北岸廊桥出口处的"泰山石敢当"

徽商具有很强的经济实力,因而有能力按照风水要求对村落进行整体规划和建设。加上徽州氏族力量比较强大,常常能够组织力量进行较大规模的建设。

徽州是宋明理学的发祥地,二程和朱熹均有关于葬法研究的论述,这些对当地的堪舆习俗有深层次的影响。朱熹是徽州婺源人,祖居歙县黄墩,出生于南剑州尤溪(今福建尤溪县),是南宋著名的理学家、教育家,儒学集大成者,宋代理学思想的集大成者。

朱子与风水信仰的关联,源于其《山陵议状》一文。绍熙五年(1194)宋孝宗赵昚死后,光宗赵惇"内禅",让位于次子赵扩。宁宗赵扩即位后,召请朱熹

---

① (明)彭泽修:《徽州府志》卷一《总序》,弘治十五年(1502)刊刻。

入都,作为"帝王师"入侍经筵四十六日。在此期间,朝廷就孝宗皇帝安葬之事议而不决,朱熹向皇帝献上了《山陵议状》,表达他的看法,文中系统阐述了他对于风水价值的认识。

> 臣闻之,葬之为言藏也,所以藏其祖考遗体也。以子孙而藏其祖考之遗体,则必致其谨重诚敬之心,以为安固久远之计。使其形体全而神灵得安,则其子孙盛而祭祀不绝,此自然之理也。是以古人之葬,必择其地而卜筮以决之,不吉则更择而再卜焉。近世以来,卜筮之法虽废,而择地之说犹存。士庶稍有事力之家,欲葬其先者,无不广招术士,博访名山,参互比较,择其善之尤者,然后用之。其或择之不精,地之不吉,则必有水泉、蝼蚁、地虱之属以贼其内,使其形神不安而子孙亦有死亡绝灭之忧,甚可畏也。

在朱子看来,慎重安葬先人不仅是出于孝道,更涉及后代的兴衰安危。选择得当,则先人的遗体不会因水泉、蝼蚁、地虱等侵入而受到侵扰,反之,则会导致形神不安,并累及子孙。因而此事事关家族成败,稍有事力之家无不竭力对待,皇家当然不能粗略苟简,草率处之。接着,朱子对负责此事的台史提出的"祔于绍兴诸陵之旁",并且"取国音坐丙向壬"等方案进行了驳斥,其中体现出他对于风水理论的理解。他认为,"穿凿已多之处,地气已泄,虽有吉地,变无全力"。祖茔之侧,已经数兴土功,故不适宜再用。再者,自古以来,葬者必坐北向南,负阴抱阳,坐丙向壬的话正好相反,成了坐南向北,没有道理。其"以五音尽类群姓,而谓冢宅向背各有所宜"之类的依据也不攻自破,因为"自永安迁奉以来,已遵用此法,而九世之间,国统再绝,靖康之变,宗社为墟"。如果说吉凶由人,不在于地,则"国音之说自为无用之谈,从之未必为福,不从未必为祸矣!"最后,他提出了方案,可以在两浙数州近甸方圆三二百里,泛求五七个厚高平可葬之处,再借助民间力量,"不拘官品,但取通晓地理之人,参互考校,择一最吉之处,以奉寿皇神灵万世之安"。

徽州人视朱子为本籍人,是徽州人的骄傲,因而朱子学说对于徽州人思想的影响可谓至深至远。朱子包括二程对于风水的态度自然会在徽州人的思想里打下深刻的烙印。

优越的自然条件、强大的经济实力、内在的心理需求和文化影响等因素综合作用,使得徽州人十分重视风水,从城市、村落的规划,宗祠、民宅的建设,到阴宅的择建均需要请风水师定夺,徽州的风水文化可谓繁荣昌盛。徽州人在建祠堂、造住宅以及修祖坟之时都要请风水师相地择向,这为罗盘提供了很大的内需市场,明代徽州罗盘的制作开始兴盛起来。

明清时期,罗盘产地主要有两大区域,内地有徽州、苏州,沿海有漳州和梅州。

徽州休宁县万安镇是一个历史悠久的古镇,坐落在横江之滨,凭着水路交通的便利,很早就成为一个商贸重镇,繁华程度不亚于休宁县城,故有"小小休宁城,大大万安镇"之谚。万安罗盘制作业的兴起不晚于元末明初,发展于明代,鼎盛于清代中叶。万安罗盘制作业早期的发展还得益于徐海、王直(又称"汪直")等一些徽州籍商人的海上贸易,这些人不仅把罗盘作为海上航行之用,更是把这一商品外销到日本和东南亚国家。

万安罗盘以其设计独特、选材考究、制作精良、品种齐全而闻名于世,被使用者奉为正宗标准产品,享有"徽罗"、"徽盘"之称誉。

最初生产的万安罗盘为"水罗盘",为浮针结构,盘面中央有一凹槽,称"天池"。用时,在天池中注入一定量水,把磁针放置在天池的水面上,为防止磁针下沉,在其中段绑一小段灯芯草(后改用鸡毛管效果更好)。

这种水罗盘需要现场滴水置针,不便携带。明万历年间徽州人王氏创制了旱罗盘。据万历《歙志》卷九记载:"旱罗,亦岩镇王氏所创。其人抱青鸟之术,因谓携磁针水滴之赘,乃以意制此。初以一罗易金一两,今作者多,贱矣。"说的是岩寺镇王氏也是位风水师,因为觉得带着磁针水滴不方便,就创意制作了旱罗盘。一开始售价很高,每只罗盘一两黄金,后来做的人多了,价格也就降了下来。说明当时除了万安,歙县岩寺也有人制作罗盘。

旱罗盘为顶针结构,在天池中心立一铜柱,上端顶托着磁针的重心部位,磁针以此铜柱枢轴为支点转动。由于携带和使用都比水罗盘方便,用者逐渐增多。经过明末至清雍正约一个世纪的水旱两用过渡期,至乾隆年之后水浮罗盘逐渐消失。现在生产的万安罗盘均为旱罗盘。

万安罗盘制作业经过数百年的发展,先后出现了方秀水、汪仰溪、吴鲁衡、胡茹易等数家名店。这些创办者的情况无从考证。方秀水罗经店是万安罗盘业早期名店,大约创办于明中后期,明清时期在全国罗盘业享有盛名。清末方氏子孙不再业此,招牌交由余氏、朱氏和黄氏承租经营,1937年前后闭业。胡茹易、汪仰溪等几家店也在此期间先后停业。吴鲁衡罗经店创办于清雍正年间,在几家老店中算是后起之秀。吴鲁衡所制罗盘追求高质量和高精密度,受到用户的认可。其后人秉承祖制并有所创新,又生产出洋式日晷和节气日晷等新产品,不仅行销中国城乡,还远销日本、朝鲜、东南亚及欧美等地,享誉海内外。"吴鲁衡"逐渐成为中国罗盘业的知名品牌。民国四年(1915),"吴鲁衡毓记"罗盘、日晷作为中国选送美国巴拿马万国博览会产品,在巴拿马万国博览会上获得金奖。

吴氏罗经店传业六代,至20世纪60年代歇业。1982年,涵记"老吴鲁衡罗经店"恢复生产。此后,又有"万安吴氏嫡传罗经老店"、"胡茹易"、"方秀水"、"万安古镇老罗盘店"等相继开业。

第二章　三教神灵与行业神、功能神崇拜

三教神灵崇拜和功能、行业神崇拜广泛存在于中国各地民间信仰之中。在不同地区,这两类崇拜的对象和信众既有着较多的共性,同时也存在着一定的差异。深入了解其在徽州地区的具体存在状态,对于全面认识徽州民间信仰有着相当重要的意义。

第一节　三教神灵崇拜

儒、释、道三教为中国传统文化的根本,也是认识和理解中国传统文化的关键所在。三教诸神在中国民间得到非常普遍的供奉,然而,对于最具中国传统文化特色之一的徽州地区,历来却有着一种完全不同的观点存在。清江登云《歙风俗礼教考》曾云:"徽州不尚佛、老之教,僧人、道士惟用之以事斋醮耳,无敬信崇奉之者。所居不过施汤茗之寮,奉香火之庙。求其崇宏壮丽所谓浮屠、老子之宫,绝无有焉。于以见文公道学之邦,有不为歧途惑者,其教泽入人深哉。"[①]推崇儒家教化,贬抑佛、道二教地位,徽州本土知识分子的良苦用心昭然可见,却与该地民间信仰的事实有很大的差距。

---

① 许承尧:《歙事闲谭·歙风俗礼教考》,合肥:黄山书社,2000年,第607页。

与传统主要凭借文献尤其是文人诗文集记载的研究方式不同,最近几年来,我们致力于包括方志、碑刻、文书、口传等乡土文献的调查和研究,从中发现儒、释、道三教的主要神灵在徽州都受到崇拜,整体而言,与汉族其他地区并无二致。以佛、道二教而言,明清时期徽州寺观总数大约有560多种。① 进一步讲,徽州儒、释、道三教供奉不仅不弱于其他地区,在很大程度还形成了自身特色。徽州为程朱阙里,以孔子、文昌帝君为代表的儒教诸神深入人心。同时,徽州境内有道教名山齐云山,附近的池州又有中国四大佛教名山之一的九华山,佛、道二教信众极多,民间资料遗存也相当丰富。本节探讨的仅为其中已经民间信仰化了的部分。

一、儒教神灵崇拜

儒教这一名称是否成立,这在学术界,尤其是在国内学术界存在较大争议。但作为思想流派的儒家在民间确实存在宗教化的倾向,儒家的一些代表人物也被当作神灵来信奉,并与佛、道二教的神灵产生了一定的交流,在此基础上构建起儒教真假交织的信仰世界。

(一)孔子

孔子(前551—前479),子姓,孔氏,名丘,字仲尼,生于春秋时期鲁国陬邑(今山东省曲阜市)。作为中国文化轴心时代最重要的代表和儒家的开创者,孔子在儒教神灵中的地位至高无上,对其供奉几乎贯穿了他身后的全部中国历史。孔子死后第二年(前478),鲁哀公即下令在曲阜阙里孔子的旧宅立庙,将孔子生前所住的三间房屋改成寿堂,将孔子生前使用的衣、冠、车、琴、书册等保存起来,并且按岁时祭祀。公元前195年11月,汉高祖刘邦经过曲阜,用太牢(即牛、羊、猪)祭祀孔子,并封孔子九世孙世袭为奉祀君,成为中国历史上帝王拜祭孔子的第一人,孔子的地位由此被官方正式肯定。此后

---

① 丁希勤:《古代徽州宗教信仰研究》,芜湖:安徽师范大学出版社,2013年,第211页。

历代王朝共有 22 位皇帝亲赴曲阜孔庙进行祭祀。东汉永平二年(59),明帝敕令太学及郡县学祭祀周公、孔子。从此,朝廷及各地方政府开始在学校中祭孔,祭孔成为全国性的重要政教活动。对孔子的供奉甚至远传至海外,时至今日,日本、韩国、新加坡每年都会举行大型祭孔活动。

历代帝王还对孔子不断进行册封,总计达到 18 次。官方的尊崇为孔子的神化奠定了制度性的基础。

对孔子的神化也在不断进行。汉代纬书中已大量出现了孔子被神化的内容,如《论语·撰考谶》,记孔子出生之不凡,"叔梁纥与征在祷尼丘山,感黑龙之精,以生仲尼"。后世《名山藏》更演绎出了麟吐玉书的故事:"孔子将生,有麒麟吐玉书于阙里(今山东曲阜),圣母以绣系麟之角。"《春秋·演孔图》、《孝经·钩命决》及《春秋

图 2-1 徽州纸马《三教》

纬·演孔图》等书描述孔子相貌的其他特点:"孔子长十围,大九围,坐如蹲龙,立如牵牛,就之如昴,望之如斗"、"仲尼斗唇,舌里七重"、"仲尼虎掌"、"仲尼龟脊"、"夫子辅喉骈齿"。最为奇特的是孔子胸上有显示天命的文字,"孔子之胸有文曰:制作定,世符运"。时至明清,孔子更是得到官府和民间各种形式的普遍供奉,祭祀孔子的文庙遍及全国各地,书院和私塾也通常供有其画像或牌位,"天地君亲师"神位进入了每一户普通百姓的家中。基于民间久远深厚的孔子信仰基础,佛、道二教也主动将其纳入自身的崇拜体系之中,分别称为"儒童菩萨"和"至圣先师文宣圣王兴儒治世天尊"。

徽州有"东南邹鲁"之称,南宋以后,儒家文化高度发达,对于孔子的崇拜相当普遍。按照明清定制,徽州一府六县均建有先师庙(文庙),并定期举行祭拜,称为"春秋丁祭",祭祀的主要仪式名为"大成殿释典礼"。祭拜同时涉及颜渊、曾参、孔伋、孟轲等贤人,并追祭至孔子五代先祖及颜渊等人的祖先。

道光《徽州府志》载有清高宗乾隆钦定的相关祭文：

钦定文庙祝文

维年月日具官厶致祭于至圣先师孔子,曰：

维先师德隆千圣,道冠百王。揭日月以常行,自生民所未有。属圣教昌明之会,正礼和乐节之时。辟雍钟鼓,咸恪荐于馨香；泮水胶庠,益致严于笾豆。兹当春、秋仲,祗率彝章,肃展微忱,聿将祀典,以复圣颜子、宗圣曾子、述圣子思子、亚圣孟子配,尚飨。

钦定孔子先代五王祭文

维年月具官厶致祭于肇圣王、裕圣王、诒圣王、昌圣王、启圣王,曰：

维王奕叶钟祥,光开圣绪。盛德之后,积久弥昌。凡声教所覃,敷率循源而溯本。宜肃明禋之典,用申守土之忱。兹届仲春、秋,聿修祀事,配以先贤颜氏、先贤曾氏、先贤孔氏、先贤孟孙氏,尚飨。

该志并载有丁祭时所用礼器和祭品：

大成殿祭品：正位前帛一,尊一,爵三。登太羹一,铏和羹二。簠二,其实黍、稷。簋二,其实稻、粱。笾十,其实形盐、藁鱼、枣、栗、榛、菱、芡、鹿脯、白饼、黑饼。豆十,其实韭菹、菁菹、芹菹、笋菹、兔醢、鹿醢、鱼醢、醓醢、脾析、豚拍。牛一,羊一,豕一。炉一,灯二。

……

祭祀的具体过程为：

每岁春秋仲月上丁,释奠行礼。以正印官主祭,僚属分献,在城文武官陪祀,均致斋二日。先一日具祝版,设仪从,鼓吹前导,有司公服捧送神库安设,一跪三叩首,退。次诣神厨监宰,并瘗毛血。祭日丑前五刻,陈设牲帛器数,省视如仪。各官皆朝服入大成左右门,北面序立,引赞引主祭官诣盥洗所盥手,毕,诣拜位前立。引分献、陪祀官咸诣拜位序立。通赞唱"乐舞生就位"、"执事者各司其事"、"主祭官就位"、"分献、陪祀官各就位",唱"迎神",乃举迎神乐,奏昭平之章。乐作,唱"行三跪九叩首礼"。兴,乐止。唱"奠帛爵"、"行初献礼",举初献乐,奏宣平之章,舞羽籥之舞。乐作,引赞引主祭官升东阶,入殿左门,诣先师香案前。赞"上香",司香跪捧香,主祭官三上香,毕,俯伏,兴。次诣先师位前,赞"跪",主祭官跪。赞"奠帛",司帛跪奉筐,主祭官受筐,拱举奠于案。赞"献爵",司爵跪捧爵,主祭官受爵,拱举奠于垫中。俯伏,兴。引赞引诣读祝位,乐止。赞"跪",主祭官跪,分献、陪祀各官皆行三叩首礼,兴,引赞以次引主祭官诣四配位前,皆赞"跪"、"奠帛"、"献爵",俯伏,兴,复位。引赞分引两序分献官升东西阶入殿左右门诣十二哲位前,"跪"、"奠帛"、"献爵",俯伏,兴,复位。引两庑分献官分诣先贤先儒位前,"跪"、"奠帛"、"献爵",俯伏,兴,复位,乐止。通赞唱"行亚献礼",举亚献乐,奏秩平之章,舞同初献。乐作,引赞引主祭官升阶,诣先师暨四配位前,奠爵于左,如初献仪。两序、两庑分献,毕,均复位,乐止。通赞唱"行终献礼",举终献乐,奏叙平之章,舞同亚献。乐作,引赞引主祭官升阶,奠爵于右,如亚献仪。两序、两庑随分献,毕,均复位。乐止,文舞退。通赞唱"饮福受胙",引赞引主祭官诣饮福受胙位,赞"跪",主祭官跪;赞"饮福酒",右一人跪递福酒,主祭官受爵,拱举授于左。次受胙如饮福仪,主祭官三叩,兴,复位。次行谢福胙礼,通赞唱,各官均行三跪九叩首礼,兴。唱"彻馔",举彻馔乐,奏懿平之章。乐作,彻馔。毕,乐止,唱"送神",举送神乐,奏德平之章。乐作,复唱"行三跪九叩首礼",兴,乐止,唱"捧祝帛香馔送燎",执事生各捧祝帛馔香恭送燎所,主祭官避立,拜位西旁,俟过复位。乐作,引赞引主祭官诣燎所望燎,毕,复位。乐止,通赞唱"礼毕",乃各退。①

从上述引文中可以管窥官方祭孔的大概。值得注意的是,礼仪均为钦定,全国各地并无二致。通过严格的礼仪,以实现宣扬教化,稳定社会和人心,从而辅助政治统治的目的,这是官方祭孔甚至传统儒教的基本特色,明显不同于佛、道等彼岸宗教。

然而,民间祭孔则早已泛宗教化了。一些祭文提及孔子,祈福祈佑,与民间其他神灵相比并无特殊之处。民间祭孔仪式多为塾师携弟子所为,祭祀时间为私塾开馆和散馆之时。《祈神奏格》保存了明代祭祀时所用的祭文:

开学请圣贤

伏以继往开来,其功有贤于尧舜;神道设教,而业独德于颜曾。启我后人,皆由先觉。今据乡贯奉圣祈恩塾师厶率诸弟子厶厶等涓今厶年月日,谨备牲醴之仪,百拜昭告于大成至圣文宣师、四配亚圣、十哲大贤、三千高弟子、七十二贤人、历代诸儒,恭望降临,悉伏真香,普通供养。切念启迪辟蒙,多叨圣力,家国虽异,学校攸同。念某章句粗知,经书略究。蒙诸圣参赞之妙,籍群贤继述之精,兹届开学良期,乃敢斋沐祈恳。

伏以删述诗书,而圣教垂于千载;笔削春秋,而大法治于万年。仰倚恩被,虑伸图报。有酒盈樽,敬陈初奠。

伏以圣道洋洋,仰弥高而愈弥坚;善诱循循,教不厌而诲不倦。敢冒圣贤,意忱祈悃。有酒在樽,再陈亚奠。

伏以朝训暮诲,乾乾警惕于须臾;日就月将,汲汲提撕于顷刻。存良收放,祛蔽通明,有酒在樽,敬陈终奠。

伏愿大圣大知,施教施化。学由勤得,业向专精。惟然师傅以

---

① (清)夏銮:《徽州府志》卷三《学校》,台北:成文出版社,1975年,第210—213页。

笃成,实赖圣贤而默相。庇佑众姓弟子,气质清明,义理昭著。学问速成而上达,文才雄伟夺高魁。非惟家庭兰桂之香,抑见门墙桃李之盛。凡在肄业之间,悉赐甄陶之化。下有钱仪,对空燎贡,伏望圣贤,俯垂纳受。

解馆谢圣贤

伏以亲仁志学,乃弟子求益之功;辨惑决疑,实师道曲成之教。舍恩有自,报德无由。今据乡贯奉圣酬恩塾师厶率诸弟子厶厶等,涓今厶年月日,谨备清酌牲仪,百拜昭告于大成至圣文宣师、四配亚圣、十哲大贤、三千高弟子、七十二贤人、历代诸儒,望降香筵,受沾供养。言念某章句粗知,经书潜究。恪守先王之训,滥居师道之尊。盖将明义理以淑身心,岂敢悖前脩而误后学。故藏修当无间乎寒暑,而游息亦楚已乎岁间。薄奠荐酬,圣贤冀鉴。

伏以朝益暮习,乾乾不懈于趋时;日就月将,汲汲加功于继晷。列圣默佑其衷,群蒙敢忘所自。谨竭微忱,酒当初奠。

伏以存良收放,虽弟子自化之功;先觉后知,实前脩余波之及。虔陈黍稷之馨,上冀圣贤之贶。再竭微忱,酒当亚奠。

伏以四时作养,庶免乎尸位素餐;一岁而成,敢忘乎泰山北斗。福庆至而益至,德业新而日新。三竭微忱,酒当终奠。

伏愿圣牖愚衷,贤辅众志。今岁已戢乎琴□,来年□施乎降帐。学因年而加进,业与日以俱升。成俗化民,懿行超乡间之仰;经纶素积,高材怀廊庙之忠,非惟慰父兄教育之心,抑亦见师门英材之盛。下有信仪火化,上献圣贤鉴纳。某偕弟子,不胜欣跃,叩谢之至。①

现藏于黄山学院徽州文化资料中心的清末民初抄本《契票孔语式》(方生之抄)中收录了《请孔圣人》一文:

---

① (明)程敏政:《祈神奏格·礼卷》,上海图书馆藏明刻本。

请孔圣人

伏以继往开来，其功贤于尧舜。守先待后，而学得于颜曾。启我后人，皆由先觉。今据厶国江南徽州府歙县孝女乡厶里厶社居住，设帐弟子厶人率蒙弟子厶厶，暨通有名人等，是日上干焚香，恭敬大圣大知。弟子谨备福仪，铺列于书馆灵之中，一心拜请至圣文宣王先师孔夫子、四配亚圣、十哲大贤、三千高弟子、七十二知人、河南程氏两夫子、朱文公夫子先师，暨历代诸儒，书馆土地福德正神，恭换降临，悉降真香，普同供养。所有开壶美酒，礼以三奠之仪，运斟三奠，上献诸位圣贤。伏祈弟子读书喉咽响亮，写字笔捺楷正，颇有七步奇才，且有三场学问。伏祈弟子人等，时无半点之灾，月有千祥之喜。所有珍财金银，焚火炼化。敢蒙大圣大贤，伏祈在前，保佑在后。钱财虽少，变化成多。所有炉中宝香，九旬不敢临流。福仪等事，上献众位圣知。弟子在庭习学，圣知在座传文。保佑一年吉庆，伏祈四季无灾。一点酒落地，众位圣贤登座殿；二点酒落地，众圣欢喜；三点酒落地，大吉大利。恭喜恭喜。

与《祈神奏格》所收祭文比较，既有明显的继承关系，同时仪式简化，而祈福之意更强。所请诸神中加入“河南程氏两夫子”及“朱文公夫子先师”三位祖籍徽州的儒学大师，充分体现出越至晚近，徽州本土意识越加强化的民间思想倾向。而请神要通过土地才能实现，也是徽州后期崇拜的普遍特色。最后“一点酒落地，众位圣贤登座殿；二点酒落地，众圣欢喜；三点酒落地，大吉大利。恭喜恭喜”等语，今天看来，则充满了民间化的喜感。

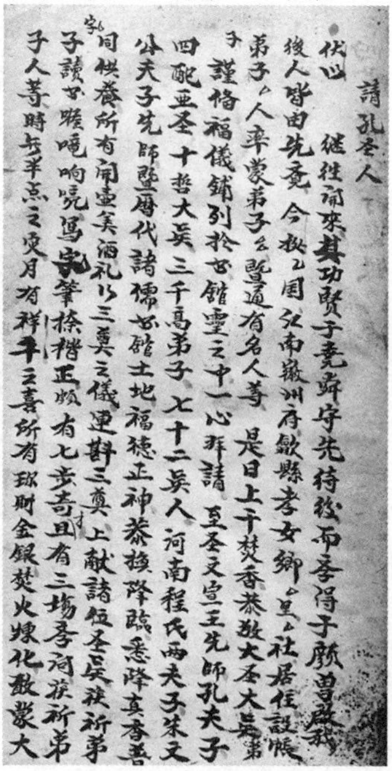
請孔圣人
伏以　継往開來其功賢于堯舜守先待後而學得于顏曾啟我
後人皆由先覺今據ㄙ国江南徽州府歙縣孝女鄉ㄙ里ㄙ社居住設帳
弟子ㄙ人率蒙弟子ㄙㄙ暨通有名人等　是日上干焚香恭敬大圣大賢弟
子　謹俻福儀鋪列於書館靈之中一心拜請　至圣文宣王先師孔夫子
四配亞圣十哲大賢三千高弟子七十二賢人河南程氏兩夫子朱文
公夫子先師暨曆代諸儒書館土地福德正神恭換降臨悉降真香普
同供養所有開壺美酒礼以三奠之儀運斟三奠上献諸位圣賢伏祈弟
子讀書喉嚨响亮寫字筆捺楷正頗有七步奇才且有三場學問伏祈弟
子人等時无半点之灾月有祥千之喜所有珍財金銀焚火煉化敢蒙大

图 2-2　清末民初抄本《契票孔语式》

(二)朱熹

朱熹(1130—1200),字元晦,又字仲晦,号晦庵,晚称晦翁,谥文,世称朱文公。祖籍江南东路徽州府婺源县(今江西省婺源),出生于南剑州尤溪(今属福建省尤溪县)。朱熹为孔子之后最伟大的儒教人物之一,徽州人以其祖籍为徽州,而且一生中曾两次回乡扫墓为骄傲。在徽州逗留期间,朱熹曾广收门徒,极大地促进了徽州文化和教育的发展,因此在徽州民间得到较广的供奉。如前引《契票孔语式》中《请孔圣人》一文,朱熹即在所请诸神之中。朱熹亦有专祠,一府六县均有设立。

康熙《徽州府志》载:

> 朱夫子祠,本府在儒学明伦堂右。按宋庆元六年,公殁,徽士即州学绘而祀之,其后郡守赵师端建祠今所(勉斋黄干记)。历元及明,累圮累葺,永乐壬寅毁,成化己亥,教授陈文白于提学,御史晏谦率诸生修之,知府王哲请于朝,以每岁三月九日、九月望日公之生忌辰,有司致祭(礼部尚书西蜀周洪谟记)。歙县,祠在县后,后倾圮,国朝康熙戊寅,知县祝兆骥重修。休宁县,祠在县学,里人朱震雷建。婺源县,祠详见人物志朱子阙里。祁门县,祠在学右,宋咸淳一年,知县潘子昌建,元至正毁,明洪武癸酉教谕蒋俊建于堂北,正德间知府留志淑建东山书院迁祀之。黟县,旧祠废,明嘉靖癸亥,知县谢廷杰创碧阳书院,建静观楼,奉神主以祀,捐俸立田供春秋祭祀(详碧阳书院)。绩溪县,祠旧在文庙右。明初丁未,创祠于县东儒学故址,肖像祀之,以勉斋黄氏、西山蔡氏配(绩溪胡富记)。后圮,正德壬申教谕钺以祠址为明伦堂,以旧庙为文公祠。万历癸酉,知县李星学、博庄希益重修(有记)。[①]

---

① (清)赵吉士:《徽州府志》卷三《学校》,台北:成文出版社,1975年,第1042—1043页。

祭祀朱熹通常用"释菜"礼。释菜,亦作"释采",为周代入学时祭祀先圣先师的一种典礼。《礼记·月令》:"(仲春之月)上丁,命乐正习舞,释菜。"郑玄注:"将舞,必释菜于先师以礼之。"《新唐书·儒学传上·孔颖达》:"帝幸太学,观释菜;命颖达讲经。"可见,相比孔子祭祀时用严格繁琐的"释奠"礼,朱子祭礼简化了许多。

朱熹对徽州高度认同,而徽州对于朱熹的崇拜也并不止于读书人,涉及了广大普通民众,尤其是实力雄厚的徽州商人。徽商素来以儒商自居,因而对朱熹的崇拜也非常自然地延伸至了商界。清代不少地方的徽州会馆也叫"紫阳书院"、"徽国文公祠"。紫阳是朱熹的一个别号。徽商在徽州会馆中祭祀的主神,往往是"徽国文公"(亦即朱熹)。清江南春《静寄轩杂录》中有这样的记载:

> 各都会皆有徽州会馆,供奉朱夫子。衢之西街,徽会馆在焉,每岁九月十五日为夫子诞期,张灯结采(彩),礼拜演戏,以故会馆值年之人,即狮子会值年之人。①

方利山《徽商会馆祀朱子释义》更详细地描述了这一情况:

> 徽商会馆崇祀朱子,大多是在会馆内辟专殿、专厅供奉朱子,也有不少是在会馆内设朱子神位,还有的如前面所列举的那样,干脆就将会馆名之为"徽国文公祠",像杭州"徽国文公祠",衢州"徽国文公祠",扬州"徽国文公祠",芜湖"徽国文公祠",江西广丰"徽国文公祠",江西昌江"文公会馆"。一部分徽商会馆,将朱子和关羽、汪华、张巡等其他神祇同祀,而几乎所有徽商会馆,都崇祀朱熹,这成为徽商文化不同于其他商帮文化的一怪。②

---

① 转引自王振忠:《徽州与衢州:江南城乡的片断记忆——稿本〈静寄轩见闻随笔、静寄轩杂录〉初探》,载《社会科学》,2011年,第3期第156页。
② 方利山:《徽商会馆祀朱子释义》,载《徽州社会科学》,2009年,第11期第30—34页。

徽商定期祭拜朱熹,以求现实的庇护。朱熹成为徽州的一面旗帜,成为客居他乡的徽州人的守护神和精神寄托。遗憾的是,由于现存资料不足的缘故,对这一问题的探讨目前还不是很多。

(三)文昌帝君

孔子和朱熹毕竟是被圣贤化而非神仙化的历史人物,"子不语怪力乱神"的儒家传统对于民间信仰的接受而言多有不便之处,这就要求在儒教内部必须出现一个更具宗教色彩的神灵。这个神灵就是文昌帝君。

文昌帝君为掌管士人功名禄位之神。文昌本星名,亦称"文昌星"或"文星",为紫微垣众星之一,被认为是主持文运功名的星宿,是古代星象崇拜的重要组成部分。元仁宗延祐三年(1316),源于蜀中的另一主管士子命运的神灵梓潼神被封为"辅元开化文昌司禄宏仁帝君",文昌神与梓潼神合并,成为人格化的神灵。文昌虽为道教体系中的重要神灵,但其信众主要集中在士子群体,儒教特色极为明显。

文昌崇拜有大量典籍传世,《正统道藏》收录的相关道书有:《太上无极总真文昌大洞仙经》五卷、《元始天尊说梓潼帝君应验经》、《元始天尊说梓潼帝君本愿经》、《清河内传》一卷、《梓潼帝君化书》四卷。《道藏辑要》所收有:《文帝本传》、《文帝化书》(即《正统道藏》之《梓潼帝君化书》)、《文帝孝经》、《文帝救劫经》、《文帝延嗣经》、《文帝阴骘文注》、《文昌应化元皇大道真君说注生延嗣妙应真经》。《藏外道书》所收有:《文昌帝君本传》(录自《道藏辑要》)、《文昌应化元皇大道真君说注生延嗣妙应真经》(录自《道藏辑要》)、《文帝孝经》(录自《道藏辑要》)、《文昌心忏》、《文昌大洞仙经注释》、《文昌大洞仙经》、《文昌大洞经》、《大洞经示读》、《文昌大洞治瘟宝箓》、《大洞玉经疏要十二义》、《文昌帝君阴骘文注》、《焦无十则注解》、《文昌正朝全集》。其中,《文昌帝君阴骘文注》是民间最常见的劝善经典之一。

徽州为儒教重镇,科举之乡,应试以求取功名,是无数士子的梦想,然而,残酷的科举竞争使得他们中的绝大多数难以美梦成真。难以把握自身命运的无力感深深困扰着徽州士子,因而,对文昌的崇拜在徽州得到极大地普及,徽州一府六县城内、各大书院,甚至很多普通村落都建有文昌阁或供有文昌帝君塑像的文峰塔,其中的一些已经成为重要的地方景观。

祈请文昌帝君同样有专门的疏文,《祈神奏格》中所收为《请文昌帝君》:

请文昌帝君

伏以金炉馥郁,祥烟满宇宙之间;玉烛荧煌,瑞耀射□云之上。欲扳文星之拱照,须求云路以高登。今据乡贯奉神信士通家眷等,即日焚香,先伸昭告门丞土地之神,敢劳值日功曹,先赴香筵,受兹忱烟。

涓今某年月日,谨备清酌牲素之仪,为此劳烦功曹,传忱拜请拜请辅元开化文昌禄宏仁帝君、左右桂禄二籍仙官、白驴大将,仰望圣慈光临斯席。鉴此微忱,受沾供养。

伏念惟神身登天府,聪明正直。声光赫奕,恍揭日月行天;灵响宣昭,若迅风雷应地。掌文衡之柄,握爵禄之权。后学攸关,斯文倚赖。言念某幸继书香,志图簪绶。埋头习学有年,举手附攀弗获,兹遇会期、当临试,特悃敷功,仰冀圣慈,俯从士愿。

伏以才思敏捷,若万斛之涌一源;握管摛文,如千里之流一泻。一字一句咸白玉,刮目主司;万选万中似青钱,敛手同辈。良由神助,夫岂人能。敬洁壶觞,酒陈三奠。

伏愿文星拱烛,魁名福耀,照临科甲。律五星聚命宫,人文显达;俾三台映官禄,文运亨通。词锋横剑气,笔端风扫千兵;文彩焕奎光,纸上云团五色。阅卷举逢青眼,点头先看朱衣,一举成名,三元连捷。凡干恳祷,悉仗匡扶。火化信钱,俯垂受纳。①

除该祝文提及的士子在遇会期、当临试这种急时抱佛脚的祭祀外,徽州

---

① (明)程敏政:《祈神奏格·乐卷》,上海图书馆藏明刻本。

各地文会组织对文昌帝君也有定期祭祀。文会是徽州地方士绅自发成立的一种较松散的读书、际会团体,以"言规行矩,讲学明道,砥砺名节,宣布教化"为基本宗旨。参加者多为致仕或休假在乡的官僚、举人、秀才以及尚未取得功名的读书人等。黄山学院徽州文化资料中心藏清松竹居抄《逢时祭文》中所收的祝文和告文较为全面地反映了徽州文会祭请文昌帝君的情况:

正月初十日祭文昌帝君告文

维大清光绪厶年厶岁孟陬月厶厶朔,越十日厶厶之辰,文会弟子项厶厶等恭陈币帛、缥黄之仪,诚惶诚恐稽首顿首,伏道恭迎辅元开化司禄文昌梓潼帝君圣驾光临,诞升黼座,爰申岁事,拟祝嵩呼。伏愿景命佑起于无疆,文运咸乎乎四海。礼行既灌,鉴观厥成。谨告。

正月初十日祭文昌帝君祝文

维大清光绪厶厶年岁次厶厶孟春月厶厶朔,越十日厶厶之辰,文会弟子厶厶等谨以清酌庶馐之仪,敢昭告于辅元开化司禄文昌梓潼帝君之座前而言曰:

切以金章耀简,重新日月之光;玉烛调年,仍谱乾坤之象。三阳泰运,当时律衍三元;四序和风,自此歌庚四始。恭惟帝君,诞敷文命,永膺天府之圭璋,长际昌期;独主人间之禄柄,观成万国。白驹朝暮以来宾,道统千秋。紫极云霄而位育。先哲仰遵乎模范,世沐春风。后贤继起乎仪文,书同盛事。厶等桃李均栽,时切恩叨乎化育;宫墙外望,亦承训乎薰陶。蠢动微忱,夙夜慎骄不腆;氓蛮鄙念,伦常乐只有生。敢不笙簧并奏,追韶?以维扬。章采毕陈,藉枢机而注照。仰圣奚由,瞻天无任。屏任之至,奏进以闻。

二月初三日祭文昌帝君祝文

维大清光绪厶年岁次厶厶春二月厶厶朔越三日厶厶之辰,文会厶厶弟子项厶厶等,谨以清酌庶馐之仪,敢昭告于辅元开化司禄文昌梓潼帝君之座前而言曰:

切维大化翔洽,云汉昭回。光华诞被,烂熳八垓。于粲微垣,乐育英才。妍蚩在鉴,愚智同培。型俗训方,伦纪敦笃。其惟吉人,锡兹祉福。而乃佥邪,终身不禄。懿行聿崇,嘉言罔伏。否泰穷通,视诸恶淑。因物付物,无党无偏。统惟帝命进退其间。

厶等不慧,敬奉明诲。战战兢兢,靡敢陨坠。饬志谨躬,冀鲜尤悔。曰仰曰瞻,勤求克配。值兹春仲,岳降佳辰。大块文章,景物妍新。化雨沾濡,向荣而申。属在草木,犹且欣欣。矧予小子,门墙切比,令节躬逢。踊跃欢喜,拟效嵩呼。僭抒私鄙,虔撷溪毛。洁陈牲醴,是将是享。对越在天,敢冀陟降。右兹几筵,蚁忱笺末。庶无吐茹,介以纯嘏,元吉其旋。尚飨。

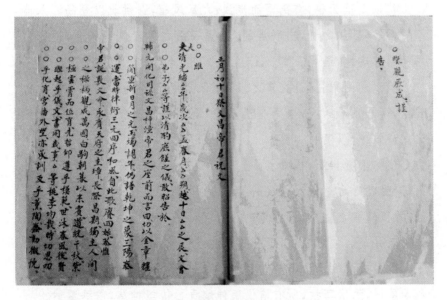

图 2-3 清抄本《逢时祭文》

《祈神奏格》中尚有《秀士赴试请紫微帝君》一文:

秀士赴试请紫微帝君

伏以天开文运,适当吁俊昌期;斗烛豪光,荣□□□加会。张兹士气,伏我神功。今据乡贯奉神信士厶等,涓今厶年月日,谨备清酌庶馐之仪,列在某厅,特伸拜请九天文曲紫微帝君、天曹定名玉历真君、天曹注爵注禄真君、天曹注品注□真君、境里社土地尊神、家奉长生香火道□圣贤、二十四员和合喜神,值日传奏功曹使者、紫微部中,一切神祇,望降香筵,受沾供养。

言念某肄业儒流,蒙登士路。恐命运之□□,虑禄马之蹇滞。或火孛临福德之宫,或刑害守官禄之位。犯于命限,纲际文星。若非上圣之矜怜,苟仰下愚之奋迅。兹遇考期,斋沐祈悃。

伏以□月光辉,夕灿景星之瑞;天开文运,朝凝云庆之祥。来彩凤于高岗,绝白驹于空谷。黄榜初开,祖生鞭兴。贵登凤阁,日近龙颜。稽首虔忱,酒当初奠

伏以万里云鹏,奋禹雨而步武;九皋风雀,副拱北以登高。入倚皇□,禄享万钟之贵,出联屏翰,爵擢一品之尊。风云庆会,雨露沾恩。稽首虔忱,酒当亚奠。

伏以北阙须恩,是文章之妙用;南辰拱照,掌爵禄之权衡。青白传家,焕八龙于荀氏;朱紫耀里,客驷马于门闾。食其爵禄,享此荣华。稽首虔忱,酒当终奠。

伏愿紫微拱照,福曜鉴临。晋心笃志,弗殚昼夜之勤劳;叩入黉门,愿受朝廷之枢使。全仗神力以提携,默佑儒流而显达。秋日棘闱,首板蟾宫之桂;春风杏苑,先传凤陞之□,顿生白屋以光辉,常兴青山而并茂。文章高中,子孙绍诗礼以传家;金榜题名,宗族乐弦歌于盛世。鼓瑟鼓琴,幸偕齐眉于百岁;若兰若桂,永期藩衍于千秋。凡干恳祷,悉伏匡扶,所有信仪用伸燎贡。伏望神慈,俯垂鉴纳。①

文中紫微帝君的身份值得关注。紫微通常指道教中四御之首"中天紫微北极太皇大帝",但此处却并非如此。原因其一是紫微为帝星,所对应的是人间天子,秀士祝请犯了大忌。其二是文中首请"九天文曲紫微帝君",可知请

---

① (明)程敏政:《祈神奏格·射卷》,上海图书馆藏明刻本。

的还是文昌帝君,只不过因为文曲星身在紫微垣内,在称呼上有所简化罢了。

因为这是乡试前的祝请,仪式格外庄重,态度也极其诚恳。从上述引文可知,文昌帝君已经成为徽州文会子弟最信仰的神灵了。

(四)关羽

中国历代名将中,"侯而王,王而帝,帝而圣",从北宋后不断得到封赠,直至成为与"文圣人"孔子并称的武圣,在整个华人世界得到尊奉,关羽的地位独一无二。

图 2-4　徽州纸马《关帝》

关羽(?—220),本字长生,后字云长,民间一般尊称为"关公"、"关老爷",河东解良(今山西运城)人,东汉末年至三国前期著名将领,蜀汉方面重要的军事统帅之一,后兵败为东吴所杀。通过经典小说《三国演义》的传播,关羽的故事广为民众所知。

千里走单骑寻找刘备,华容道义释曹操,关羽以其忠义为后世帝王所推崇。从宋徽宗崇宁元年(1102)封其为"忠惠公"始,至清德宗光绪五年(1879)封其为"忠义神武灵佑仁勇威显护国保民精诚绥靖翊赞宣德关圣大帝",历代加封关羽尊号有 16 次之多,关帝庙也遍及全国各地,甚至远及海外。关羽既是华人聚居群落的守护神(台湾地区尊其为"恩主"),同时也成为商人供奉的主要财神之一,还被纳入了道教和佛教信仰系统之中(在道教中为护法四帅之一,在佛教中为护法迦蓝),在全球华人民间信仰中占据了极其重要的位置。

关公崇拜为官方认可的正统信仰,徽州一府六县均有官方设立的武庙。此外,民间的关帝庙和关帝塑像则不胜枚举。

《祈神奏格》中收录了《请协天关大帝》在一定程度上反映出了徽商和关羽崇拜之间的关系：

请协天关大帝（寻常通用）

伏以冀北光腾，延卯金于既绝；荆南威振，挽汉室于中兴。展四拜以通忱，启寸心而恳祷。今据乡贯奉神信士厶通家眷等，于日焚香，先伸昭告门垂土地之神，敢劳受事功曹，先赴香筵，副兹忱烟，涓今厶年月日，谨备清酌庶馐之仪，仰仗功曹传忱拜请敕封三界伏魔大帝神威远震天尊关圣帝君，后宫圣妃娘娘，兴、平二世子，摩下周大将军，赤兔龙驹之神，一切兵将，恭望降临，悉仗真香，受沾供养。

伏念惟神忠义格天，智勇耀日。赤心达于面目，鼎足成功；浩气塞乎乾坤，威灵显世。名称西蜀，灵显皇朝。宋收蚩尤，加封王爵；皇灭烽寇，敕封帝尊。古今感仰，天地同休。言念某等有生尘世，多沐宠光。即日谨启丹衷，上干玄鉴，投词盖为某事听、意请，仰赖圣慈之庇，特伸叩恼之忱。或五月十三圣诞，兹逢圣诞之辰，特设芹仪之敬。

伏以义重桃园，五关斩将曹瞒惊；勇夺河梁，一威大振周郎畏。神机妙策克成功，斩将擒王兴汉室。树勋千古，流芳万年。酌酒献神，谨当初奠。

伏以大节皇皇，千古烛光长达旦；英风凛凛，万年剑气上横秋。昔扶汉主而建邦，今助我皇而剿寇。忠心尚在，义胆犹存。敬洁壶觞，再陈亚奠。

伏以赤兔嘶风，踏翻吴魏三分界；青龙偃月，撑住炎刘一半天。春秋究习于心胸，忠义常怀于肝胆。威镇华夏，势压孙曹。谨竭一忱，酒当三奠。

伏愿神灵显佑，惠泽频颁。仰祈默相于人情，敢望扶持于利路。正气降庭，荡尽尘秽；精忠临宅，迎迓兴隆。

老幼怀安，内荷荫庇之庆；商贾增益，外沾于保之恩。威凌偃月,灾非斥远殄邪魔;英气摩空,庆泽崇永增福祉。凡在谋为,均兹所欲。火化珍财,俯垂洞鉴。①

祭祀关羽的组织称为"关帝会",明清时代遍布徽州,甚至出现过在一个村庄里同时存在新、老两个关帝会的情况。现藏于黄山学院徽州文化资料中心的清代抄本《丛杂为则》收录了关帝会专用的祭文:

祭关帝文

维皇清光绪厶年岁次厶月厶日朔越祭日厶日厶厶之辰,轮流会首厶厶暨合门人等谨以刚鬣清酌庶馐财帛之仪,顿首百拜致祭于南无勒封三界协天伏魔大帝神威远镇无量度人天尊关圣帝之前而言曰:帝之生也,居天下之广居,立天下之正位,行天下之大道。昂昂志气,超于云霄之上;耿耿忠义,塞乎天地之间。每怀兴刘复汉之忠,常有平吴削魏之志。英风凛凛,烈焰轰轰。上安王国,下佑生民。时逢上元胜日,恭迎寅贺圣诞。敬献芹忱,伏忻庇佑。降福无穷,士农如愿,商贾称心。凡干动止,统赖拼幪。尚飨。

祭文所反映的祭祀时间为"上元胜日(正月十五)",另一清代抄本《丛杂为则应酬》除收有与此略有不同的《祭关帝文》外,尚收有《关帝寿帖》一文,内容为五月间为关羽做寿诞前所用,同类文书遗存较少,具有较为独特的价值。

关帝寿帖

时维仲夏,祝融司令,律中蕤宾,炎帝持衡,恭惟关帝乃极之尊,亦天之主也。六星焕彩,普施长养之德;三祝华封,颂圣降诞之辰。及期务饬衣冠,勿忽。

关羽崇拜在徽州还有两个特别之处:其一为祁门西路一些村庄做戏前有

---

① (明)程敏政:《祈神奏格·乐卷》,上海图书馆藏明刻本。

以演员扮为关公"斩台"的习俗,用以袚除不祥;其二为歙县石潭附近村庄,从前有不过端午节,过五月十三关公寿诞的风俗,这在重视端午的徽州地区别具一格。

二、佛教神灵崇拜

如前所述,徽州地区佛、道二教神灵崇拜与中国大部分地区并无二致,佛祖、观音、东岳、玉皇、三官、老君等在徽州都得到极普遍的信奉,在庙宇和各种祭祀仪式和祭文中频繁出现。然而,二教在徽州地区也具有明显的特色。前引江登云《歙风俗礼教考》所言,"僧人、道士惟用之以事斋醮耳",惟用于斋醮自然与事实不符,多用于斋醮则毋庸讳言,民间多见分别写有"瑜伽正教"和"神霄正教"的佛、道斋醮文书,与斋醮相关,更广泛地讲与各种民间宗教性仪式相关的神灵在徽州的地位格外突出。

以佛教而言,对观音、地藏二位菩萨的崇拜在徽州最为深入人心。

(一)观音

观音为"观世音"的省称,出自鸠摩罗什的旧译,玄奘新译为观自在。唐人因避太宗李世民讳,省为观音,后世引用以至今日。在佛教的众多菩萨中,观世音菩萨最为中国民众所熟知和信仰,在南洋华侨中甚至达到了"家家阿弥陀,户户观世音"的地步。推其原因有四:第一,观音本为西方极乐世界教主阿弥陀佛首座弟子,在佛教中该世界为"无诸苦痛"的理想世界,与我们所在的被称为"五浊恶世"娑婆世界形成鲜明的对照。对于普通民众来说,今生已无希望,唯一的出路在于乞求阿弥陀佛、观世音、大势至(西方三圣)保佑来世超生极乐。随着西方净土信仰逐步在中国民间佛教中占据了主要位置,观音的重要性也随之日益提高。第二,观音菩萨被称为"大慈大悲救苦救难广大灵感观世音菩萨",来世的诱惑之外,现实的苦难同样是观音崇拜盛行的一大原因。《法华经·普门品》云:"若有无量百千万亿众生,受诸苦恼,闻是观世音菩萨,一心称名。观世音菩萨,即时观其音声,皆得解脱。"大慈大悲的观音菩萨因此成为无数苦难中的善男信女的救世主。第三,《楞严经》卷六记观世音菩萨为了适应各种不同根性及类别的众生,可化现三十二种不同的身份,为之说法教化。不同化身具有不同的神通,极大地满足了信众各种完全不同的需求。第四,佛教中原无女神,而对大母神这一原始意向的渴求在任何宗教中都不容忽视。观音崇拜之所以重要的原因是因为在极大程度上满足了这一需求。观音

图2-5 徽州纸马《佛马》

传说中最广为人知的是妙善公主的故事,该故事可追溯到唐代道宣律师《万松老人评唱天童觉和尚颂古从容庵录》,其中提到他曾经听说观音过去是妙善公主。其后该故事日益发展完善,在不同地区形成了各种不同的版本。其共同特征是将印度佛教中原为男性的观音女性化,以致我们今天看到的大部分观音像呈现明显的女性特征。观音也因此成为汉传佛教中独一无二的女性神灵。

与全国大部分地区相似,徽州佛寺中一般都有观音殿。此外,大大小小的观音堂在徽州不胜枚举。供奉地方性神灵的祠庙中也多有观音塑像。

《祈神奏格》中《斋戒请观音》反映了信徒在斋月(阴历正月、五月、九月)朔、望日恭请观音的情形:

斋戒请观音

伏以灵栖南海,广敷德泽济人间;慈驾西来,须凭篆烟临圣座。通虔心之忱意,达慈圣之妙门。今据乡贯奉神信士厶通家眷等,涓今厶年月日谨备清净斋筵,特伸拜请南无大慈悲救苦救难灵感观世音菩萨、善财童子、龙女仙姬,恭望慈圣,俯垂临照,悉伏真香,受沾

供养。

伏念惟神垂正觉眼,恳伏灵光。随音感应,植立无为之舍;扩念慈悲,广开方便之门。普度众生,悉超苦难。念某等忝在尘寰,叨蒙洪庇,于日所陈请旨,盖为某人、氏,兹遇斋月,净心持素。今逢朔、望日,特献清斋,心忱一念,礼展三熏。

伏愿慈光普照,超拔群生,解除灾恶,人同仙柽四时春;降诞悬弧,芳毓金莲千岁茂。福禄随而佳祥永享,灾非散而瑞气常臻。富贵福泽,家其用康。长幼尊卑,利有攸往。凡在慈门,悉叨圣化。所有信仪,用伸燎贡。伏惟大慈俯垂鉴纳。①

《丛杂为则应酬》收录的观音相关资料则更为丰富,记有《祭观音》、《祭观音文》、《保熟祭观音文》及《做会接观音帖》四种。《祭观音》为观音诞辰时所用祭文,较有文采,庄严而不失活泼。

祭观音

伏以佛即心,心即佛,佛虽在彼西天,心即存吾寸地。兹逢慧日之当空,敢罄虔心而敬启。合掌躬行,稽首顿首,百拜致祭于南无大慈悲救苦救难千手千眼观世音菩萨:恭维生于黄屋,富贵于我如浮云;出自红尘,清净于我为妙境。伴烟霞于香山,玩水月于南海。紫竹林中藏圣迹,白莲座上显真容。一尘不染,万法当空。斯在世以出世,擅灵感于流通。斯出世以应世,扩慈悲于普通。视以千眼而视于无方,运以千手而运于无量。慕道修真之士,咸切皈依;舍生负气之伦,犹资向化。今之日,恭逢圣诞,喜庆良辰。谨修斋而设醮,特酌水以献芹。庄严会上,尽是庄严;清净场中,谁非清净。寸心至祷,上圣若临。观南海而非遥,望香山而即近。伏念厶等尘埃混迹,蜉蝣寄生。虽非万劫之皆空,无由一乘以证道。谨此微忱,敢徼大

---

① (明)程敏政:《祈神奏格·射卷》,上海图书馆藏明刻本。

惠。伏祈灾从悔改,福以善臻。兴善念而念亨通,做善事而事顺遂。长招有道之财,永纳无疆之福。凡干动趾,总赖匡扶。所有祷求,均叩鉴纳。尚飨。

《祭观音文》为祛灾所用,与此文相似,文长不录。《保熟祭观音文》则较有特色,观音在此承担了农业保护神的职责。

保熟祭观音文

宝座起层云,青莲瓣瓣;琼楼来皎月,舍利团团。注法雨于西陲,共睹天花散彩;覆慈云于南极,群观贝叶成文。广布仁恩,洪施德化。厶等虔心顶礼,素志皈依。焚一柱之清香,烟浮瑞气;点双檠之玉烛,影现祥光。涧芷藻芹,抒微情以来献;几筵俎豆,申片念以敷陈。□□□□□□□□□□□庶赖仓箱。贪无食之何依,思有诚之必达。切望神功浩大,圣泽汪洋。雨顺风调,五谷皆资化育;民安物阜,三农悉俾盈宁。降福穰穰,比户咸歌大有;显灵赫赫,村居乐享太平。歌舞迓修,爱吹瑟而击鼓;稷趋洽礼,遂进醴与陈肴。俯伏庭墀,仰瞻歆格。厶等不胜祈祷之至。

《做会接观音帖》则为举行观音会时所用:

做会接观音帖

盖闻南海波恬,惠泽覃敷于四境;西方云净,慈恩永庇于万家。既普护之靡穷,宜涓埃而仰答。欲伸忱悃,敬迓光临。雅淡庄严,野水云霞堆锦绣;清蔬供养,高崖松竹奏笙篁。一念共陈,万灵协庆。将黍稷同歌颖栗,而黎庶咸乐时雍。于厶日恭迎,是用先期谨告。

徽州民间尚有向观音问卜的习俗,有一定量的观音诗签传世,举黄山学院徽州文化资料中心所藏的《观音灵签》为证:

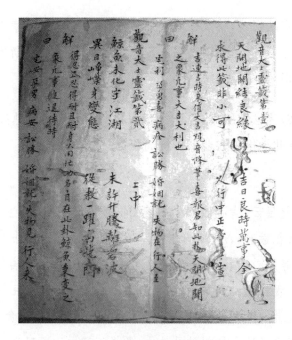

图 2-6　清抄本《观音灵签》

　　　　观音大士灵签第二　　上中

　　鲸鱼未化守江湖,未许升腾离碧波。异日峥嵘身变态,从教一跃过龙门。

　　解曰:得忍且忍,得耐且耐。身不用忙,功名自在。此卦鲸鱼秉变之象,凡事进退待时。

　　宅安、孕男、病安、讼胜、婚姻就、失物见,行人来。

　　观音灵签还有与观音仙方结合的现象,这种灵签专为病人所制,求签与求药同时进行,较为罕见。亦举我们收藏的徽州文书(张孝进藏)为证:

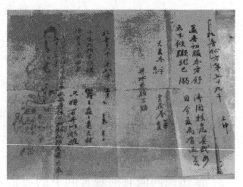

图 2-7　徽州文书《观音仙方》

观音仙方第七十九签　上九

遂吾初服志方舒,济困扶危莫我如。天下倾颠犹己溺,目今夏禹有还无。

大麦冬(手去心)、云茯苓(手去皮),井水煎服三帖。

(二)地藏

地藏也称"地藏王",亦为佛教四大菩萨之一。据《地藏十轮经》载,由于此菩萨"安忍不动如大地,静虑深密如秘藏",所以称为"地藏"。

又据《地藏菩萨本愿经》云,地藏菩萨曾受释迦牟尼佛的嘱托,在释迦佛灭度后、弥勒佛降诞前的无佛之世留住世间,教化众生,度脱六道。地藏发愿"地狱未空,誓不成佛"。有情众生只要念诵其名号,礼拜其像,就能得到无量功德的救济。

徽州附近的池州九华山为地藏菩萨道场。唐高宗时,新罗(民间抄本常误作暹罗)王族出身的僧人金乔觉驻锡此山,迹多神异。乔觉去世后,葬于该山神光岭的月身宝殿,俗称"肉身塔"。据《宋高僧传》《重僧搜神记》等称,金乔觉"趺坐函中,遂没为地藏王",过了三载,"开函视之,颜色如生,舁之,骨节俱动,若撼金锁焉,随(遂)名金地藏"。因乔觉生前笃信地藏菩萨,而且传说其容貌酷似地藏瑞相,后人便认定他是地藏菩萨转世。从此九华山大修寺庙,成为佛教四大名山之一,对地藏的崇拜也在徽池一带广为传播,在徽州还出现了相关的香会组织,成员定期去九华山朝拜地藏菩萨。黄山学院徽州文化资料中心收藏有若干份与此相关的文书,举一例以窥其余:

伏以残菊傲篱边,淡意可通神意;早梅开岭上,暗香恍杂佛香。享二簋以抒忱,对九华而效祷。言念ムム弟子,籍编婺邑,荫托高源。牧野庸流,林泉俗累。识一丁而尚欠,得一善之未能。为室为家,未必六根尽净;无灾无害,爰祈百禄是道。庸涓今月之吉,谨择此日之良。同侪辈虔诣名山,叩台前恭酬夙愿。洁物最宜洁志,素手尤贵素心。伏乞藏王纳款,教主垂仁。消既往之愆尤,锡将来之福祉。椿萱并茂,同沾法雨滋培;兰玉齐荣,悉仗慈云覆帱。奏壎箎而相应,鼓琴瑟以交欢。燕处蜗居,一家胥庆;蝇纷蝺集,百事咸宁。六畜蕃兴,五禾茂获。凡干颂贶,尽荷帡幪。谨疏。

《祈神奏格》中地藏崇拜亦有记载:

请地藏王

伏以祥烟瑞彩,结成五色之祥云;烛影摇红,光彻九重之瑞日。虔心致悃,斋沐通忱。今据乡贯奉神信士某通家眷等,于日焚香,先伸昭告门丞土地之神,敢劳传奏功曹,望赴香筵,受兹忱烟。涓今某年月日,谨备清净素斋,仰伏功曹,传忱拜请南无幽冥教主地藏王菩萨、参随侍从,一切威灵,悉仗真香,受沾供养。

伏念惟神,明如日月,德合乾坤。指教冥途,普度众生。镇开地府,广超苦难。天下钦仰,易地威尊。言念某等生居凡世,多沐恩光,于日拜干洪造,所伸情旨投词,盖为某事,听意云云,仰求神力,伏望保扶。

伏以英灵凛凛,劲节皇皇。标风霜于昔日,揭日月于中天。炉香敢报以再焚,杯□肃陈于亚奠。

伏以神威赫赫,圣德巍巍。□回凶而降吉,每转祸以成祥。香焚一柱以通忱,酒奠三巡而尽礼。

伏愿神功默赞,降福垂祥。稗合家而康泰,致百事以亨通。经营生殖,一钱变作万钱;布种成收,一子收成万子。读书名登虎榜,求嗣早获麟祥。产业兴隆,财源茂盛,火盗双消,灾非并息,凡干旦夕,总赖匡扶,所有信仪火化,伏惟神慈鉴纳。①

由上文可知,地藏崇拜在徽州具有普通神灵崇拜的通用功能,信徒凡事

---

① (明)程敏政:《祈神奏格·乐卷》,上海图书馆藏明刻本。

均可求祈庇佑。

然而,地藏崇拜的主体部分为地狱信仰,地藏菩萨承担着保护、拯救、超度亡魂的职责,地藏崇拜也因此具有了自己鲜明的个性。

"死生亦大矣",中国民间信仰对亡灵高度重视,然而,这种重视同强调彼岸性的西方宗教有着很大的不同,关注的重点是彼岸和此岸的双向交流。祖宗崇拜祈求的是彼岸对此岸的影响,而地藏崇拜则与此相反。

我们收藏有一套非常罕见的清代九华山《西方公据冥途路引》(张孝进藏),该路引含《路引》和《通关》各一份,均未曾使用。《路引》为亡灵通往阴间的凭证,依据人间《路引》格式而作:

敕赐大九华山地藏禅寺为出给路引事

尔时地藏菩萨发愿云:"众生度尽,方证菩提。地狱未空,誓不成佛。"切是南阎浮提,不问男子女人,殁后无《西方公据路引》,经过冥司把隘去处,多遇留难淹滞,不得往生极乐世界。如是,地藏菩萨怜悯而白佛言:"世尊!阿弥陀佛曾发四十八愿,广度无量众生。缘何南阎浮提亡者无有《公据》?"佛告地藏言:"汝今谛听,依吾佛敕,出给路引。若有善男信女,请给一道。或自念,或请僧众至念阿弥陀佛或百千万声。临命终时,即得往生极乐。莲花化生,不转轮回。如遇玉殿神祠,验照放行。"须至出给者。

今据佛给引,厶厶命系厶年厶月厶日厶时建生,念地狱苦,发菩提心,入于(寺名)禅寺请给冥引一道。念佛礼拜,俟大限满于厶年厶月厶日厶时,赍扎文凭赴案参照。教有破地狱真言曰:

右引给付厶月照证

厶年厶月

冥途照证事

秉教奉行王功德敕赐裁收沙门臣僧厶厶

南无幽冥教主本尊赦罪救苦地藏王菩萨证盟

图 2-8 徽州文书《西方公据冥途路引》

> 大九华山地藏王为出给路引通关事
>
> 佛给引信，厶厶本命系厶年厶月厶日厶时建生。伏谓生死殊途，阴阳一理。关淀渡口，举足取行，而我地藏菩萨收尔迷伦，颁行公据，普度群生，信心顶投，即行往生。是叩莲右，请给一道勘合分明随身执照，往外通关小引。候即限满之时，持此以便参详验冥，即得往生事。准刹生慈父教律，须单出给者。
>
> 右关给付
>
> 厶年厶月厶日给
>
> 南无幽冥教主本尊大愿金地藏王菩萨证盟

全国很多寺庙都有《冥途路引》，然而九华山地藏菩萨证盟的路引因地藏大愿的缘故无疑具有更高的权威性。

三、道教神灵崇拜

徽州地区道教信仰除三清、四御、老君等普遍信仰外，尚有两大特色：一为玄天上帝的地位格外突出，二为存留了大量上古神灵。下面予以分别论述。

(一)玄天上帝

玄天上帝，即真武大帝，或真武、北极真君、元天上帝。宋时避讳改玄为真，称真武帝，明代真武、玄武并行，至清代避康熙讳复改为真武。

玄天上帝源自上古星象信仰。中国传统天文学把中央紫微垣以外的星空分为四个大的区域，东方青龙，西方白虎，南方朱雀，北方玄武，称四象，每象七个星宿，合为二十八宿，其中北方玄武七宿为龟蛇二种动物缠绕的形状。在玄武人格化为玄天上帝后，龟、蛇也演化为其帐下的二位神将。

玄天上帝很早就得到古人的崇拜。《楚辞·远游》注云："玄武，北方神名。"《重修纬书集成》卷六《河图》："北方黑帝，神名叶光纪，精为玄武。"经过漫长的演化，至北宋玄武完成了人格化的历程。《三教搜神大全》云："按《混洞赤文》所载，文帝乃元始化身，太极别体。上三皇时下降为太始真人，中三皇时下降为太元真人，下三皇时下降为太乙真人，至黄帝时下降为玄天上帝。开皇处劫下世，紫云元年岁建甲午三月初三甲寅庚午时，符太阳之精托脱胎化生净乐国善胜夫人之腹，孕秀一十四月，则太上八十四化也……十五辞父母，欲寻幽谷内练元真，遂感玉清圣祖紫虚元君传授无极上道……（元始）特赐尊号，拜玉虚师相玄天上帝，领九天采访使。"①

图 2-9　徽州纸马《老君》

民间还流传着道教翻版佛教释迦牟尼观生老病死因而出家的故事，名为"太子游四门"。我们在一些民间资料中见到了相关记载，从中可见玄天上帝崇拜的民间基础。该故事已为大家所熟知，故而在此不予收录。

明代成祖迁都北京后，将对玄天上帝的崇拜推到极致，正如汪道昆《登封桥记》中所言，"明祠百神，奥主玄帝"，除集中国家财赋修建真武道场——湖北武当山外，全国各地大建真武祠庙，玄天上帝几乎成为明代皇权的守护神，也成为中国民众最熟悉的道教神灵之一。

徽州真武庙有许多，其中香火最旺的是道教四大名山之一、被清乾隆皇帝赞誉为"天下无双胜境，江南第一名山"——齐云山上的玄天太素宫。该宫为徽州及邻近地区玄天上帝崇拜的中心所在。

齐云山供奉玄天上帝始于南宋。宝庆年间（1225－1227），有方士余道元，号天谷子，云游至齐云山石门岩，斩草结庵以居，创建佑圣真武祠，塑真武大帝神像供奉，民间相传该神像为百鸟衔泥共塑而成。从此香火渐盛，道士日增，奠定了齐云山道教发展的基础。明嘉靖、万历间，江西龙虎山嗣天师正一派张真人祖师三代奉旨驻留齐云山，该山由此成为江南道教活动中心。明

---

① （元）不著撰人：《三教源流搜神大全》，民国二十四年（1935）长沙中国古书刊印社汇印本。

嘉靖十一年(1532),张彦率众于齐云山为皇帝求子,得顺签,后生一子。嘉靖喜,降旨在原真武祠旧址上敕建太素宫,并亲撰《御碑记》云:"朕于壬辰年(1532),因正一嗣教真人张彦,奏令道众诣齐云山建醮祈嗣,果然灵应,自时设官焚修,赐建玄天太素宫于齐云岩。"于是齐云山声名大振,成为江南正一派的著名道场,对玄天上帝的信仰也因此在徽州更上一个台阶。

图 2-10　齐云山太素宫玄天上帝塑像

明清时代,齐云山有着非常宏大的香火活动,称"齐云香火"。时为每年农历七月初一至十月初一日。七月初一,以道长为首,各院房道众大斋三日,并在玄天太素宫做大型禳火道场,祈求玄天上帝保佑香火平安,道业兴旺。十五日,各院房道士汇聚太素宫,做水陆道场。此后,徽州一府六县及相邻的浙江淳安、开化等县的香客和香会团体组织,陆续起程至齐云山进香。各处香会有着相对固定的进香时间。其中休宁流口曾元会、三多会进香日为七月十九日,屯溪永敬会进香日为九月初一,休宁蓝渡诚敬会、祁门百子会的进香日为九月十六日。九月初九为玄天上帝登极日,是齐云香火最旺的一天,在山香客常达 5000 余人。香客们在进山前三天就虔诚沐浴斋戒,启程之日,穿着整洁朴素,肩背黄布香袋,上写"齐云进香",下写某香会字样,由会首领头,肩荷进香大旗,鸣锣开道,徒步上山。行进中逢观遇庙,均需焚香叩拜。至齐云山,道房派有专人为各香客的香袋加盖"齐云进香"印鉴,香袋上印鉴越多,显示进香次数越多。香客视自身经济状况捐输香火费,并挑选采购本山土特产品带回赠送亲邻,称为"结缘"。第三天偃旗息鼓离山返回,至登封桥回香亭(今圮),将剩余的香烛纸箔全部烧化,进香活动才宣告结束。

《祈神奏格》中收有《云岩疏式》,《丛杂为则》亦有《朝齐云疏》,均为香客朝山时所用,谨举后者为例:

图2-11 齐云山进香袋

朝齐云疏

　　大清国江南徽州府歙县南乡长乐里齐坞大社磻溪义兴社英富新城社管居住奉道酬恩进香信士厶厶厶、弟子厶厶、室中厶氏、男孩厶厶、父亲厶厶、母亲厶氏,是日拈香百拜,上干大造。言念信士等叨生尘世,忝在彝伦。荷恩光之主照,蒙法力以提携。伏为合家男妇名下,各恐五行有阻,八字相冲。日往月来,非灾莫测。发心朝拜名山,祈保清泰,一如默祐。占今吉旦,伏就清坛恭叩,案前设陈烛金钱宝马,专申上献北极真武元天上帝,伏愿一诚上达,百福祯祥。乞销已往之愆,锡赐方来之福。更保家门康泰,百事安祯。凡在光中,全叨盖庇。谨疏。光绪五年厶月厶日叩具。

黄山学院徽州文化资料中心藏有与齐云进香相关的文书一份,内容更为具体、详细:

　　民国江南徽州府婺源县浙源乡嘉福里阆山□乂睦新兴大社信士弟子曹亦安、上侍父曹湖利,率弟亦堃、亦炽暨阖家人眷等先日虔忱斋戒,三沐三熏,拈香百拜玄天上帝菩萨座前:

　　伏念元修无上,妙法常尊。脱却尘缘,驻灵踪于白岳;俯矜厄困,普惠泽于苍生。既沦髓如沦肌秽□,德化宜梯山而航海。共仰皈依。弟子曹亦安等叨生尘世,口处山陬。凿井耕田,虽忘帝力;逢凶化吉,实赖神庥。念我父罹仆跌之灾,头颅几碎。沐大神再生之德,痛苦旋平。更有愁者,弟子之弟亦堕入春抱恙,缠绵至今。左肋痛则气窜行,每食入则膨隔不下。不知是寒凝,抑或是伤积。且咳且痛,医药罔功。仰求赐以灵丹,俾其蠲除痛楚。自愧菲薄之忱,何敢多端冒渎。倘邀默佑,刻骨不忘。毋任诚求,总祈丙鉴。

民国六年岁次丁巳秋九月穀旦具

图 2-12　徽州文书《婺源曹亦安齐云山进香疏》

据文书可知,曹亦安父亲曾经摔倒,跌破头颅,几至丧命,上次进香后康复。不料亦安弟亦堃又身染重病,因此曹家这次齐云进香兼有还愿与求祈两方面目的。我们从中还可知道进香求祈的不止是福佑,同时还有治病的丹药。

玄天太素宫以嘉靖求子成功而敕建,因此求子也成为进香的重要原因之一。我们收藏有一份齐云送子的版画,为新婚夫妇所求,该版画制作精细,正反两面均为与求子相关的图案和花纹,是一份难得一见的徽州民间信仰资料。

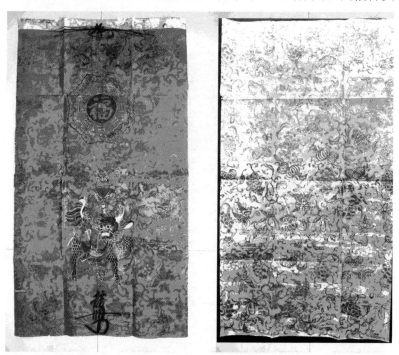

图 2-13　齐云山求子版画

齐云山主持还主动出行徽州各地,进行道教活动。清刘汝骥《陶甓公牍》载:"休宁齐云山住持负元帝像到处蹂躏,名曰'圆经'。愚夫愚妇无不卑躬屈膝。"[①]徽州民众对玄天上帝崇拜的程度由此可见一斑。

---

① (清)刘汝骥:《陶甓公牍》卷十二,黄山学院徽州文化资料中心藏清刻本复印本。

除去齐云进香外,信徒在斋戒或生日时也会拜请玄天上帝,《祈神奏格》中收录的《斋戒、生日请上帝》反映了这一情形:

斋戒、生日请上帝

伏以帝德好生,丕显桓桓威武;人心有欲,谨据翼翼敷陈。肆此愚凡,皈依圣教。今据乡贯奉玉虚师相信士厶通家眷等,涓今厶年月日,谨备清斋信仪,特伸拜请北极镇天真武玄天仁威上帝、扶旗神王、捧剑力士、抱印玉女、奏事金童、水火龟蛇二大神将、部下十大元帅,恭望圣慈,俯垂玄鉴,悉伏真香,受沾供养。

恭维玄天金阙,育形净乐,著迹齐云。流气降灵,应虚危之妙象;融神凝道,合离坎之真英。上国来崇,中华共仰。言念某叼逢盛世,忝处人伦。荷乾坤之覆载,感圣德之匡维。于日拜干洪造,所伸情意,盖为某人净心斋戒、氏或贱生之辰。兹逢某诞日,聊献清斋,少伸一念之忱,庶达万开之庇。伏愿金阙垂仁,丹台赐福。俾一家延禧华祉,日富日寿日康宁;允自此身命运亨,有人有土有财用。俾昌而炽,俾寿而康。夫妇齐眉,儿孙满眼。庶事亨通,诸般吉庆。田畴□□,火盗双消。凡历四时,均膺百福。所有钱仪燎贡,伏望圣慈鉴纳。①

(二)上古神灵

道教神灵体系的形成和发展是一个历史过程,一方面不断有新的神灵产生,而另一方面,旧的神灵也在不断地演化、淡出,甚至消失。徽州民间信仰中值得关注的一点是,有一些淡出甚至消失的上古神灵仍在各种祭祀活动中频繁出现。

徽州民间资料中出现较多的上古神灵有盘古、开皇、九天玄女、白鹤仙

---

① (明)程敏政:《祈神奏格·射卷》,上海图书馆藏明刻本。

师、东王公、西王母及后土等，出现最多的场合是在买地券和墓祭的文书里面，有时也出现在与婚嫁相关的资料中。但除后土外，其他只是出现名字而已。在此我们基于已经发现的资料，对上述神灵的现存资料情况进行一些初步的探讨。

盘古：为最早的道教神灵之一，其开辟天地的神话也为每一个中国人所熟知。但据1986年饶宗颐先生发表的《盘古图考》所论，汉末兴平元年（194），盘古才出现在

图2-14 徽州文书《买地券》（1）

画像石中。文字记载则始于三国吴人徐整的《三五历记》和《五运历年记》。在徽州买地券中，其民间信仰功能类似后土，为阴间土地的所有者。

开皇：本为道教五劫之一。五劫，亦称"五祖劫"，道教理论中宇宙万物生成演化的五个阶段。《隋书·经籍志四》云："然其开劫，非一度矣，故有延康、赤明、龙汉、开皇，是其年号。其间相去经四十一亿万载。"《双华岁钞》老氏之书曰："天地之数有五劫。东方起自子，曰龙汉，为始劫。南方起自寅，曰赤明，为成劫。中央起自卯，曰上皇，北方起自午，曰开皇，俱为住劫。西方起自酉终于戌，曰延康，为坏劫。"宋陆游《玉京行》："玉京清都奉紫皇，赤明开皇劫茫茫。"钱仲联校注引《元始天尊度人经》"上阳子注"曰"北方得五气以分天境，劫号开皇"，可知徽州买地券中的开皇地主为道教元气理论的人格化产物，民间信仰功能与后土和盘古类似。

九天玄女：其起源学术界说法不一。早在隋朝之前，就有一部叫《黄帝问玄女兵法》的著作，《艺文类聚》等书收有书中佚文。该书记载了九天玄女以人首鸟身之像现身助黄帝战胜蚩尤的故事。这是对九天玄女最早的记载。又据《隋书》记载，玄女曾向黄帝解答男女俯仰升降盈虚之术，表明玄女还是

颇精养生之道的女仙。买地券之外,九天玄女和白鹤仙师在徽州纸马中也曾出现过。

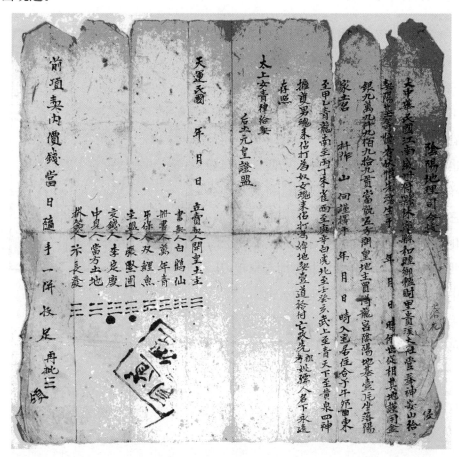

图2-15 徽州文书《买地券》(2)

白鹤仙师:九天玄女从神,原为白鹤。

东王公:东华帝君,道教奉为男仙领袖,其名在《汉尚方镜铭》中已经出现,最早记其事者托名汉东方朔撰的《神异经》,晋葛洪《枕中书》中也有相关记载。据《三教搜神大全》卷一释曰:

> 东华者,以帝君东华至真之气化而生也,分治东极,居东华之上也。紫府者,职居紫府,统三十五司命,迁转洞虚宫较品真仙也。阳

者主东方少阳之气,生化万汇也。帝君者,位东方诸天之尊,君牧众圣,为生物之主。①

西王母:为道教女仙之首,其起源远早于东王公,《山海经·西山经》云:"又西三百五十里,曰玉山,是西王母所居也,西王母其状如人,豹尾虎齿而善啸,蓬发戴胜,是司天之厉及五残。"《史记·周本纪》也有"穆王十七年,西巡狩,见西王母"这样的记载,之后的《博物志》已将其瑶池、三千年一结实的桃树联系在一起,后世演化为中国人所熟知的王母娘娘。东王公、西王母在墓葬和婚嫁文书中均有出现,从中可见徽州民间信仰源头的久远。

图2-16 徽州纸马《九天玄女·白鹤仙神》

我们收藏的一册无名抄本(张孝进藏)中《拜天地》部分有以下内容:

拜天地

　　婚礼今朝请拜堂,诚心全仗玉炉香。神圣上下恭奉敬,王公王母降吉祥。

拜天地请念

　　天地神祇,日月三星光照。有劳……启请东王公,西王母,三界四……虚空过往一切圣众……

我们收录的另一册抄本《拜堂书》(张孝进藏)中也有类似的记载:

---

① (元)不著撰人:《三教源流搜神大全》,民国二十四年(1935)长沙中国古书刊印社汇印本。

请新人到堂前致语

堂中焚起玉炉香,请出新人到华堂。礼别尊卑分左右,宜家宜室万年昌。伏以玉犬当门吠,金鸡架上啼。太阳当头照,正是拜堂时。姻缘修积德成双,酬谢乾坤日月光。四府万灵皆降,永保夫妇百年长。请新郎,新人拜谢天地三界四府万灵、东王公、西王母、南极老人、北斗星君。礼下四全拜,再兴礼拜毕。

后土:全称为"后土皇地祇",为大地的主宰者,先秦古籍中已经出现。汉代在汾阴建有后土祠,为最重要的国家祭祀场所之一,历代帝王多有参拜。北京地坛所祭亦为后土。

徽州墓葬相关祭祀多要祭祀后土,《祈神奏格》收录了《祀后土唱班》一文,具体记载了祀后土时的礼仪过程:

降神,就位,盥洗,帨手,复位,三上香,拜,兴,拜,兴,行三献礼,请祝,辞神,拜,兴,拜,兴,北,财,礼毕,孝子四拜谢。①

《丛杂为则应酬》则收录了清明墓祭时所用的后土祭文:

祭后土文

弟子厶等敢昭告于后土之神前而言曰:时序流易,清明甫临。厶等恭修岁事于我厶府君之墓。明德在天,惟时保佑。实赖神庥,用克相之。敢以酒醴、殽馔,敬伸奠献。尚飨。

尽管这方面的资料非常零散,然而它们近似于民间信仰领域的活化石,吉光片羽,弥足珍贵,非常值得学术界做进一步的搜集、整理和研究工作。

通过对上述资料的分析和研究,我们可以发现,如同中国绝大部分地区,儒、释、道三教在传统徽州地区根深蒂固,信众极广。尤为值得注意的是,三

---

① (明)程敏政:《祈神奏格·数卷》,上海图书馆藏明刻本。

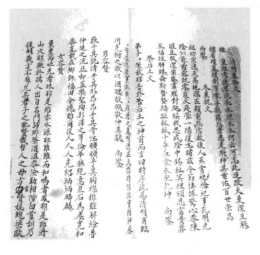

图 2-17 清抄本《丛杂为则应酬》

教与各种民俗活动结合在一起,一定程度上摆脱了思想流派(儒)和彼岸宗教(释、道)的局限,高度世俗化,成为民众生活的一部分。同时三教神灵又普遍存在你中有我、我中有你的渗透和相互融合的现象,这恰恰构成了明清时代大传统中儒、释、道三教思想融合的现实基础。忽略民众日常实用,仅从理论角度讨论三教对中国的影响固然有其重要的学术价值,但无法从根本上反映出三教的中国特色。而这一切的取得又与乡土文献的介入密切相关。解剖一个特定地区以透视中国,利用从前被忽视的材料以获得新知,这或许就是乡土文献的研究的独特价值所在。

第二节　行业神、功能神崇拜

行业神崇拜是民间信仰的重要组成部分。在华人社会各行各业都要确立一个或几个属于自己的神作为崇拜对象。正如清纪晓岚《阅微草堂笔记》所说:"百工技艺,各祀一神为祖。"有关行业神崇拜研究,李乔先生的《中国行业神崇拜》一书堪称代表作。该书分两个部分,第一部分概论,阐述了行业神概念、形成、价值、作用及崇拜活动,第二部分则分门别类地论述各地各种行业的行业神崇拜情况。这对于我们研究徽州地区的行业神、功能神崇拜具有重要参考价值。这里先就行业神、功能神崇拜做一般概述,然后根据乡土文献中的线索重点讨论徽州的行业神、功能神崇拜的情况。

一、行业神功能神崇拜概述

行业神是行业的从业者所供奉的,用来佑护自己利益的,与行业特征有一定关联的神灵。行业神崇拜是神灵崇拜新的表现形式,产生于行业产生之后,是为了满足行业独特的利益诉求而创造的,是社会分工发展到一定阶段的产物。

据李肇《唐国史补》记载,"江南有驿吏,以干事自任。典郡者初至,吏白曰:驿中已理,请一阅之。刺史乃往。初见一室,署云酒库,诸酝毕熟,其外画一神。刺史问:何也?答曰:杜康。刺史曰:公有余也。又一室署云茶库,诸茗毕贮,复有一神。问曰:何?曰:陆鸿渐也。刺史益善之。又一室署云菹库,诸菹毕备,亦有一神。问曰:何?吏曰:蔡伯喈。刺史大笑,曰:不必置此!"①由此可以管窥唐代行业神崇拜的情况。其中提到三位行业神,一是酒神杜康,二是茶神陆羽,三是酱菜神蔡邕。这位刺史对前两者都很赞成,对后者不以为然。

关于社会中行业的数量,固然没有精确的统计数。俗语中最常见的说法是三百六十行。古代文献中也有不少这样的记载,如宋田汝成《西湖游览志》卷二十五中有"仍今三百六十行,各有市语,不相通用,仓猝聆之,竟不知为何等语也"。意思是各行都有自己的专业术语,外行人乍一听根本就听不懂。从一些历史文献看,除了三百六十行,还有三十六行或七十二行、一百二十行等说法,包括"三教九流"也是一种分类方法。

《清稗类钞》中对这些数字作了说明:"三十六行者,种种职业也。就其分工而约计之,曰三十六行。倍之,则为七十二行;十之,则为三百六十行。皆就成数而言。俗为之一一指定分配者,罔也。"②也就是说,这些数字都是大概的说法,如果要刻意去一一对应,那就错了。

对一个行业的称谓,既可以用行、业层次,也可以用行业中某个具体单位层次,还有就是用从业者层次。如保镖业,也可以称镖局或镖师;理发业也可以称理发店或理发师等等。我们在叙述过程中对这三个层次的称谓不作严格区分。

---

① (唐)李肇:《唐国史补》卷下,上海:上海古籍出版社,1957年,第65页。
② 徐珂:《清稗类钞》农商类"三十六行"条,北京:中华书局,2010年。

行业神大致分为两种类型：一是祖师神。行业的祖师是行业认定的该行的开创者，也就是所谓"祖师爷"。如孔子创私学，是教育行业的开创者，被尊为祖师爷；历史上有明文记载的造纸术发明人蔡伦，自然成为造纸业的祖师神；黄道婆把海南的棉纺技艺传到内地，是内地棉纺业的始祖，因而被尊为棉纺业的祖师神。

众所周知，由于绝大多数行业的创始人现在都无从知晓，各行业所崇拜的祖师爷并非真正意义上的首创者，而是在某个发展阶段出现的杰出的从业者或者重要贡献者，包括像木工业的鲁班、造纸业的蔡伦、制笔业的蒙恬等等都是如此。此外，从事过该行业的杰出人物往往也被尊为行业祖师神，如张飞是屠宰业的祖师神，因为他在出世之前是个屠户。还有更牵强的，像东汉学者蔡邕和唐代著名书法家颜真卿（颜鲁公）被尊为酱园业的祖师，仅仅是因为他们的名字与"菜佣"、"盐卤"谐音。祖师神的本质属性是神，虽然是某个真实存在过的历史人物，具有显著的人性，但从根本上讲，还是突出其神性，作为崇拜的对象。实际上，绝大多数祖师的身份也都是附会出来的，即使是历史上真实存在过的人物，其事迹也是虚构的。

二是单纯的保护神。既然行业神是神，是不是行业的开创者，有没有一个合适的真实存在的人，与行业有没有关联都不重要，况且有的行业想找个与行业有点联系的祖师神也很困难，所以很多行业崇拜的行业神就是没有关联的纯粹的保护神。

在人类文明早期，人们对自然现象感到迷惑不解，创造了各种各样的神，用其神秘的力量来解释自然现象发生的原因，涉及的现象越来越广泛，创造的神灵也越来越多，这就是所谓"泛神崇拜"。行业神崇拜是泛神崇拜在新时期的表现。自古一艺一术，皆有神主之。从总体上讲，中国历代统治者对各类宗教信仰持宽容态度，这就为形形色色的行业神崇拜提供了宽松的社会环境。

行业神是从业者根据自己的需要和一定的标准，从自己所知的领域中选择某一对象制造出来的。所选对象包括人和神。由人变为行业神，是将人神化,使之具有神的特征;由其他神变为行业神,则是神性、神职的转换,后者如厨业奉灶神,梨园业奉二郎神。

造神的依据,一是以与行业有关的事迹,太上老君有八卦炉的传说使之成为铁匠的祖师。二是与行业有关的神性或特征,白衣观音因为所穿白衣具有洁白如玉的特征而被奉为制玉业的祖师。

这些根据的来源也是五花八门,首先是古代流传下来的神话传说。如传说燧人氏钻木取火,结果成为厨师的祖师;神农尝百草自然会被奉为医药行业的祖师;女娲抟土造人,被泥塑匠们奉为祖师;还有黄帝成为衣帽制作业的祖师,仓颉是书吏的祖师,舜帝是陶瓷业的祖师,祝融是鞭炮制作业的祖师,等等,都是典型的例子。

许多神话都是口耳相传的,也有一些见诸文献资料。例如,关于蚕神马头娘的神话,许多古代文献中都有述及,其中《太平广记》中"蚕女"一条的描述最为完整:

> 蚕女者,当高辛帝时,蜀地未立君长,无所统摄。其人聚族而居,递相侵噬。蚕女旧迹,今在广汉,不知其姓氏。其父为邻邦掠去,已逾年,唯所乘之马犹在。女念父隔绝,或废饮食。其母慰抚之,因告誓于众曰:有得父还者,以此女嫁之。部下之人唯闻其誓,无能致父归者。马闻其言,惊跃振迅,绝其拘绊而去。数日,父乃乘马归。自此马嘶鸣不肯饮龁。父问其故,母以誓众之言白之。父曰:"誓于人,不誓于马,安有配人而偶非类乎?!能脱我于难,功亦大矣,所誓之言不可行也。"马愈跑,父怒,射杀之,曝其皮于庭。女行过其侧,马皮蹶然而起,卷女飞去。旬日,皮复栖于桑树之上,女化为蚕,食桑叶,吐丝成茧,以衣被于人间。父母悔恨,念之不已。忽见蚕女乘流云驾此马,侍卫数十人,自天而下,谓父母曰:"太上以我孝能致身,心不忘义,授以九宫仙嫔之任,长生于天矣,无复忆念也!"乃冲虚而去。今家在什邡、绵竹、德阳三县界,每岁祈蚕者,四方云集,皆获灵应。宫观诸化,塑女子之像,披马皮,谓之马头娘,以

祈蚕桑焉。稽圣赋曰:"安有女,感彼死马,化为蚕虫,衣被天下是也。"①

这是有关"蚕女"的传说,说是很久以前发生在四川境内的事。一个族群的首领被邻族掠去,女儿十分想念父亲。其母亲为了安慰她,就向众人立誓说:"有能把她的父亲找回来的,就把这个女儿嫁给他。"族群里没有人能领此事。首领骑的马挣断缰绳把首领救了回来。首领认为,夫人向人立誓,不是向马立誓,不能把女儿嫁给马。马十分不满。首领很生气,用箭射死了马,把马皮放在院子里晒。女儿经过马皮旁边时,马皮骤然立起来,卷起蚕女飞走了。过了十天,马皮又停在桑树上面了,但首领的女儿已变成了蚕。

有些神话取自各种典籍文献,包括正史。例如,据《汉书》记载,"时会朝请,舍长安尚冠里,身足下有毛,卧居数有光耀;每买饼,所从买家辄大雠。"②说的是汉宣帝刘询身上发生过一些特异现象,如足底长有毛发,睡觉时有时会发出光亮;又如他每次去买饼,总有一些人跟着去买,结果售出很多。有些地方的厨业和制饼业因此奉他为祖师。有趣的是,《汉书》卷一《高帝纪》中称,高祖青年时"好酒及色。常从王媪、武负贳酒,时饮醉卧,武负、王媪见其上常有怪。高祖每酤留饮,酒雠数倍。"两处的说法颇有相似。不知道汉高祖为什么没有因此被奉为酿酒业的祖师神。

小说、戏曲等通俗作品是造神资源的又一个重要来源。明清以来手工业进入鼎盛时期,分工进一步细化,出现了很多新的行业,行业神崇拜最为兴盛,各行各业均有自己的祖师爷,祭祀活动也非常隆重。明清通俗小说以及根据这些小说改编的戏曲、曲艺,对行业神的影响最为显著。

明清小说中,《封神演义》《三国演义》《西游记》《水浒传》《隋唐演义》等流传最广,也是行业造神中取材最多的作品。如哪吒抽龙盘做绦带被奉为绦带业的祖师、姜子牙用直钩钓鱼被渔民奉为祖师、织席贩履的刘备被编织

---

① (宋)李昉《太平广记》卷四七九,北京:中华书局,1961年。
② (东汉)班固:《汉书》卷八,北京:中华书局,2007年。

业奉为祖师、诸葛亮率军渡泸水时以馒头代人头的情节使他成为蒸馒头行业的祖师。又如,老君不仅是铁匠的祖师,还因为驯服青牛被奉为钉掌匠的祖师,时迁是窃贼的祖师,秦琼是捕快业的祖师,等等。

根据李乔先生的分析,造成这一现象的原因,首先是这些行业的从业者大多生活在社会下层,文化水平较低,而这些妇孺皆知的通俗小说对他们影响最大;其次是许多行业找不到与本行业有直接牵连的古代人物,小说是一个捷径;再次是历史小说和神魔小说中的人物恰好具有行业神所需要的特点,既有较远的历史,又有某些神奇的能力。当然,不可或缺的条件是造神者和奉神者都没有太高的文化,宁愿相信这些人物和事迹的真实性。

有些地方为了使所造之神与行业关系更为直接,往往在原有材料的基础上进一步杜撰加工。如湖南益阳一带的篾匠奉刘备为祖师神,当地还流行一个传说:有一位名叫沈知进的农民有一次进竹林砍柴,遇到一位两耳齐肩,面色如玉的人,跟他说:"我乃蜀主刘备,原以织席为生,见你勤劳忠厚,特来帮你。你屋后的水竹可破成篾,织成篾垫。"沈知进依其所言织成了水竹凉席。这样的故事似乎能使刘备这个历史人物与织席业的关联更加直接。

宗教文化对于行业神的产生也有深远影响。作为中国的本土宗教,道教本身就有一套完备的造神体系,其神仙谱系中的许多神都是从真实的历史人物中演变而来的,既有与现实生活衔接的人性的一面,又有点石成金、撒豆成兵、呼风唤雨等神性的一面,最具有行业神的特点。这些神仙只要与某个行业沾边,就可能成为该行业的祖师神。结果,太上老君成为金、银、铜、铁、锡匠等多个行业的祖师神;梅、葛二仙翁成了染坊的祖师神;邱真人成了金玉行的祖师神;张天师成为盐业的祖师神;等等。道教推出的著名的八仙则被冠以许多行业神头衔,像吹鼓手奉韩湘子,提篮小贩奉蓝采和,有些地方的渔鼓艺人奉张果老,鞋业和卖狗皮膏药的奉铁拐李为祖师神。头衔最多的当数吕洞宾,剃头业、魔术业、制墨业、医药业、金银制作业,甚至包括娼妓、乞丐都奉他为祖师神。道教中的许多天神如真武大帝、文昌帝君、九天玄女等也被一些行业奉为祖师神或者保护神。

佛教传入中国以后,有关传说也成为行业神造神的依据。禅宗初祖达摩大师被制鞋业、皮革业、保镖业和相面业等奉为祖师;六朝僧人志公大师被修脚业奉为祖师神;唐代僧人禅宗五祖弘忍被补锅匠奉为祖师;宋代高僧普庵则是油漆匠的祖师;等等。

值得一提的是,有些行业崇拜的神原型不是人而是某种动物。它们被赋予灵性与神性,受到从业者的膜拜。如云南大姚县井盐业每年正月十三日举办"开井节",祭祀的神就是发现盐井有功的一只白羊。当地有一个传说,"有羱羊石。蒙氏时有女牧羊于此,一羱舐土,驱之不去,掘地得卤泉,因名白羊井,后讹为白盐井。"[①]据我们分析,这种现象倒有可能不是杜撰,而是真实发生过的事实。

行业神崇拜的出现有多方面原因。首先,是想要得到好运。手工业者面临的第一种压力是生产过程中的不确定性带来的压力。手工生产也是一个系统工程,能否取得成功,除了劳动者的手艺高低这一因素外,还会受到温度、湿度、天气等环境条件和原料、配料品质等多方因素的影响。往往一个很次要的因素都会导致失败,从而造成巨大损失。从根本上说,这是技术水平的局限导致的,但当时的人们往往把它归因为自己的"运气不佳",即所谓"谋事在人,成事在天",而对神的崇拜首要的目的就是改善自己的"运气",让自己做事少有波折,最好是一帆风顺。行业神是行业的祖师爷,比普遍的神灵更懂从业弟子的心愿,所以更灵验。出于功利目的而奉神,正是中国民间信仰的重要特点。

其次,是为了在市场竞争中更加有利。手工业者面临的第二种压力是来自市场的竞争压力。在长期的实践中,手工业者认识到,生意是否兴隆往往不是一家一户个体所能决定,必须将全行业团结起来,成立行会、帮会组织,形成一个利益群体。在此过程中,领袖人物的个人力量常常又显得不足。在当时的生产力条件下,人们普遍崇拜神灵,因此,树立属于本行业的祖师神,

---

① 宋良曦:《中国盐业的行业偶像与神祇》,载《盐业史研究》,1998年,第2期。

借助于神的影响力达到治人的目的,可以统令全员,约束行帮,规划传习,避免恶性竞争等。此外,行业组织有能力开展一些祖师神祭祀等形式的宣传活动,这对于扩大行业的社会影响力,对于行业的生存与发展都具有重要意义。

行业组织的活动在中国起源很早,唐代志怪小说《纂异记》中就有记载:

> 吴泰伯庙,在东阊门之西。每春秋季,市肆皆率其党,合牢醴,祈福于三让王,多图善马彩舆女子以献之。非其月亦无虚日。乙丑春,有金银行首,纠合其徒,以绡画美人捧胡琴以从,其貌出于旧绘者,名美人为"胜儿"。盖户牖墙壁会前后所献者,无以匹也。①

泰伯庙祭祀的泰伯曾经三让王位,史称"三让王"。"市肆"主要是手工业者,"党"相当于同行、同帮。因此,这里描述的"市肆皆率其党,合牢醴,祈福于三让王",实际上就是行业组织开展祈神求福活动的场景。

行业神崇拜的积极意义还表现在其他方面,如能够激发从业者的敬业精神;激励从业者努力学习,积极进取,不断提高业务水平;对从业者也有积极的心理暗示作用;等等。

关于行业神(包括功能神)崇拜形成的原因,从另外一个角度看,也可以概括为主要是为了避险和获利。无论是在手工生产还是日常生活过程中,总会遇到一些意外风险,给自己带来损失。像做陶瓷的、行医的、货运的、保镖的等等,都存在很大的风险,敬神首先是为了获得护宥,达到避险的目的。风险越大,敬神越虔诚。在此基础上,人们自然希望生意更加顺利,从而得到更多的实惠。

清末以后,中国开始进入近代工业化进程,工业化在对传统手工业形成巨大冲击的同时,对于行业神崇拜习俗也给予了巨大冲击。从全国范围看,新中国成立之后,由于受意识形态的影响,行业神崇拜逐渐淡化,特别是在"文革"期间更是遭到全面限制,并使之逐渐衰亡。近些年随着传统文化产业

---

① (宋)李昉:《太平广记》卷二八〇,北京:中华书局,1961年。

振兴,有些地方的行业神崇拜有所恢复。但新一轮的工业化背景下,人们的思想观念总体上已经发生巨大变化,行业神崇拜的社会基础不复存在,即使有相关的活动,本质上讲,昨日已不再重现。

二、徽州乡土文献中的行业神、功能神

作为汉族传统社会组织的代表性区域,徽州地区的行业神、功能神崇拜既具有与其他地区相类似的共性特征,也具有一定的本地特色。徽州的行业神崇拜是中原地区行业神崇拜的缩影,内容大多不是徽州特有的,因此,只能根据徽州乡土文献和口头资料来界定当地人也有这些信仰和崇拜。

比较集中的反映徽州行业神崇拜的文献有很多,简单地说可分为三类。一是存世的一些徽州年画,20世纪80年代石谷风先生深入民间收集了不少年画,整理出版了《徽州木版年画》,其中有行业神崇拜方面的内容;二是我们找到了《祈神奏格》一书,其中的各种格式的祈神文书中有丰富的行业神、功能神崇拜内容;三是零星的文书中也有相关的资料。

(一)行业神崇拜

尊师敬祖,是我国民间一种传统美德。在旧社会教育业的从业者,包括学校和私塾等,俱供奉孔子为"至圣先师",孔子是帝王到读书人士尊崇的行业神,各地的孔庙、文庙,每年春秋祭典活动都十分兴盛。由于徽商重视教育,古代徽州的教育事业十分兴盛,书院林立,培养出一代又一代杰出的人才。图2-18为徽州年画版的"至圣先师"孔子及其弟子画像。画面中孔子坐在案几旁的高脚椅上,案几上摆放着笔(筒)、笔架、砚和类似于空白纸张,弟子手捧《春秋》书卷相陪。画面左边有祥云图案,写明"素王"二字。可以推断,这幅版画是根据汉代王充曾经说过的"孔子作《春秋》,素王之业也,诸子之传,素相之事也"[①]这一典故设计的。孔子一生主要精力都在教书育人和

---

① (清)朱彝尊:《经义考》卷一六八,北京:中华书局,1998年。

周游列国上,在行政方面只做过鲁国的司寇,相当于现在的一个普通的司法官员。在老年的时候,修订《春秋》,删减《诗经》,编纂《鲁史》。就是这样的一个平民化的知识分子,在他的学生眼里,这可比王还要王,故称"素王"。说得简单点,所谓"素王"就是没有封地、没有任命,只要人类的历史文化存在,他的王位权势就存在。以今人的说法,就是孔子是没有得到官方任命的"王"。即有王者之道,而无王者之位,故称"素王"。孔子被历朝统治者所推崇,被奉为"万世师表"。然而,不同朝代称谓有所不同,明朝尊之为"至圣先师",由此可以推断此画为明代作品。

这个版画显然出自民间画家之手,因为所画的内容不符合历史。在孔子的时代还没有纸张,桌面上类似于纸张的东西如果看作素绢尚能说得通,但高脚椅是宋代以后才有的,出现在这里就无法解释了。此外,当时的笔特别是砚台也不是后来的样子,这里画得都有问题。当然,作为民间用物也无伤大雅。

图 2-18 至圣先师孔子及其弟子

徽州读书人崇拜的先贤并不仅限于孔子。从《祈神奏格》相关的内容中可以了解徽州私塾先生所崇拜的对象和所要祈求的内容,如本章第一节所引《开学请圣贤》。

从祝辞中可以得到许多信息。首先,这是某塾师率弟子"兹届开学良期,乃敢斋沐祈恳"。即举办敬神求福活动。敬拜的对象除了孔圣人(清代被尊为"大成至圣文宣师",表明这是清代的文书)外,还有四配亚圣(复圣颜回、宗圣曾参、述圣子思、亚圣孟轲)、十哲大贤(颜渊、闵子骞、冉伯牛、仲弓、宰我、子贡、冉有、季路、子游、子夏)、三千高弟子、七十二贤人和历代诸儒。

其次,肯定"学由勤得,业向专精"。从教师的角度知道"师传以笃成",但是还是要"赖圣贤而默然相庇佑"。最希望"众姓弟子,气质清明,义理昭著。

学问速成而上达,文才雄伟夺高魁"。这是老师和学生共同的心愿。

另一位影响极大的行业神当推鲁班。鲁班本是真实的历史人物,复姓公输,名盘(班),鲁国人,生活在公元前5世纪初至中期,有学者考证具体时间大致在公元前510年至公元前440年之间①,是一名著名的能工巧匠。

历史文献中对于鲁班的记载,影响最大的当数《墨子》,除了众所周知的《公输》篇中有"公输般为楚造云梯之械,成,将以攻宋"外,在《鲁问篇》中还有记载:"公输子自鲁南游楚,焉始为舟战之器,作为钩强之备,退者钩之,进者强之,量其钩强之长,而制为之兵,楚之兵节,越之兵不节,楚人因此若埶,亟败越人。""公输子削竹木以为鹊,成而飞之,三日不下。"

这里提及的公输般所设计制造的除了攻城设备云梯,还有一种钩和强(镶)。这种武器用于船战,敌船后退就用钩钩住它,敌船进攻就用镶推拒它。而且他还计算了钩与镶的长度,使之对楚国人使用兵器有利,对越国人使用兵器无利。结果楚国人凭着这种优势,屡次打败越国人。此外,公输般用竹木制作了一种鹊,可以在空中飞翔三日,不会落下。

其他先秦至汉代文献也有记载,如《吕氏春秋》中对墨子阻止楚国攻宋事件也有描述:"王曰:公输般,天下之巧工也,已为攻宋之械矣。墨子曰:请令公输般试攻之,臣请试守之。于是公输般设攻宋之械,墨子设守宋之备。九攻之,墨子九却之,不能入。"②

据统计,文献中记载的公输般发明、制作过的器械还有机车、石砲、铺首以及

图 2-19 徽州年画中的《鲁班先师》

---

① 卢南乔:《中国杰出的民间工艺家——公输般》,载《文史哲》,1958年,第12期。
② (秦)吕不韦:《吕氏春秋》卷二一,北京:中华书局,2007年。

磨、碾、钻等。后来的文献对他的事迹也有很多叙述,例如,说他发明了锯、曲尺、刨、铲等木工的工具,附会和传说的成分越来越多。

鲁班被作为行业神崇拜,至迟在明代。有两本重要的著作,较早的一本是《鲁班经》,另一本是《鲁班书》,均为木工读物,从中可以洞见木匠群体心目中鲁班的形象及其发展演变。在《鲁班经》的开篇"鲁班仙师源流"中,对于鲁班的身世有这样的描述:

> 师讳班,姓公输,字依智,鲁之贤胜路东平村人也。其父讳贤,母吴氏。师生于鲁定公三年甲戌五月初七午时。是日白鹤群集,异香满室,经月弗散。人咸奇之。甫七岁嬉戏不学,父母深以为忧。迨十五岁忽幡然,从游于子夏之门人端木起。不数月,遂妙理融通,度越时流,愤诸侯僭越王号,因游说列国,志在尊周,而计不行,乃归隐于泰山之南小和山焉,晦迹几一十三年。偶出而遇鲍老辈,促膝讙谈,竟受业其门,注意雕镂刻画,欲令中华文物焕然一新。故尝语人曰:不规而圆,不矩而方,此乾坤自然之象也。规以为圆,矩以为方,实人官两象之能也。矧吾之明虽足以尽制作之神,亦安得必天下万世咸能师心而如吾明耶?明不如吾,则吾之明穷而吾之技亦穷矣。爰是既竭目力复继之以规矩准绳,俾公私欲经营宫室,驾造舟车与置设器皿,以前民用者,要不越吾一成之法,已试之方矣。然则师之缘物尽制、缘制尽神者,顾不良且巨哉!而其淑配云氏,又天授一段神巧,所制器物固难枚举,第较之于师,殆有佳处。内外赞襄用能享大名而垂不朽耳。是年跻四十,复隐于历山,卒遘异人,授秘诀,云游天下,白日飞升。止留斧锯在白鹿仙岩,迄今古迹昭然如睹。故战国大义赠为永成待诏义士,后三年陈侯加赠智惠法师,历汉唐宋犹能显踪助国,屡膺封号。明朝永乐间,鼎刱北京龙圣殿役使,万匠莫不震悚。赖师降灵指示,方获落成,爰建庙祀之扁曰:鲁班门,封待诏辅国大师,北成侯,春秋二祭礼用太牢,今之工人,凡有

祈祷,靡不随叩随应,诚悬象著明而万古仰照者。①

这段传统文学式的描述,涉及鲁班的出生和成长的经历,指出他不仅是一位卓有成就的匠人,还是位有政见的游说者,后来则成为隐士和仙人。

除了木工,还有瓦工、石匠和整个土木建筑行业,甚至(扎)棚业、扎彩业、雕匠、皮箱制作、造车、造船等也奉鲁班为祖师,因此算得上是所有行业神中影响最大的祖师神。

图 2-20 为徽州木版年画中的老郎先生与童子。其中的老郎先生是梨园界的行业祖

图 2-20　老郎先师

师,又称为"老郎神"、"老郎祖师"等。陪伴他的童子,即"清音童子"又称"开音童子"。青衣童子是主音乐的星神,是祖师神崇拜中的配祀之神。这个老郎先生究竟是什么人? 一种说法认为就是唐明皇。

过去称戏曲班子和剧团为"梨园",称戏曲演员为"梨园子弟",称戏剧界为"梨园界"。这一称谓开始于唐代。据《新唐书·礼乐志》记载:"玄宗既知音律,又酷爱法曲,选坐部伎子弟三百,教于梨园。声有误者,帝必觉而正之,号皇帝梨园弟子。宫女数百亦为梨园弟子。"②说的是唐玄宗本人精通音律并酷爱《法曲》,他在位时于宫廷禁苑内的"梨园"(原本就是一个梨树园)办培训班训练乐器演奏人员等艺

图 2-21　素神云鹤

---

① 《绘图鲁班经》,上海:鸿文书局,1938 年,第 1 页。
② (宋)欧阳修等:《新唐书》卷二二,北京:中华书局,1975 年。

人,他还亲自指导。这些人被称为皇帝的"梨园弟子",参与学习的数百宫女也被称为"梨园弟子"。此后,梨园就与戏曲艺术联系在一起,成为艺术组织和艺人的代名词。认为"老郎先生"即是唐明皇的这种说法的人较多。其他说法如老郎神是唐明皇同时代的一位小艺人;是主乐、主俳优的翼宿星君,图2-21"素神云鹤"中的"素神"就是翼宿星君;是后唐庄宗;是一只灰白老狼;是颛顼之子老童;等等。参见李乔《中国行业神崇拜》第十五章。

图2-22为徽州箍工奉祀的"箍神祖师"。徽州的山区出产木料、竹料,过去主要是通过水路运输到外地。在上游,

图2-22 竹箍祖师

由于山涧水面狭窄,一般是直接将单根的树木、毛竹或扎成小捆的圆竹放入溪流中,利用其浮力,顺流而下。进入较宽的河道以后,采用的方式是"放箍",也就是把木、竹料集中起来,用藤条和绳索连接成片,俗称"箍",顺着河道输运到山外。这是一项很辛苦且充满危险的活,山涧水流有时曲折,有时湍急。竹木料下行过程中或者被阻挡,或者直落而下。需要连续好多天才能护送到目的地。从事这种特殊的水上运输业者称为"箍工",他们与船工、渔民一样,供奉水神大禹,各地都建有禹王庙。同时供奉的还有水王老爷、总管河神等。

图2-23中被称为"杨四将军"的是徽州水运业的船工和渔民供奉的水神祖师。徽州建有祭祀他的将军庙。杨四将军,又称"杨泗将军"。关于其来历有不同的说法。一说是明朝人,因治水有功而被封为将军。据《大清会典事例》卷四六四记载,同治五年(1866)敕封灵佑杨四将军条中注:"谨按神行四,名无考,明永乐元年(1403)六月六日诞辰,系河南温县人,生而灵异,未冠军成神,明封将军,以治水功德在民,建庙张秋镇。"

另一说是传说中的人物,是一位斩孽龙的义士。《旧时长沙船俗琐谈》云:湘水边某村有二位同窗,一叫杨泗,一叫吴义龙。吴义龙作恶为乐,当地人称之为"孽龙"。他知道后不以为耻,反以为荣,声称:"老子要直的变成龙,定把村子搅成大海,淹他个一个不剩!"杨泗说:"那我就变成将军,斩杀你这条孽龙!"后来吴义龙吃了龙蛋,真的变为龙,杨泗与之搏斗时,用观音从空中抛下的一条铁链,最终锁住了孽龙。这后一种说法中的杨泗有可能是从杨四将军演变而来。①

图 2-23 杨四将军

江河上游的水运业、渔民、簰工供奉的水神大禹,被尊为"水仙尊王",建有禹王庙,各地水上作业民工供奉的水神还有很多,如水王老爷、总管河神等。

理发业所奉祖师爷有罗祖、陈七子等。据说是罗真人创造了理发的工具,开始做理发手艺,后又传给陈七子。陈七子又称"陈相公"或"七相公",传说是他把理发手艺传遍天下。图 2-24 为徽州版画中"七相公"的形象。

传说罗祖是雍正朝人。清世宗雍正皇帝曾患头疮,剃发甚至梳辫子都疼痛难忍,曾怒杀多位剃头匠和负责剃头的太监。手艺好的剃头匠,都害怕被召进宫,纷纷逃离京城。当时湖南有位道士(真人)名罗隐,创造出剃刀和掏耳、梳辫子等使用的各种工具,连同使用方法,都传授给剃头匠,使其入宫为世宗剃头、刮脸、梳辫。从此雍正不仅剃头、梳辫不会感到痛苦,而且头疮也日渐痊愈,钦赐这些剃头新器具为"伴朝銮驾小执事"。罗道士死后,剃头匠们把他奉为祖师爷,称为"罗祖"。据说农历七月十三日是他的诞辰日,剃工

---

① 李乔:《中国行业神崇拜》,北京:中国华侨出版公司,1990 年,第 320 页。

们皆赴罗祖祠前祭拜。直到 20 世纪 40 年代,每年农历七月十三全国理发业都还放假。新中国成立以后才逐渐为世人所淡忘。

旧时不少地方的理发店奉吕洞宾为祖师爷。吕洞宾号"纯阳子",唐末道士,两举进士不第,浪游江湖,曾隐居终南山等地修道,道教全真道尊为北五祖之一,又传为道教八仙之一,相传曾理过发。

其他徽州文书中也可发现一些行业神崇拜的资料,如《祈神奏格》中就有很

图 2-24　七相公

多,除了前文提及的私塾拜圣人外,还有医生、酿酒坊等等。先看看医生请神的情况。

医士请神

伏以医寄死生命脉,系关深重,神司予夺道力,伏赖弘多。凡所皈投,必蒙感应。今据仰首奉神信士厶等于今厶年月日谨备清酌牲筵,特伸拜请伏羲神农皇帝、岐伯仙师、历代先圣、群仙上真;天医使者、治病功曹。再伸拜请住居土地、兴旺福德尊神、招财进宝童子、和合利市仙官、值日受事功曹,一切仙圣,齐赴香筵受沾俱养,言念某业攻医术,心切济人,仗赖神功,特伸叩□。

伏以神通赫赫,施化万方;道德□□,济渡群生。普施妙药,跻斯人于寿域;默运神功,圆大化于总言。酒酌芳镬,满斝三奠。伏愿群真锡佑,列圣垂仁。通吾志意。望闻问切,认症无差。佐使君臣,投削有准。起死回生,俾主顾以多招。扶厄就安,冀财源而广进。人人和悦,事事亨通。常蒙荫佑之功,每赖匡扶之德。凡干作息,预赐降灵。所有宝券燎献,伏望仙真受纳。

祝辞中首先谈到医生职业的风险,"寄死生命脉,系关深重"。因而对神司的予夺道力,具有很强的依赖。希望只要皈依于神,就应当得到神的感应。崇拜的对象从伏羲神农皇帝、岐伯仙师至历代先圣、群仙上真;从天医使者、治病功曹到住居土地、兴旺福德尊神、招财进宝童子、和合利市仙官、值日受事功曹,真的是一切仙圣都包括在内。这反映出民间信仰的特点,无论何方神圣,只要有用,全都崇拜。至于关注的事项,从医术角度说,要"望闻问切,认症无差。佐使君臣,投削有准"。也就是诊断无误,治疗对症,最好能起死回生。这样,医生扶危就安的本领高,自然财源广进。这段祝辞生动地反映了崇拜者(医生)的心理活动。

酿酒业也是徽州一个非常重要的行业。酒的质量虽然取决于技艺的高低,但也深受其他因素的影响。从下面的祝辞可以了解当地酿酒业对祖师崇拜的情况。

酒家请神

伏以,天施美禄,仙造以流传享通斯人,礼当而崇报。神通天地,惠及人间。今据乡贯奉神信士厶等,涓今厶年月日,谨备清酌、牲素之仪,特伸拜请上古神农始教先圣、投母入曲纯阳祖师、中古杜康教民造酒仙哲。

再伸焚香拜请东厨司命、炎帝□君,侍奉土地兴旺福德尊神、招财进宝童子、和合利市仙官、值日受事功曹,一切圣神,悉伏真香,普通供养,言念某混然中□,无策治生,不敢自安,仿陶运瓮,□兹生殖,效卓当□□□□曲药尽制,人谋虽巧,曷若神高。处忱叩悯,稽首拜□。

伏以,今术虽详,难追古妙。伏赖神功,望施法力,芹仪奉献,初□酒陈。

伏以,昭格洋洋,神明如在。鉴临□□,恭敬为先。初奠已陈,再当亚奠。

伏以,香焚百合,所以通忱;酒进三巡,斯为尽礼。亚奠已陈,满斟三奠。

伏□,天休默功,圣力潜敷,来曲临缸,糟粕净化。酿醪入瓮,气未醇佳。远播清香,闻者风至;遍传甘□,沽者云来。子母神钱,□头广进。金资贸易,八面多招。生意日新,人情和悦。火盗潜消,是非息灭。□□动止,悉仗□□;火化财□,圣神受纳。

合伙表心

伏以,治生良策,得朋共事而处,定交良□。矢志齐心而合,欲协力相孚而同贾,须盟心昭告于神明。今据乡贯奉神盟誓信士ムム等等,□今ム年月日,谨赍三牲福筵,恭□台前,特爷拜请ム庙神前一切威灵,悉伏真得受沾供养,伏念惟神威灵烜赫。□芥之欲不容;圣智明通,毫厘之□莫犯。□念某□一已难以货殖,惟众人庶可经营。今ム与ム□□合伙,□□于ム处,或□□□□□。恐人心之不心,□众力以难齐,今立誓□□□□,投告□下,对神宣读。伏表□情。愿神鉴□,俯察众心。

崇拜的对象首先是上古的神农氏,被尊为"始教先圣";其次是纯阳真人吕洞宾,是"投母入曲"的祖师;还有杜康,是教民造酒的仙哲。此外,还要拜请"东厨司命"即灶神,因为烧酒离不开锅灶。炎帝也是酿酒业的祖师,据说是他首制酿酒所必备的陶器。还有侍奉土地兴旺福德尊神、招财进宝童子、和合利市仙官、值日受事功曹,一切圣神。

如图2-25所示为黄山学院图书馆收集的一份文书,是占课、卜卦的先生祭祀其祖师爷周文王的牌位。除了供周文王,也供奉鬼谷子、诸葛亮,还敬拜阴间"值日公曹"和"日夜游神使者",目的是让他们帮助自己占卜灵

图2-25 占卜先师周文王神位

验,从而生意兴隆。

(二)功能神崇拜

中国人对神的崇拜带有显著的功利性,是为了使自己的愿望得以实现。在传统社会中,这种功利性需求涉及方方面面,对应着大大小小各种类型的神灵。按其作用模式,可以对这些神灵进行分类。有一类神灵既不同于无所不能的通用神,也不同于专属于某一行业的行业神,具有某种特殊的功能,这里称作"功能神"。打个不恰当的比喻,如果把通用神比作人类社会中政府部门的领导,把行业神比作行业部门有支配权的管理者,那么"功能神"就相当于权威的专业人才。

图 2-26 房室土地床帐神君

徽州崇拜的功能神有很多。如图2-26所示的"房室土地床帐神君",简称"床神"。同土地神、灶神相似,床神是住宅神中重要神灵之一,不仅因为人们的生活起居离不开床,传宗接代也是如此。床神有公婆两位,人称"床公"、"床婆",据说是周文王夫妇。还有传说床公好茶而床婆贪杯,故以茶祀床公,以酒祀床母,或者叫男茶女酒。还要置一些糕点、水果,说是糕点充饥,水果解渴,这反映出当时人们对饮食与性生活关系的认识。

祭祀床神的时间,有的地区在除夕接灶神后接着进行;也有放在上元日后一日,即农历正月十六。明代学者杨循吉《除夜杂咏》叙述其家乡吴县过春节的习俗:"岁除当此夜,洒扫事恩恩。井上皆封草,门前尽画弓。祠堂神影挂,客座佛筵崇。撒豆祷儿疾,存炊忌釜空。辟瘟烧木暖,承俗燎柴红。启箧新衣振,除尘旧室攻。买饧迎灶帝,酌水祀床公。春帖题乡究,年书诵学童。插签皆柏叶,戏火有梨筒。残历收年尽,深缸洗腊终。市阛骄物贵,邻里馈糕通。未识他州节,于斯异与同。"①其中"买饧迎灶帝,酌水祀床公。"一句说的就是吴县一带春节祭祀床神的情况。

对床神的崇拜并不限于民间,皇宫内廷也是如此。有些地方的床神手执蕉叶、荷花,取其谐音"交、合"之义。明清时期新婚夫妇入洞房之后要同拜床母,祈求她保佑夫妻如鱼似水,儿孙满堂。儿孙满堂,是中国几千年来传统的幸福观。

徽州有"安床"习俗,即在婚礼举行的前几天在洞房内安放新床,其位置要按男女双方的生辰八字、窗向、神位来确定,忌与桌、柜、橱相对。安床要选择吉日良辰进行。安床后,当晚要拜床母。在明、清时就有拜床母的习俗,清代长篇小说《醒世姻缘传》第四十四回《梦换心方成恶妇,听撒帐早是痴郎》描写了婚礼中拜床公床母的情景。

> 那宾相在旁赞着礼,狄希陈与素姐拜了天地,牵了红,引进洞房。宾相赞教坐床合卺,又赞狄希陈拜床公床母。
>
> 只见那宾相手里拿了个盒底,里面盛了五谷、栗子、枣儿、荔枝、圆眼,口里念道:
>
> 阴阳肇位,二仪开天地之机;内外乘时,两姓启夫妻之义。凤凰且协于雌雄,麒麟占吉于牝牡。兹者:狄郎凤卜,得淑女于河洲;薛姐莺詹,配才人于璧府。庆天缘之凑合,喜月老之奇逢。夫妇登床,宾相撒帐。
>
> 将手连果子带五谷抓了满满的一把往东一撒,说道:撒帐东,新人齐捧合欢钟。才子佳人乘酒力,大家今夜好降龙。念毕,又抓了果子五谷往南一撒,说道:撒帐南,从今翠被不生寒。春罗几点桃花雨,携向灯前仔细看。念毕,又将果子五谷居中撒,说道:撒帐中,管

---

① (明)钱谷:《吴都文粹续集》卷八,上海:商务印书馆,1935年。

教新妇脚朝空。含苞未惯风和雨,且到巫山第一峰。念毕,又将五谷果子往西一撒,念道:撒帐西,窈窈淑女出香闺。厮守万年偕白发,狼行狈负不相离。念毕,又把五谷果子往北一撒,念道:撒帐北,名花自是开金谷。宾人休得枉垂涎,刺猬想吃天鹅肉。念毕,又把五谷果子往上撒,念道:撒帐上,新人莫得妆模样。晚间上得合欢床,老僧就把钟来撞。念毕,又把五谷果子往下撒,念道:撒帐下,新人整顿鲛绡帕。须臾待得雨云收,武陵一树桃花谢。

婚礼中礼拜床神,主要是希望新婚夫妻如胶似漆,生活幸福美满。拜床公床母的仪式上难免出现上述打诨场面。

在传统社会,婚姻最重要的功能是延续香火。因此,婚礼仪式上有关香火的内容往往占很大比重。《祈神奏格》中也有"婚姻拜香火"的祝辞:

婚姻拜香火

伏以妃曹毕姻,洞房腾花烛之辉。神圣端严,宝□喷祥烟之瑞。敬展鸾凤之拜,聊伸蝼蚁之忱。今据乡贯奉神信士厶通家眷等,涓今厶年月日之吉,兹为男孙厶婚配□孙媳厶氏为婚姻之对。偕伉俪之缘,今当三□,谨备糕饼果仪,列在台前,百拜昭告于家堂,敬奉长生香火、道释圣贤。一切□圣,悉伏真香。□垂□告。言念男孙某新偕二姓之缘,永结百年之好。荷神功之默佑,益戴大造之垂仁,鉴此蚁□,受□□拜四拜。

伏愿新婚之后百岁团团,一家和睦,事舅姑如事父母,敬夫妇如敬宾客。白首齐眉,当期彭祖之高寿;旺衣绕膝,如郭氏之多孙。新偕鸾凤之对,早叶熊罴之兆。降生麟趾,呈□延绵,螽斯瓜□。则万年香火无穷。而历代崇奉有托。信□燎贡,圣慈鉴纳。□□□。

这是一对新婚夫妇的家长,于家堂之上,向"长生香火、道释圣贤"敬拜,祝愿新婚之后,家庭和睦,孝敬公婆,夫妻恩爱,早生贵子。图2-27所示就是

图 2-27　木版年画《长生香火》

徽州木版年画《长生香火》，画面中上方供奉的是高居云端的慈祥的观音菩萨，下方左右并列三官福、禄、寿星和财神，目的是祈求平安富贵。

健康平安是人们享受幸福生活的前提，因而祛病除灾类的功能神必不可少。尤其是针对常见的传染病，当时没有特效药物医治，只好祈求神仙保佑。下面是《祈神奏格》中的祈请预防天花和其他传染病方面的功能神所用的格式。

种痘解厌

伏以天花种作宜清宜净，人间秽气当禳当解。今据乡贯奉神解厌信士厶通家眷等，涓今天厶年月日兹为厶厶种作天花痘疹在身，尤恐家下尘纷，难以洁净，恐触厌秽，莫知禁忌。庸于今日谨备茶米，列在家门，特伸禳解，再拜启请三坛法主、上圣高真、太上九凤破秽朱将军、九龙荡秽大神、破秽司、荡秽司、解秽司、除秽司、清河夫人、混浊玉女、壬癸使者、霹雳大神、麻痘奇奇、里社香火、符使功曹，一齐降临，会同盟，解除厌秽。先凭太上之法水，洒除天厌、地厌、人厌、鬼厌、内厌、外厌、生厌、死厌、妇人血光，一切不祥厌秽，悉散消除。

伏愿天真锡佑，上圣垂慈，扫荡妖气，复还气。佑童某，四降吉，改祸成祥，痘起灌浓，□□面，星辰顺度，运限亨通，福基永固，寿□延洪。自今解送，天厌还天，地厌还地，人厌还人，鬼厌还鬼。内外生死，一切等厌，各回原位。火化信仪，伏垂鉴纳，下情无任，禳解之至。

其中，提到三坛法主、上圣高真、太上九凤破秽朱将军、九龙荡秽大神、破秽司、荡秽司、解秽司、除秽司、清河夫人、混浊玉女、壬癸使者、霹雳大神、麻痘奇奇、里社香火、符使功曹等一系列神仙。也许是因为"厌气"种类很多，非哪一路单一的神仙可以全敌，所以就来个"人多力量大"。类似于今天医学中针对不同类型的细菌和病毒，得使用不同种类的抗生素。不过，正如不能滥用抗生素，对"广神仙谱"全朝拜按说也不合规矩，因为"淫祀无福"，但在无法理清的情况下，也是无奈之举。实际上，民间信仰大都属于淫祀，老百姓讲实用，也不管那么多规矩，见到可能有用的神就拜。

　　解决了香火和健康问题，接下来需要考虑的就是生产、生活问题。风雨雷电神的祭祀属于官方祭祀，民间更重视对于雨神的崇拜。徽州民间崇拜的雨神当然也包括龙王之类的，但有一位特殊的功能神就是泗洲大圣。如图2-28所示的《疏稿》（张孝进藏）收录了民国二十三年（1934）休宁县珰溪祈雨的疏文，祈求的对象正是泗洲大圣。其文曰：

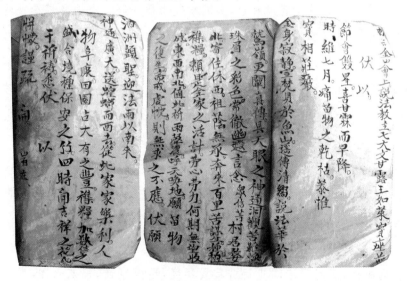

图 2-28　疏稿

　　伏以节会双星，喜甘霖而早降；时维七月，痛苗物之干枯。恭惟宝相庄严，金身寂静。宣梵贝于鱼山，遥传清响；说法华于鹫岭，更阐真传。具天眼之神通，洞观苦难；焕珠眉之彩色，常彻幽遐。言念众信等村居婺北，寄住休西。祖荫无承，奔来百里苦谋生；种植杂粮，赖是全家之活计。劳心劳力，何期无望收成；东西南北，值此祈雨声浓。呼天唤地，愿苗物之复生；斋戒虔忱，则无求之不应。伏愿，泗洲显圣，迎法雨之南来；神通广大，送蝗螂而西去。从此家家乐利，人物阜康。田园占大有之丰，杂粮加数倍之盛。合境种保安之竹，四时开吉祥之花。几干祈祷，悉伏以忭懆谨疏。

徽州人崇拜神总体上说习惯于"广谱"，像这份文书中只崇拜一个泗洲大圣的比较少见。作者是一位农民，从婺源之北来到休宁之西，以种杂粮为生。时逢干旱，禾苗都干枯了，祈求泗洲大圣施法降雨，使苗物复生，同时祛除害虫，确保粮食丰收。

"水火平安、六畜兴旺"之类的具体问题也有功能神，居家过日子顺顺当当也有他们的保佑之功，所以，每年除夕时也得一一拜谢。《祈神奏格》里这方面的内容也很全面，这里仅举几例。

除夜谢井神

伏以井涵一鉴，灵通天地之根；水本五行，妙达山川之蕴。仙源莫测，神泽无穷。

今据ムム奉神信士ム通家眷等，涓今ム年腊月岁除之夜，谨备清酌牲仪，特伸拜请北方壬癸水德星君、井脉龙王、井泉土地之神。

一切神祇，悉仗真香，受沾供养。言念ム等卜宅安居，九荷龙神之庇，饮泉凿井，深资地利之源，于埃效报，饮暖不忘，岁暮忽逢，洪恩当谢。

伏以神居壬癸之方，坐镇壬子之位，广济生民，普施润物。朝滚滚而当盈，历万年而有永。日汲汲而不息，亘百世以无穷。兹届岁阑，聊陈菲敬。有酒在樽，满斟三奠。

伏愿龙神拥护，水府宁清。端本澄源，常清而不浊；涤污去垢，长冽而罕泥。钱财旺相于四时，涓涓不竭；利禄流通于八节，源源而来。合家有洁净之风，满门无饥渴之忧。镇火灾而不作，应人求而有余。凡干日用，悉沾濡泽。火化信仪，神慈喜爱。

水井是一家人饮水的源头，自然重要，要澄清而不混浊，尽可能是水质清洌而少含泥沙。主管这方面的有"北方壬癸水德星君、井脉龙王和井泉土地之神"。除了保佑"合家有洁净之风，满门无饥渴之忧"外，最好还能保佑"钱财旺相于四时，涓涓不竭；利禄流通于八节，源源而来"和"镇火灾而不作，应人求而有余"。

水的问题解决了之后，米面供给也要保障。粮食生产涉及的神当然首先是天地风水雷神和社稷之神，收获了之后，在家里还需要贮藏和加工，这就得感谢仓神和碓神。徽州人每逢除夕还要对这些神表示感谢。

除夕谢仓神

伏以乃仓乃积，仗赖神明所司，蒙德蒙功，昭报之礼当尽，兹逢除夕，用答洪休。

今据ΔΔ奉神信士Δ通家眷等，涓今Δ年腊月岁除之夜，谨备清酌牲仪，列在仓前，特伸拜请本仓土地兴旺福德尊神、方隅里域真官、一切神祇，望鉴斯筵，受沾供养！言念Δ等，赖谷资生，敛贮仓库，仗神拥佑，赖粒保全，多沐恩光，特伸叩谢！酒注金色，满斟三奠。

伏愿神聪伊迩，明鉴在兹，旧谷既剩，新谷既升，陈陈相继；仰赖以事，俯赖以畜，盈盈不穷！火盗无侵，鼠虫不害。凡干旦夕，悉仗保扶！火化信仪，惟神受纳！

祈拜的对象是"本仓土地兴旺福德尊神"和"方隅里域真官"。希望"旧谷既剩，新谷既升，陈陈相继；仰赖以事，俯赖以畜，盈盈不穷"和"火盗无侵，鼠虫不害"。总之，这一块事情都仰仗这些神灵了。

除夜谢碓神

伏以饭洁食精，敢饮暖而忘功；神泽无穷，竭涓埃而昭报。既沐四时之拥，易胜一念之忱。今据ΔΔ奉神信士Δ通家眷等，涓今Δ年腊月岁除之夜，谨备清酌牲仪，特伸拜请木碓土地尊神、方隅里域神君、地脉龙神，齐赴香筵，受沾供养。言念Δ等卜基安雉，深资地利之源；广惠斯民，久荷神功之庇。兹逢除夕，聊表芹忱。有酒盈樽，满斟三奠。

伏愿神明昭格，圣德灵通。谷颗成收，毕赖尧天之赐；米粒养生，悉仗神功之庇。财源滚滚而来，利禄生生不竭。特酬今岁之恩，望赐来年之福。凡干旦夕，总赖饼檬。火化信仪，俯垂鉴纳！

崇拜的对象是"木碓土地尊神、方隅里域神君、地脉龙神"。首先是祈求"谷颗成收"，即舂碓过程中少有损失；其次是"米粒养生"，也就是舂出来的米营养丰富（从中可见过去人的认识能力和思维方式）；此外，还希望"财源滚滚而来，利禄生生不竭"。实际上是从碓米过程衍生出来的一种额外的功能。

除夕谢猪栏土地

伏以畜养蕃孳，赖有阴功之相；神人协济，敢忘昭报之忱。值岁月以云终，仰恩光而拜谢。今据ΔΔ奉神信士Δ通家眷等，涓今Δ年腊月岁除之夜，谨备清酌肴筵，恭就栏前，特伸拜请本栏土地福德尊神、土地夫人、采猪娘子、血财旺相神君、驱邪遣瘴神君、守护栏倦使者。方隅禁忌，一切神祇，鉴此香筵，受沾供养。

念Δ畜养豚彘，岁获平安，全仗神功拥佑，实蒙道力保扶。兹值岁除，特伸拜谢。

伏以神功默赞，承朝夕之防闲；圣德阴扶，赖岁时之保佑。糠水无嫌于美恶，长膘尤鹿于丰肥。若非默相之功，易遂和宁之泰。敬竭一忱，酒斟三奠。

伏愿土地垂仁，栏神拥护。血财旺于新岁，头班牛马之形；豚彘盛于明年,杜绝虎狼之害。日无叫跳之声,夜有安眠之庆。长养倍增,每有硕肥之喜;岁月时终,永无灾瘴之侵。谨祷一年,不胜万幸。凡兹畜养,总赖匡扶。火化信仪,惟神受纳!

徽州人崇拜的猪栏土地神包括"本栏土地福德尊神、土地夫人、采猪娘子、血财旺相神君、驱邪遣瘴神君、守护栏倦使者"等,期盼仰伏神的默佑,首先是"糠水无嫌于美恶,长膘尤鹿于丰肥"。换句话说,不管喂的食物是好还是差,都能长得丰肥;其次是保佑家畜免遭虎狼之害,也不会发瘟生病;此外,还要"日无叫跳之声,夜有安眠之庆",也就是不要叫嚷烦人。

第三章　区域性神灵崇拜

徽州民间信仰体系中，最具特色的现象当属丰富多彩的区域性神灵崇拜。祭祀汪华的忠烈行祠遍布全境，以"保安会"、"都天会"为名的太子和张巡、许远崇拜盛极明清，地狱救母的目连深入戏曲和丧葬，神秘、低矮的五猖、五福庙更是无处不在，这些信仰既散发着江南地区的普遍气息，更带有一种浓厚的徽州味道。

区域性神灵崇拜形成的原因有二：一为人类需求之普遍性，一为地域文化之特殊性。二者不同程度的结合，使其达到高度丰富化。人类需求中，总有若干种需求在某一地域更为特殊和迫切。以徽州而言，相对独立的地理环境、世家大族对地方权力的长期干预及复杂的社会经济生活都对彼岸世界提出了较为强烈的要求。能够保全这一地域，代表世家大族在彼岸世界中的地位，满足社会经济生活中主要需求的神灵就会获得特别崇敬，形成区域性神灵崇拜，并进一步在徽州民间信仰体系中占据关键位置。

对于汪华、太子及双忠、目连、五猖等神灵的信仰构成区域性神灵崇拜的主体，对程灵洗、周宣灵王等神灵的崇拜也归于此类。

第一节　汪华崇拜

汪氏为徽州大姓，有"十姓九汪"之称。汪姓显祖汪华因其功绩，不仅受到汪氏后裔的崇祀,也成了徽州各地共同祭祀的地方神,具有祖宗崇拜和土神崇拜的二重性质。

冻国栋、汪柏树、冯剑辉等学者都曾就汪华相关史料作过具体研究。[①]对于崇祀汪华的研究有唐力行以杭州吴山汪王庙为个案,研究宗族、徽商的互动与社会变迁,[②]汪柏树对清末民国歙县瞻淇祭祀王祖汪华展开研究。[③]就宗族与信仰关系的研究有郑小春从汪氏祠墓纠纷中研究明清徽州宗族统治的强化,[④]王宜昌探索汪氏宗族借助汪王信仰强化宗族力量。[⑤]但在具体研究中尚未将汪华的氏族神和地方神角色作明确区分。本书尝试以信徒作为区分的标准,如汪氏宗族后裔将汪华作为祖先来崇祀,则适于作为祖先崇拜来考察;随着历史的发展演变,徽州各地百姓将汪华作为"靖民之神"崇祀,突破姓氏的界限,各姓均参与到祭祀中,汪华实现从人到地方神的转变,这就是本节探讨的重点。

汪华(589—648),字国辅,又字英发,绩溪人,为徽州汪姓第四十四世显祖。隋末大乱时起兵保障六州安全,死后受到徽州各地百姓崇祀,逐渐演化为地方神,成为徽州历史上影响最大的人物之一。徽州一府六县普遍存在祭祀汪华的活动,称之为"汪王祭"、"王祖祭"等,老百姓则把他称作"越国公"、"汪公大帝"、"太阳菩萨"等。

隋末大乱时,群雄割据,汪华起兵,保障歙、宣、杭、睦、婺、饶六州安全,为政明信,远近爱慕,虽然四方大乱,但其境内赖以安全凡十余年。后唐兴,他

---

① 冻国栋:《唐宋间黟、歙一带汪华信仰的形成及其意义》,载《魏晋南北朝隋唐史资料》,2009年,第25期。汪柏树:《新安之神、靖民之神——罗愿〈新安志〉关于汪华的研究》,载《黄山学院学报》,2009年,第2期。冯剑辉:《崇商重文两相济——万安》,合肥:合肥工业大学出版社,2011年,第153—174页。

② 唐力行:《从杭州的徽商看商人组织向血缘化的回归——以抗战前夕杭州汪王庙为例论国家、民间社团、商人的互动与社会变迁》,载《学术月刊》,2004年,第5期。

③ 汪柏树:《徽州歙县瞻淇的王祖祭》,载《安徽师范大学学报》,2007年,第2期。

④ 郑小春:《汪氏祠墓纠纷所见明清徽州宗族统治的强化》,载《安徽大学学报》,2007年,第4期。

⑤ 王宜昌:《明清徽州的汪氏宗族与汪王信仰》,载《宗教学研究》,2012年,第2期。

遣使奉表归唐,避免了又一次血腥的杀戮。早期的正史对其评价颇为负面,称之为战败投降的贼、寇。争议焦点在于汪华归唐是在与王雄诞战之前主动为之还是战而后服。

南宋以前的正史如《旧唐书》、《新唐书》都没有为汪华立传,记载的生卒不详,各个版本也不一致。历史记载也对其持否定态度。唐代李吉甫撰写的《元和郡县志》称汪华为"贼寇",也未记载其是否主动归唐。① 后晋刘昫等撰《旧唐书·高祖本纪》载汪华与杜伏威所遣的王雄诞战败投降,未记是否主动降唐。② 宋欧阳修、宋祁等撰《新唐书·王雄诞传》③中的记述与《旧唐书》一致。宋司马光《资治通鉴》中将汪华称为"贼帅",武德四年(621)"九月……甲子,遣使来降;拜歙州总管"后,十一月败于王雄诞,请降。④

虽如此,汪华死后,却受到徽州民间和官方的庙祀,宋元明清历朝屡受追封,民间广为崇祀,逐渐成为徽州的地方神。汪华生前是英雄是贼寇虽有争议,但他以勇侠闻名并保障了一方安全是历史事实。而其从人到神的过程,更具有研究的价值。在祭祀汪华这一徽州民间信仰中,国家与民众相互影响、相互利用。统治者利用神道设教,以稳定政权、维护统治,是徽州汪华崇拜长期兴盛的助力之一;而民间社会在长期稳定的祭祀活动中,处理宗族内部、宗族之间、地域间的关系,同时传承文化传统。

一、由人到神

汪华由人到神,由氏族神到地方神的过程是错综复杂的,其神化是在漫长的岁月里逐渐完成的。

---

① (唐)李吉甫:《元和郡县志》卷二六,见《四库全书》第468册,上海:上海古籍出版社,1987年,第441页。

② (后晋)刘昫等:《旧唐书·杜伏威传》,长春:吉林人民出版社,1995年,第1432—1433页。

③ (北宋)欧阳修、宋祁:《新唐书》,长春:吉林人民出版社,1995年,第2924页。

④ (北宋)司马光:《资治通鉴·唐纪五》,北京:中国社会出版社,2000年,第2908、2912页。

汪华于贞观二十二年(648)三月薨于长安,永徽三年(652)归葬歙县北七里云岚山。郡人思慕,请立祠纪念,大历十年(775)迁祠庙于乌聊山,号"越国公汪王神",这可被看作汪华称神的开始。第一座祭祀汪华祠庙的出现,说明汪华已被神格化。唐末汪台符在唐天复二年(902)撰《歙州重建汪王庙记》载,"固得父老请建祠堂在厅之西",①据上下文理解应指死后建祠堂祭祀汪华。但在北宋末年,婺源人胡伸撰《唐越国汪公华行状》中载:"而郡人自王入朝,即生为立祠;没,益严奉。水旱必祷,今乌聊山庙是也。"②这里指汪华生前,当地即立有生祠,死后转变为神祠。南宋罗愿《新安志》卷一《州郡·祠庙》记载:"永徽

图3-1 祁门黄龙口汪氏宗族藏清光绪《文溪汪氏支谱》中的越国公像

中,归葬歙县北七里云岚山。郡人思慕,立祠于刺史宅西偏,大历中迁乌聊山,号越国公汪王神。自唐刺史薛邕、范传正相继增葺,他县亦处处有祠。"③亦认为死后立祠。按胡伸的记述,从生祠到神祠的转化更能体现神化的过程。生祠的建立体现了汪华对于徽州地域的恩典被铭记,徽州人通过祭祀增寿作为回报。而神祠则是百姓通过祭祀祈祷将个人愿望赋予汪华,向其提出要求,汪华已被神化为控制自然力量的超人。虽然有矛盾之处,但汪华死后不久,徽州当地已经开始祭祀,这点是无疑的。并且与"唐大历十年(775),刺史薛邕将祠堂迁于乌聊山,屡经刺史薛邕、范传

---

① (南唐)汪台符:《歙州重建汪王庙记》,见《四库全书》第1341册《文苑英华》卷八一五,上海:上海古籍出版社,1987年,第125页。

② (北宋)胡伸:《唐越国汪公华行状》,见程敏政:《新安文献志》卷六一《行实·神迹》,合肥:黄山书社,2004年,第1459页。

③ (南宋)罗愿撰,萧建新等校著:《〈新安志〉整理与研究》卷一《州郡·祠庙》,合肥:黄山书社,2008年,第35页。

正、吴圆、陶雅增葺"的记载是一致的。汪华死后建祠享受祭祀,由人到神是明确的。

而更为特殊的是,汪华后裔遍布徽州,汪华是汪氏宗族共同祭祀的氏族神。因其保障一方百姓而被广为祭祀,这其中汪氏宗族也起到了重要的作用。在漫长的过程中,统治者的意志、地方势力和宗族的努力、民间的崇祀综合作用,使得徽州的汪华信仰更加广布和巩固。

(一)国家意志的倡导

古代中国民间祭祀多如牛毛,徽州地域亦是如此。除了国家认定的正统神祇之外,"非其所祭而祭之"的淫祠不计其数。有功于国家地方者得到国家的认可才可以享受祠祀。南宋以前汪华未受到正史的肯定,《歙州重建汪王庙记》载狄仁杰按察江淮焚淫祠时,越国公祠就曾牵涉其中。但此后唐大历十年(775)、元和三年(808)、中和四年(884)经刺史三迁三饰,表明崇祀汪华得到地方和民众的认同。

从北宋起,代表国家意志的统治者开始对汪华进行赐封,南宋达到了高潮,以至元明清各朝屡经追封。官方的认同和倡导根本上是为了满足自身的政治需要和稳固地方统治,无疑为崇奉汪华大开方便之门,徽州地方官、百姓更是打着皇帝的旗帜大兴祠庙与祭祀。

表 3-1　历代敕封表[①]

朝代	纪　年	帝王	庙额或封号	备注
北宋	大中祥符二年(1009)	宋真宗	灵惠公	赐封之始
	政和四年(1114)	宋徽宗	庙号忠显	
	政和七年(1117)	宋徽宗	英济王	王号之始
	宣和四年(1122)	宋徽宗	加封为显灵英济王	

---

① 据弘治《徽州府志》与《越国汪公祠墓志续刊》辑录。(明)彭泽修:《徽州府志》,明弘治刻本影印,上海:上海古籍书店,1964 年,黄山学院图书馆藏,第 34—35 页;(清)《越国汪公祠墓志续刊》,清光绪刻本,祁门黄龙口汪氏宗族收藏。

续表

朝代	纪　年	帝　王	庙额或封号	备注
南宋	隆兴二年(1164)	宋孝宗	加封为信顺显灵英济王	
	乾道四年(1168)	宋孝宗	加封为信顺显灵英济广惠王	
	嘉定四年(1211)	宋宁宗	改封为昭应显灵英济广惠王	
	淳祐八年(1248)	宋理宗	改封为昭应显灵英济威信王	
	淳祐十二年(1252)	宋理宗	更封为昭应广灵显德英烈王	
	宝祐二年(1254)	宋理宗	改封为昭应广佑显圣英烈王	
	宝祐六年(1258)	宋理宗	更封为昭忠广仁显圣英烈王	
	德祐元年(1275)	宋恭帝	特封为昭忠广仁武神英圣王，改赐庙号忠烈	
元	至正元年(1341)	元顺帝	改封为昭忠广仁武烈灵显王	
清	咸丰七年(1857)	清文宗	加尊号襄安	

不少汪氏族谱将此记录下来以显荣恩。南宋时还对汪华的直系亲属——父母、祖父母、妻、八子进行加封。明太祖洪武四年(1371)大正祀典，凡昏淫之祠一切报罢，徽之所存惟越公及陈将军程忠壮公二庙，改封唐越国汪公之神，命有司春秋致祭，并下诏保护汪王庙宇，"毋得于内安歇，损坏屋宇，斫砍树木，拴系马匹，牧养牲畜，非理作践"。① 中央政府组织撰修的《明一统志》《清一统志》也改变了历代统治者对汪华的看法，吸收了罗愿、汪克宽等人的观点，高度评价汪华的历史功绩。这些都推动了民间崇祀汪华的风潮。

(二)地方势力和宗族的努力

汪王信仰的流行还得益于地方势力和汪氏宗族的支持。建庙祭祀汪华最早就是从地方开始的，唐大历十年(775)刺史薛邕将祠堂迁于乌聊山，是为忠烈庙，元和三年(808)刺史范传正将其迁于南阜，中和四年(884)刺史吴圆重修祠宇。其后漫长的岁月里，历经朝代更迭，成为以地方官为首的地方势

---

① (明)彭泽修：《徽州府志》，明弘治刻本影印，上海：上海古籍书店，1964年，黄山学院图书馆藏，第34页。

力修建、维护的重点。明洪武九年(1376),知府张孟善、宁御千户张典等重建寝楼,弘治九年(1496)僧正晓、景祥请知府祁司员重建钟楼。清康熙十年(1671)知府曹鼎望、乾隆三十六年(1771)知县张佩芳先后重修,咸丰年间被毁,同治二年(1863)湘军伍彩胜等重建。各县忠烈行祠不胜枚举,较著名的,如在歙县棠樾的,为南宋景定四年(1263)鲍氏请立庙;在新馆处,为明成化六年(1470)里人汪斯端等告官重造。休宁古城岩忠烈庙,明弘治十二年(1499)庙毁,知县翟敬命里人张用伦等处置,助僧惠端重建。婺源大畈的汪王庙为明成化间远孙济凤、德敬、希鉴,及封刑部主事菜率族人移建。祁门忠烈行祠,在祁山之阳,元皇庆癸丑(1313)县尹薛居信建。绩溪登源忠烈庙乃北宋太平兴国五年(980)知县事范阳、卢远始建,南宋绍兴二十九年(1159)知县事曹训重修,宝庆丁亥(1227)邑尉汪裴赞、里人吴烜等重修,明洪武丙辰(1376)知县李芳重修神光楼,嘉靖庚申(1560)知县郁兰重建。这仅仅是其中很小的一部分,名目繁多的忠烈庙、汪王庙、忠烈行祠之外,还有散落汪氏宗族聚居村落的庙宇、祖祠,以及附于其他寺院之类,除了汪氏宗族后裔的倡修外,很多赖于地方官和多位异姓宗族的振臂高呼,显见汪华已远远超出了氏族神的范畴,成为徽州各地各姓共同祭祀的神灵。

图3-2 休宁徐双全收藏牌匾

在为汪华正名、推动其神化的过程中,有4份文献非常重要,产生了深远的历史影响。第一份是唐末汪台符于唐天复二年(902)撰《歙州重建汪王庙记》,这是有记载的最早对汪华作出的正面评价。此文为汪华正名,对其起兵、归顺、效忠等给予高度评价,记叙了徽州民间和官方祭祀汪华从唐代就开始了。因此文年代最远,颇得后世传扬。汪台符,歙州人,晚唐五代文士,这是汪氏后裔为祖宗做出最早的努力。第二份是北宋末年,婺源人胡伸撰《唐越国汪公华行状》,载于程敏政撰《新安文献志》卷六一《行实·神迹》,详细记述了汪华生平和保障六州的功绩。此文对汪华颇为夸大与神化,且与正史及汪台符记述有矛盾之处,但很多徽州汪氏族谱录有这篇行状,以显祖宗神威。第三份最重要,也是比较可信的是南宋歙县人罗愿于宋淳熙二年(1175)撰成《新安志》,为现存徽州最早的方志。罗愿在其中专门为汪华立传,将汪华称作新安之神。结合前两人的记述,考证了汪华的名讳、姓氏、州望、境土、治所、纳款、官阀、夫人、庙貌、碑记、从祀,重塑了汪华形象,并广为流传,成为此后评价研究汪华的主流观点。其后《明一统志》、《清一统志》、历朝徽州方志或吸收或遵循罗愿的观点。第四份是元代祁门人汪克宽,南乡桃墅人,继承罗愿说法,撰《越国公论》,①为汪华翻案正名,亦为翘楚。以此四人为代表的徽州士人,大多通过科举跻身仕途,在朝在野都具有深远的影响力,有的即使未进仕途,亦为乡野仰仗的文士大夫,把持着基层的实际权力,可谓掌握话语权的政治、文化、经济精英阶层。正是这样一些活跃分子积极宣传为汪华翻案正名,担负着上传下达的沟通作用,一方面为统治者搭好台阶,致力于崇祀汪华得到官方的认同,获得合法合理的地位,另一方面扩大汪华的社会影响和认知度,以祀典为代表的礼仪是由士人所掌握的,民间的祭祀也是在这些读书人的引导和主持下开展的。

宋代是汪华造神的高潮阶段。在宋代,"上至州县,下至闾巷村落,无不各有神祠",民间祭祀成为一种风气。北宋末年地方官员请求朝廷赐封神祇,获得国家的认可,就可列于正祀之列,已逐渐普遍化。其目的一方面在于将中央政权的赐封作为自己的政绩,另一方面通过此举拉拢地方势力的支持。宋大中祥符二年(1009)二月五日知州方演为请追封汪华为灵惠公作申状。②乾道二年(1166)间,徽州申据祁门县申士庶程指南等状,请求赐封汪华。③

---

① (元)汪克宽:《环谷集》卷三《越国公论》,见《四库全书》第1220册,上海:上海古籍出版社,1987年,第675页。
② (民国)汪家煜:《山前汪氏续修谱》卷二《唐越国公奕世合属荣封》,民国三十八年(1949)刻本,黄山学院图书馆藏,第30页。
③ (清)汪志琦:《新安歙邑西沙溪汪氏族谱》卷三《小传》,麟书堂藏版,清康熙四十七年(1708)修,清道光二十九年(1849)补刊,黄山学院图书馆藏,第17页。

乾道五年(1169)六月汪华夫人钱氏被追封为灵惠夫人,就是因为知州郏为恳求赐封申状。① 这些赐封都是国家意志在地方势力的要求下作出的回应。中央政权旨在争取徽州百姓的支持,稳定地方的社会秩序,巩固其统治。地方势力顺应民心,其实也试图获得汪姓——这一徽州大姓宗族之一作为靠山,协助政令的推行。

图3-3　2015年3月8日绩溪余川汪华诞辰祭祀神像

祁门黄龙口汪氏宗族收藏的文书《越国汪公祠墓志续刊》②卷上载有清咸丰七年(1857)钦奉恩旨加封全卷,忠实还原了清咸丰年间各级官员层层申请,从而获得帝王封赐的整个过程。咸丰年间,正是太平天国运动如火如荼之时。太平天国运动对徽州基层社会经济造成极大破坏。徽州人将其称为长毛贼,极为痛恨,凡过境处,村落毁于一旦,这也是导致徽商衰落的原因之一。当时在徽州府治发生了神异现象,长毛贼入侵歙县乌聊山忠烈庙附近时,汪华化身白衣神人,身长丈余,手挥巨刃,兵马护拥,助战靖民。在篁墩的

---

① (民国)汪家煜:《山前汪氏续修谱》卷二《唐越国公奕世合属荣封》,民国三十八年(1949)刻本,黄山学院图书馆藏,第38页。

② (清)《越国汪公祠墓志续刊》,清光绪刻本,祁门黄龙口汪氏宗族收藏。

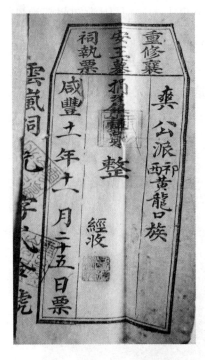

图 3-4 重修襄安王墓祠执票 许琪供图

太平军见程灵洗神像,心生恐惧,并被其警告不可侵犯徽州。咸丰七年(1857)闰五月初九日,歙县地方上声望地位显赫的许琪等人记叙这些神迹,载明程灵洗、汪华均以侠勇武义闻名,保境安民功绩昭彰,屡获封赐,向钦命三品京堂总理徽池等处防剿善后事务的张芾提交咨文,请赐加封及程灵洗之子从祀。后蒙张芾咨文、安徽巡抚福济入奏请加封号。礼部遵旨议奏,于八月十三日查阅了《清一统志》以及各直省志乘所载确认了程灵洗和汪华的生平功绩属实,且为"庙祀正神,实能御灾捍患、有功德于民者",认同地方官员的看法"庙祀有年,史志备载,迭邀佑助,合境获安,核与御灾捍患之例相符"。于八月二十三日上奏,拟按照安徽巡抚赐加封号的请求行事。获得帝王许可后,即由礼部移文内阁,由内阁典籍厅撰拟汪程二神封号字样,进呈钦定,咸丰帝圈出襄安、惠孚的封号。

知悉这个好消息后,清咸丰八年(1858)二月汪氏后裔拟定于四月十六日于云岚山墓祠改题恭悬匾额进行祭祀,告于祖先加封"襄安",邀请各支派参与此盛举。当时拟定的焚黄告文如下:

焚　　黄告文①

维大清咸丰八年岁次戊午孟夏月丙午朔十六日辛酉之辰,裔孙前温州镇总兵士逵,翰林院编修承元,户部主事本炽,举人拣选知县仁溥,举人拣选知县春,举人鋆,颖上县教谕凤池,阜阳县训导毓衡,

---

① (清)《越国汪公祠墓志续刊》,清光绪刻本,祁门黄龙口汪氏宗族收藏。

候选教谕开泰,试用训导可仪等同百拜,谨以刚鬣柔毛、清酌庶馐之仪,敢昭告于皇清敕加封襄安昭忠广仁武烈灵显王,唐使持节,总管歙宣杭睦婺饶等六州诸军事,歙州刺史上柱国,越国公,食邑三千户,四十四世祖国辅公之神前曰:于昭王祖,仁被六州。保邦制治,民免虔刘。有唐肇兴,共球宾服。锡之山川,剖符析玉。使节大郡,宿卫掖垣。屏藩王室,备极尊荣。历宋元明,声灵赫濯。麇寇驱蝗,雨旸时若。封崇八字,爵迈三公。冠裳俎豆,肃庙雍宫。洪惟圣朝,怀柔百神。岁诏有司,防墓荐馨。于昭王祖,子孙千亿。盛德作求,百世享祀。粤氛扰境,鞠旅陈师。神戈指挥,金支翠旗。允奏肤功,大吏入告。加号襄安,天褒默佑。焚黄典重,待赍鸾章。改题崇祀,敬显龙光。于昭王祖,六州福主。风马云车,允保疆圉。左昭右穆,跻济庙堂。恭承宠赉,神格洋洋。谨告。

有此清咸丰七年(1857)钦奉恩旨加封全卷,得以了解请旨加封的整个过程。率先由汪氏后裔联合地方精英发起,地方官积极参与,中央政权顺应民意下旨加封,前后不过五个月的时间。四月焚黄谨告时,祭祀的主导者为汪氏后裔中有声望的读书入仕之人。此为地方势力和宗族在汪华造神运动中作出的切实努力。

(三)神迹的附会

神与人的一个根本区别在于,神灵具有支配和操纵自然世界和人世生活的权能。其不受自然法则的限制,具有主宰自然和人类的特殊意志、智慧和权能。"神通广大"即信徒对神灵能力的美化,日常生活中无法解释的非常事件就成了神灵展示能力的神迹。神迹在神化过程中异常重要,正是有了神乎其神的能力,才使得善男信女更加相信神的无所不能,是神灵存在的最好证据。

而如汪华这种由人转神的地方神,神迹的附会更是伴随始终,可以说,正是历史上的徽州百姓世代相沿共同书写了这位传奇人物,渲染了众多的神话传说。一向严谨的罗愿,亦赞汪华能"出云雨、御灾疠",抵抗天灾人祸。

胡伸撰《越国公行状》可能是最早对汪华做神化、夸大的,广为汪氏族谱所收录。光绪《文溪汪氏支谱》①也收录了这篇文献。汪华之母怀孕时作胎梦,"郑氏梦黄衣年少以长丈余拥五云自天而下",寓意汪华为天兵所降;行军途中天气炎热,士兵马匹皆感口渴,汪华仰天视日,以兵戈指点,凿得泉眼;郡人感念恩德,在刺史厅西为汪华立生祠,待其死后更加严奉,水旱必祷。如此种种,增添了汪华的神秘气息。

宋元明清历朝封赐的缘由更显汪华的神奇之处,如北宋大中祥符二年(1009)请追封灵惠公,是因为地方每逢水旱,或百姓疾患,祷之必应,历300多年深获民众的感戴。宣和四年(1122),镇压方腊起义时,传说汪王暗中相助,因而加封显灵英济王。南宋绍兴二十三年(1153)、乾道二年(1166),"邻邑疾疫大作,罹灾害者不可胜数。邑人相与祈安于王,遂荷其阴相,疾疫不作,民无夭折者,福惠于民彰著"。②甚至还涉及汪华的夫人和儿子,其夫人钱氏"累有灵验实迹,水旱瘟疫盗贼,所求必应",③乾道四年(1168)五月,徽州府遇大旱,禾稼枯槁,地方官员准备祭祀钱氏,还未到达庙宇,即降甘霖,农耕因而得救,秋收有望,否则徽州这种地少人多、仰仗粮食输入之地势必会发生饥荒。还有如前所述,传说清咸丰年间太平天国动乱,汪华化身白衣神人率领军队助战,得以加封"襄安"。

除了官方的记录之外,民间传说更是不胜枚举。庄寿宝著《徽州说鳖之民间故事》记述了10个汪公大帝的灵异故事。传说汪华灵柩回归故里,到达黟县时呈现异象。百姓敲锣打鼓、列队恭迎。这时,天上出现五色祥云,百鸟咸集,方灵仙、胡丽仙乘鹤而至,刘琴骑鹿而来,鸟鸣兽啸,宛如仙乐,簇拥着灵柩来到云岚山归葬。当灵柩落坑之时,仙女在云端歌舞,汪华身着蟒袍玉带,冉冉升空,百姓顶礼膜拜,高呼汪公大帝。其余多是汪华于危难时显灵,

---

① (清)光绪《文溪汪氏支谱》,清光绪十八年(1892)刻本,由祁门黄龙口汪氏宗族收藏。
② (清)汪志琦:《新安歙邑西沙溪汪氏族谱》卷三《小传》,麟书堂藏版,清康熙四十七年(1708)修,清道光二十九年(1849)补刊,黄山学院图书馆藏,第17页。
③ (民国)汪家煜:《山前汪氏续修谱》卷二《唐越国公奕世合属荣封》,民国三十八年(1949)刻本,黄山学院图书馆藏,第38页。

帮助商人、农夫、读书人等虔诚信徒摆脱困境的故事,现身的形象多是红脸或红袍大汉,颇合汪华武官的形象。《西溪文化志》载有一篇《有关忠烈祠石狮的传说》①,传说一天夜里汪华托梦给西溪汪里老族长,说是忠烈祠前的两只狮子赶跑了在西溪河滩地捣乱的龙,回来时饱餐了几只兔子后,就在麦地边睡着了,还得汪华把它们找回来,慌乱中汪华弄丢了一只鞋子,无奈东方已发白,只得先行归位,于是托梦让族长帮忙找回鞋子。第二天一大早,族长去忠烈祠查看,果然汪公神像少了一只鞋子。族长率族人一起去河滩地搜寻,竟然发现鞋子深陷在泥土里。后来人们还给两个狮亭多加了一道围栏,以防狮子再跑出去。

图 3-5　2015 年清明云岚山汪华墓祭

这些灵异的现象、有祷必应的传说一方面寄托了徽州人的美好愿望,另一方面也增添了汪华的神灵色彩,使得汪华神化的形象在百姓心中日益牢固、丰满起来,更加虔诚崇祀。

(四)庙祀的崇兴

官方的封赐、地方的倡导、百姓的崇祀最后都要落实于具体的庙祀之中。

---

① 西溪村文化志编写组:《采白故里——西溪村文化志》,内部图书,2010 年,第 211 页。

汪姓及异姓宗族的徽州人怀揣着一已私愿前往神祠向神灵请愿，期盼神灵显灵满足他们的愿望，祠主已被视作具有能够控制自然与人生进程的超人力量，完成了由人向神的转化。永徽中汪华归葬歙县云岚山后，徽州人就立祠于刺史宅西侧进行祭祀，大历中迁于乌聊山，号越国公汪王神，自唐刺史薛邕、范传正相继增葺。乌聊山忠烈庙为正庙，是最为著名和显赫的一座祭祀汪华庙宇，此外历代各县均建有行祠方便祭祀。乡村僻野之处，村人兴建的忠烈庙更是数不胜数，还有附于寺庙之类的。此外，还有祭祀汪华八子和九子的庙宇。

笔者从南宋《新安志》，弘治、嘉靖、康熙、道光《徽州府志》，乾隆、民国《歙县志》，弘治、康熙、道光《休宁县志》，乾隆、嘉庆《绩溪县志》，道光、同治《祁门县志》，嘉庆《黟县志》、同治《黟县三志》、民国《黟县四志》，民国《婺源县志》[①]中钩沉史料，试图还原这些比较著名的汪华祠庙修建的过程及沿革，同时也可以从时间和空间序列上把握汪王庙的兴废。

---

① （南宋）罗愿撰，萧建新等校著：《〈新安志〉整理与研究》卷一《州郡·祠庙》，合肥：黄山书社，2008年，第35—36页；(明)弘治《徽州府志》卷五《祠庙》，明弘治刻本影印，上海：上海古籍书店，1964年，黄山学院图书馆藏，第34页；(明)嘉靖四十五年《徽州府志》卷十《祀典》，北京：书目文献出版社，1988年，第229页；(清)康熙三十八年《徽州府志》卷八《营建志下·祀典》，台北：成文出版社，1975年，第1114—1115页；(清)道光《徽州府志》卷三《营建志·坛庙》，南京：江苏古籍出版社，1998年，第249—270页；(清)乾隆三十六年《歙县志》卷二《建置志上·秩祀》，台北：成文出版社，1970年，第188页；民国二十六年《歙县志》卷二《营建志·秩祀》，台北：成文出版社，1975年，第229页；(明)弘治《休宁志》卷四《祀庙》，北京：书目文献出版社，1988年，第485页；(清)康熙三十二年《休宁志》卷二《建置·坛祠》，台北：成文出版社，1970年，第288页；(清)道光《休宁县志》卷二，南京：江苏古籍出版社，1998年，第53页；(清)乾隆《绩溪县志》卷五《祀典志·乡祀》，黄山学院图书馆藏复印件，第1页；(清)嘉庆《绩溪县志》卷七《祀兴志·乡祀》，《中国地方志集成·安徽府县志辑》第54册，南京：凤凰出版社，2010年，第457—458页；(清)道光七年《祁门县志》卷九《舆地志·坛庙》，黄山学院图书馆藏复印件，第3页；(清)同治十二年《祁门县志》卷九《舆地志·坛庙》，南京：江苏古籍出版社，1998年，第73页；(清)嘉庆《黟县志》卷十一《政事志·祀典》，南京：江苏古籍出版社，1998年，第363页；(清)同治九年《黟县三志》卷十一《政事志·祀典》，台北：成文出版社，1970年，第422页；(民国)《黟县四志》卷十一《政事志·祀典》，南京：江苏古籍出版社，1998年，第256页；(民国)《婺源县志》卷七《建置四·祀典》，民国十四年刻本，黄山学院图书馆藏，第26页。

据统计,这些地方志所见忠烈庙、忠烈行祠等,歙县 10 座,休宁 6 座,婺源 21 座,祁门 17 座,黟县 12 座,绩溪 13 座。当然历朝方志并不完整,必然有所遗漏,但可以肯定的是各县如歙县乌聊山、休宁古城岩、绩溪登源等处忠烈庙,年代久远、声名显赫,在弘治前大体格局已确定,且历代均有地方官、宗族后裔等屡次修葺。而婺源、祁门、黟县、绩溪从清中期至民国年间增录了不少汪王庙,甚至民国年间还有修建的记载。

(五)国家、地方、民间合力的造神运动

在这漫长的造神运动中,中央、地方、民间合力塑造了汪华地方神的形象,这并不是偶然为之的,三者从汪王祭祀中各取所需。

为什么是汪华、程灵洗之类的人而不是其他人?当然这其中盘根错节的宗族势力是重要的原因。此外,汪华自身也有鲜明的特色。

胡伸在《越国公行状》中刻画了汪华的光明形象,少以勇侠闻名,因爱民之心起兵,平寇有功、有勇有谋、忠肝义胆、崇德尚武,汪华神保安的功用自然不难理解。这样的特点在罗愿手上被精辟地提炼为"靖民",《新安志》描述汪华:"故天下方乱,则以身蔽六州之人;及其粗定,闻真主而遂归之,事合天心,为天所相。"①这也是罗愿要为汪华正名的缘由。汪华起兵是救民于水火,出自真心,顺应天意;汪华主动归唐更要正本清源,方能显其正义,顺乎天命。只有这样一个正义有识之士,方可行顺乎民心、王命、天意之举,否则与隋末割据战败的枭雄有什么区别。罗愿将汪华描述为"起不失正道,始终出于靖民"的国家民族之英雄。这样一个出自正道的汪华不会再像以前那样难于青史留名,反而更加为统治者所接受和欢迎。同时保六州百姓也就有了更丰富的内涵,旱涝瘟疫、人身安全等天灾人害都包含在靖民的范围之内。

历朝统治者大多倚重汪华侠勇、武德的特色,希望通过对其敕封,获得这类代表强大力量神灵的庇护,以壮国威军力。这在遭逢战事、国力衰弱之时

---

① (南宋)罗愿撰,萧建新等校著:《〈新安志〉整理与研究》卷一《州郡·祠庙》,合肥:黄山书社,2008 年,第 40—41 页。

表现得更明显。比如北宋宣和四年(1122),镇压方腊起义时传说得到汪华"阴相平睦寇",而加封显灵英济王。南宋年间越来越长的封号"英烈"、"武神",元代的"武烈"等都彰显了中央政权所寄托的愿望。明洪武四年(1371)明太祖下诏保护汪王庙,缘由是汪华显灵助其攻克城池。清咸丰七年(1857),因在太平天国战争中显灵助战,加封"襄安"。这是"靖民之神"的能力之一,保佑黎民百姓免于战火的侵害,符合汪华生前的形象。

统治者无力面对天灾人害时,亦把希望寄托在汪华身上。北宋大中祥符二年(1009)请追封灵惠公,是因为地方每逢水旱或百姓疾患,祷之必应,历300多年深获民众的感戴。南宋隆兴二年(1164)是因汪王能御灾厉。绍兴二十三年(1153)、乾道二年(1166),在汪华的庇护下,疾疫不作,民无夭折。靖民之神出于爱民之心而能救苍生于水火之中,抵御旱涝、瘟疫等天灾人害,分担了城隍、土地等地方保护神的职责,是汪华靖民特色的自然衍生。

统治者利用神道设教,达到稳定统治的目的。中央政权通过表彰汪华的神迹,意图表现其爱民之心,以争取徽州民心,从而稳定地方社会秩序和中央政权的统治。同时汪氏是徽州当地最大的宗族之一,有"十姓九汪"的美誉,且多与望族联姻,人丁繁盛、势力盘根错节,是强大的地方势力之一。不仅如此,汪氏后裔多读书崇儒,受教育程度较高,有的在朝为官,有的经商成功,有的把持着基层社会的权力,属于徽州地方政治、经济、文化精英阶层,掌握着主流话语权。赐封汪华,是获得最重光宗耀祖的徽州宗族支持的最直接而有效的办法。

地方官员热心于为汪华请求赐封和大力倡导兴建庙祠,祈求当政期间获得"靖民之神"的保佑,将政治清平、风调雨顺、安居乐业的美好愿望寄托于汪华的身上。如宋元丰八年(1085),苏辙任绩溪县令时,瘟疫盛行,在苏辙的率领下向汪华祭拜祈祷,瘟疫竟然消失了。苏辙因此作有《祭灵惠汪公文》[①]感念还愿。和苏辙一样,历朝地方官通过崇祀汪华获得徽州民心和地方势力,

---

① (北宋)苏辙:《乐城集》卷二六,见《四库全书》第1112册,上海:上海古籍出版社,1987年,第282页。

达到了稳定社会的功效,这些利于为政期间的统治管理和政令的推行。

除了捍兵患、御灾厉之外,其靖民的涵义范围还有许多,举凡农业收成、生老病死等等都囊括在靖民的范围之内。徽州各地一岁三祭,虽然具体时间不同,但都合于春祈秋报的时间,和农耕社会的时节是吻合的。二三月春天播种时希望汪公大帝保佑风调雨顺、无病虫灾害;六月抬汪公游田间、观苗禾,祈求丰收、保平安;八月秋熟丰收的时候,当然也要向汪公老爷报告和感恩了。头痛脑热、子嗣平安也归汪华神管理。祁门"忠烈庙祀越国公……愚夫愚妇最畏神明,每遇疾病诚心祷祀,一似神道骤从天降者,虽民智未开亦足见民情之纯朴";[①]柯灵权撰《歙县民间汪华崇仰习俗轶闻》记载,歙县南部唐里一带人家每年春祀时赴汪七相公庙许香愿,祈求子女出痘平安,付100文钱领一张香愿单,香愿单拿回家装入小布袋,缝在孩子衣襟内,日里穿在身上,夜里枕在头下。歙东溪头一带,每年端午节剪茧壳书"王"字贴于男孩额头,表示已收入汪王军队,百毒不得近身。歙南白杨人家,每年九月十三日捉活公鸡一只,提裹粽,带小孩去汪王庙、周王庙拜祭,请掌坛道士杀死公鸡,溅血酬神。回家后将公鸡烧给孩子吃,将裹粽饩送亲友散福,说保孩子一年内不生疮疖。还有求签问吉的,歙东蓝田贵金庵、歙南昌溪忠烈庙汪公座前都设有签筒,涵盖的范围就更加广泛了。

对于汪氏后裔来说,祭祀远祖汪华是以血缘为主要基础的祖先崇拜,维系一村落宗族内部的关系,同时也可以促成各地汪氏支派的团结和协作。而对徽州百姓来说,汪华神超出了血缘的限阈,转变为以地缘为主要基础的地方神明崇拜。徽州各地民间自发的崇祀汪华活动,大多由各村各姓联合举行,每年有专门的会社组织轮流承办。有了这一纽带,相邻地域打交道或发生冲突,也会有相对一致的底线,起到调节异姓宗族和各村落间关系的作用。通过共同的信仰实现地域社会的自我调节与平衡。

汪华信仰是民间信仰中基层民众与国家相互影响、相互利用的一个典型

---

① (清)刘汝骥:《陶甓公牍》,见《官箴书集成》第10册,合肥:黄山书社,1997年,第589页。

范本。国家、地方、宗族、民众在汪华这个地方神的崇祀上进行博弈、合作,从而促成了徽州社会系统的自我调节和稳定平衡的发展。

图 3-6 绩溪上庄汪公菩萨游神看稻 许琪供图

二、汪王信仰风俗述略

早在明代徽州各地就有祭祀越国公、游行迎神的风俗。"歙休之民舆汪越国之像而游云,以诞日为上寿,设俳优、狄鞮、胡舞、假面之戏,飞纤垂髾,偏诸革踏,仪卫前导,旗旄成行,震于乡井,以为奇隽。"①

明代徽州人程敏政等编纂的《祈神奏格》②收录徽州民间祭祀各类神灵的祭文。其中就有专祀汪华的《请越国大帝》。

请越国大帝

伏以,神威赫赫,保障一郡之生灵;圣德巍巍,拯恤六州之老稚。

谨竭下情而恳祷,仰报上圣以遥临。今据ΔΔ奉神信士Δ通家眷

---

① (明)嘉靖四十五年《徽州府志》卷二《风俗》,北京:书目文献出版社,1988年,第67页。

② (明)《祈神奏格》,见胡道静等主编:《藏外道书》,成都:巴蜀书社,1992年,第799—800页。

等,于日谨焚真香,先伸召告门丞土地之神,劳烦受事功曹,先降香筵,受兹忱烟。涓今厶年月日,谨备清酌荤素之仪,仰仗功曹,传忱拜请敕封英烈越国汪公大帝圣嗣九位相公部下将帅吏兵随行侍从,一切威灵,望降香筵。鉴此微忱,受沾供养。伏念惟神,镇守歙邦。兆民得心,血胟□制。邻省强寇,劲敌侵陵。生则忠义,充赛乎乾坤;殁则仁威,清宁夫海宇。名称唐代,灵显皇朝。隆彻号而膺爵封,敕□祀而享血食。当时倚赖,后世尊崇。言念某等,叨生尘世,多沐恩光。于日拜干大造,所陈情旨,按词盖为(某事,听意请)。仰□威灵,俯陈卑悃。祈求道力,望保平安。

  伏以,六州保障,功德并显于乾坤;百世流芳,恩光同曜于日月。遗爱□存,感恩无已。有酒告陈,谨当初奠。

  伏以,寇盗震惊,荡平何分于今古;妖邪□毒,驱除无间于存亡。流泽攸长,酬功间极。有酒告陈,再当亚奠。

  伏以,捍患弥灾,岂昔有怀于时雨;超生度厄,至今犹存于春辉。阴施启佑,默相护持。有酒告陈,谨当终奠。

  伏愿,圣德锡福,英武垂仁。鉴忱心而悃祷,察竭力以拜祈。天赐超拔之仁,广施好生之德。俾佑人康物阜,祈扶业大财丰。琴瑟调和,芝兰茂盛。寿同松柏,福比沧溟。家道胜常,利名发达。凡干动止之中,悉仗甄陶之下。信仪燎献,俯垂鉴纳。

一般汪氏宗族祭祀越国公,称其为"祖"。从上述祭文可见,主持祭祀者自称奉神信士,祭祀神灵为越国汪公大帝以及他的九个儿子等,说明这是崇奉土神汪华的各姓民众通用的祭文。以祭文制式来看,实行三献礼。从内容分析,徽州人信奉汪华,正如前所述,主要是服膺他的武功武德以及灭敌保安的强势神格,祈求汪华保佑家业平安。在徽州,百姓还为汪华的九个儿子各自建庙崇奉,其中比较兴盛且传沿至今的为九相公。这第九子在历史上是否真实存在,尚存争议,但是徽州民间均传说其早夭,崇祀之风较为兴盛。

图 3-7 祁门黄龙村杨家坞九相公庙

请九相公

伏以,香焚馥郁,宝鼎篆烟生福祉;烛燃荧煌,银光华盖起祯祥。祗迎圣驾以光临,谨陈凡情而敷告。今据厶厶奉神信士厶通家眷等,即日焚香,先伸昭告门丞土地之神,劳烦值日功曹,降重香筵,受兹忱烟。涓今某年月日,谨备清酌福筵一会,仰仗功曹,传忱拜请敕封云山崇福衍正尚相公部下侍从,参随神众。望降香筵,受沾供养。伏念,神威显赫,圣化无边。昭昭乎六州英杰,绵绵乎万古芳名。今日苗裔之繁昌,奕世血食之允盛。言念厶等,幸沾德泽,多沐宠光。于日所伸情旨,不为别□,按词盖为(某事,听意请)。仰叩神通,专祈保佑。

伏以,烛燃银台,射五色之光辉;酒泛金卮,飞九霞之□□。深惭菲陋,幸鉴芹忱。谨焚真香,酒陈初奠。

伏以,一方敬奉,严如烈日秋霜;千载尊崇,仰若泰山北斗。人皆感仰,士庶虔忱。再焚真香,酒陈亚奠。

伏以,依仁而行,凤禀聪明正直;奉酒以告,仰祈福祟康宁。自惭疏陋,久籍匡扶。三炷真香,酒陈终奠。

图 3-8 杨家坞九相公佛仙纪念碑

伏愿,神灵默相,圣德潜孚。庇佑人康物阜,祈扶业大财丰。琴瑟调和,芝兰茂盛。寿同松柏,福比沧溟。四时无灾□□□,八节有泰来之庆。老安少怀,无疆纳福。行商坐贾,□□□□。耕则丰稔,读则名登。凡干悃请,□伏骈幪。火化钱仪,惟神喜受。①

从信徒的请求来看,汪华、九相公这类土神与地方神的功能和管辖范围非常相似。他们并不像功能行业神或自然神灵那样掌管某一领域或某一自然现象,更多的是保佑一方民众的福祉,免于天灾人祸,身体健康、功成名就。

汪华在徽州民间信仰体系中居于何种地位呢?《祈神奏格》收录的《解土煞》、《解白虎》祭文中宣授的众神中第一位是府县主城隍福德康济大帝,第二位就是府县主越国汪公大帝。在《请众神》②、《除夜谢众神》③祭文中拜请的前几位神灵排列是一致的:

府县主城隍福德康济大帝　佐佑神司之神
府县主越国公汪大帝　圣嗣云山崇福衍正尚相公
通天都府五显灵官大帝　华光藏菩萨妙吉祥如来
……

从祭文中神灵的排序可见,城隍第一,越国公紧随其后,而且两者都有府县主的称呼。汪华在徽州民间信仰中的地位和功能就相当于城隍神,是庇护徽州一府六县的重要的地方保护神。城隍神列入道教神仙系统中,而徽州人认为越国公汪华是隶属于佛教体系的,流传有抬汪公朝拜九华的风俗和传说。徽州地域虽佛、道不兴,但请众神、谢众神却是佛与仙大联欢,不分彼此,这一方面体现了徽州民间儒、释、道三教合一的趋势,另一方面折射了徽州人

---

① (明)《祈神奏格》,引自胡道静等主编:《藏外道书》,成都:巴蜀书社,1992年,第807页。

② (明)《祈神奏格》,引自胡道静等主编:《藏外道书》,成都:巴蜀书社,1992年,第815—816页。

③ (明)《祈神奏格》,引自胡道静等主编:《藏外道书》,成都:巴蜀书社,1992年,第795—796页。

实用理性的特点,不管是什么神灵,只要灵验,能保佑庇护信徒的都可以崇奉。

清代徽州各地都流传有祭祀土神汪华的风俗。康熙《徽州府志》沿用了明代的记述,并增加注释"歙各乡及休之隆阜最盛,识者曰曷不节费以周其乡之贫乏者",①可见以歙县和休宁隆阜最为兴盛,且迎神赛会的规模和场面极为盛大,花费极多,引起了"有这些钱不如帮助穷人"的非议。乾隆年间《歙县志》记叙歙县正月期间祭祀越国公和程忠壮公诞辰的风俗。元宵节前后两日为灯节,乡间舞烛龙为越国公贺寿,祭祀程忠壮公则是点燃100斤的巨型蜡烛。②

图 3-9　隆阜花台　许琪供图

嘉庆《黟县志》对黟县当地祭祀土神、大兴迎神赛会的风俗做了概括和总结。"俗多联会赛神。汪公华、张公巡、许公远,昔以防御有功德于民。关圣帝、周宣灵王以忠孝为民所奉。康公深则自山右与张公巡为黟人迎归者,丛称张康菩萨最灵显。张公巡为太子舍人,西安糖坊街有宋碑称张巡为三太子。黟人祀张公巡,又祀三太子。城中迎祠山张大帝,云嗜牛肉,见《宋史·范师道传》。凡黟之联关赛会者,或六关或十关,岁时迎送于祠厅,与会者岁合息所出,盛饰仪卫,演剧娱神,饮福受胙,举觯相劳,或用不敷至派丁钱以从事,即借质亦不悔也。"③黟县各地民众极为热衷每年定期联合举行迎神赛会,崇奉的神灵主要有汪华、张巡、许远、关圣帝、周宣灵王等。场面极为热闹,装饰华丽、仪卫前导、旌旗飘扬、演剧娱神娱人、饮酒作乐,再加上围观凑

---

① (清)康熙三十八年(1699)《徽州府志》卷二《风俗》,台北:成文出版社,1975年,第446页。
② (清)乾隆《歙县志》卷二《风土》,台北:成文出版社,1970年,第129页。
③ (清)嘉庆《黟县志》卷三《地理志·风俗》,南京:江苏古籍出版社,1998年,第59页。

热闹的群众,陷入如痴如狂的境地。开销大多来自于摊派,有的人家为了能够筹措经费参与盛事,即使典当质押也在所不惜。

图 3-10　2015 年 3 月 8 日绩溪余川汪华诞辰祭祀礼生敬酒

　　明清时期黟县七都还流传有"游太阳"的风俗,"七都复有游太阳降童之事,尤为不经。游太阳者,岁以六月酷暑之时,凡七都各村各庙神像尽舁出游聚于神位最尊之庙,数日乃还。降童者,游太阳日以庄户童子为之,庄有世巫行术,降神附童子身,踯跳若狂,利刃割额流血至胸,谓之开天门。别煎油大釜,极沸下豆腐,赤手入沸油数取之出俵会众,腐尽而手不灼,左道衺俗。云自明季已然,惟七都有此,它都并无之。"①在徽州民间,老百姓也将汪华称为"太阳菩萨","游太阳"极可能与汪华有关。游神之外,童子降神、刮额流血、赤手入油锅取豆腐更加类于巫术,被斥为旁门左道。徽州各地虽有巫术、迷信等荒诞不经的现象,但是并没有形成风气,黟县也只有七都有此风俗。

　　民国《黟县四志》中就对"游太阳"作了考据。"《三志》载七都有游太阳降童一事,仅述其流,未考其源。按神为汪华。考郡县志及《云岚山志》,汪华封

---

①　(清)同治九年(1868)《黟县三志》卷三《地理志·风俗》,台北:成文出版社,1970 年,第 22 页。

郡土神，自宋已晋王号。黟俗王沿阳音习惯已久，太阳原系大王庙，在霭冈，乃其后裔迁霭岗时所建。后支分远徙，庙圮失修，各村异像崇拜，每岁原聚遗址，以永纪念。元大德正元年间，婺祁蝗灾叠见，祁人迎神驱蝗。七都与祁接壤，农民惧蝗害延及，相率效之。倡斯举者以为思患预防，采用姚崇取火设坑、田祖秉畀炎火之意。先秋十日，既荐新麦于神前，始舁像出游，祈以保苗。童子前驱斧、额割血若方相氏四目，扬盾郁垒神麾斧秉钺者。然神既会集，煎油大釜，辄下豆腐，豆腐一害苗虫之肖像，盖谓螟螣蟊贼，縶彼土神或可歼除殆尽，岁一行之得无蝗害，繇是视为必要，习为故常维持。时会期宣布商贩均于先期制造物品陈列市场，如今之劝业会相类。历岁既遐，传闻失实，质胜则野关于农田之祀事，或其然与，若谓左道衺俗，七都受倪道川先生教育最久，至明季集大同会社延金正希先生主讲，胡竟无出而纠正之者？此蒙所由参考而为之辩证也。欧村亦祀汪王，光绪之季停止出游，以为改良社会之起点。汪村亦旋停办，今则艾坑、玛坑、韩村、楠木岭、李村、考盆，犹循而行之。"①这里的考据证实了"游太阳"确与汪华有关，通过游神行傩驱疫避邪。七都游神聚会的地方就是位于霭岗的大王庙遗址，原为祭祀汪华的忠烈行祠。

游太阳风俗最早源于元大德正元年间，婺源祁门遭受蝗虫灾害，当地人举行祭祀，祈求神灵驱赶蝗虫。而黟县七都毗邻祁门，农民害怕蝗虫传播，纷纷效仿这种迎神驱疫的风俗。最终演变为每年定期举行的游神安苗习俗。童子降神的荒诞行为，实际上是效仿方相氏行傩驱疫避邪，以豆腐象征害虫，用油煎火烧的方式将之驱除。历史上每逢旱涝虫灾，就会祭祀城隍和土地神祈求庇护。游太阳习俗坐实了汪华土神的地位和功能，以游神行傩的方式祈求越国公消灭病虫灾害。游太阳时各村百姓均会聚于此，霭岗周围也形成了热闹的集市。这一风俗在清代末年渐渐式微，但在民国年间仍有村落联合举行。

在汪华故里绩溪也是如此。"（正月十八日至二月）十五日登源十二社，

---

① （民国）《黟县四志》卷三《地理志·风俗》，南京：江苏古籍出版社，1998年版，第26页。

挨年轮祀越国公,张灯演剧,陈设毕备,罗四方珍馐聚集祭庭,谓之赛花朝。其素封之家,宾朋满座,有主人素未谋面者。"每年正月十八日至二月十五日,登源一带的十二个村落轮流主办越国公祭祀,张灯演戏,每家每户准备上好的菜肴贡献给汪公大帝,祭毕各方群众一起享用,称之为"赛花朝"。有的富裕人家大开宴席,来者都是客,认识不认识的都在一起狂欢享乐。中秋节前一晚登源村居民还要赴当地的越国公庙"步月达旦,谓之坐庙"。①

图3-11 2015年3月8日绩溪余川汪华像游神

绩溪登源的"汪公大庙"始建于宋太平兴国五年(980),供奉汪华的坐像、移像。根据当地人的回忆,每年正月十八至二月十五日,登源的汪村、南川、梧村、周村、忠周等12个村轮流举行花朝会。最后一届花朝会是民国十五年(1926)。花朝会于正月十八日(汪华诞辰)开始,先在汪公庙内举行祭拜仪

---

① (清)嘉庆《绩溪县志》卷一《舆地志·风俗》,见《中国地方志集成·安徽府县志辑》第54册,南京:凤凰出版社,2010年,第366页。

式,鸣炮奏乐,宣读祭文,然后请出汪公移像,16人抬着移像游行。游行结束后,汪公像供奉在祠堂中,祭祀仪仗整齐排列在两边厢廊,供品有整只的猪、羊、时新瓜果蔬菜,特别是108碗精选徽式菜肴、面点,用名贵瓷盘碗碟盛装,摆满祠堂正厅,号称"赛琼碗"。与此同时,村中还搭台演戏,聘请休宁老徽班"新阳春"和本县伏岭下"舞狮班"唱起对台戏,演出《火烧连营》、《长坂坡》、《八阵图》等18个京、徽剧目,对台戏演出一直持续到二月十五。① 这和清代的记述是一致的。汪胜忠在《绩溪汪公大庙及花朝会轶事》中追忆,还有一些邻远村庄,如云川、孔岱、横川、松树岭、上舍、黄村、大圹头、隐村、辛田、间坑等村,在花朝过后,开始先后到汪华公轮坐香灯的村,隆重地将汪华公接请到本村,作三至五天或五至七天的临时坐村活动。一路撑旗放炮、锣鼓喧天,并要游田间、观禾苗,谓之安民、安苗活动。沿途村民皆点起香灯举家祭拜。

祁门县也有正月十八祭祀汪华、演戏娱神的传统。② 民间流传的王祖祭更多,歙县有丰瑞里"嬉菩萨"、溪头"游汪公太子菩萨"、瞻淇"十八朝祭",休宁有黎阳"八月靖阳",绩溪有登源"花朝会",黟县有碣头"太子会"。汪王信仰还沿着徽州人的足迹,散布省内外,甚至远及贵州。浙江杭州原有

图3-12　抬汪公　许琪供图

吴山汪王庙,淳安县中洲镇札溪村至今崇祀九相公,贵州省安顺市屯堡至今保留着"抬汪公"的习俗。

歙县溪头地区附近乡村没有建庙的,就在社屋或宗祠后堂供奉汪公及一子的神像、灵位。汪华九子中,一、二、三太子神像极小,四、五、六诸侯无神

---

① 陈长文:《浅谈古徽州的"庙会文化"》,载《黄山高等专科学校学报》,2001年,第2期;汪福琪:《汪华故里　大庙汪村》,载《中国徽学》,2011年5月第1、2期。

② (清)同治十二年(1873)《祁门县志》卷五《舆地志·风俗》,南京:江苏古籍出版社,1998年,第239页。

像,七、八、九相公神像高大,各村只崇祀其中的某一子,如木坑崇奉一太子,溪头崇奉三太子,洪村口金锅岭崇奉七相公,湖岔崇奉九相公,汪岔以及山里大谷运、汪满田崇奉八相公……有些村供奉的汪公父子座前摆放神案、香炉、角杯、签筒、签簿,供人占卜吉凶、祈祷许愿。溪头叶氏每年要择吉日焚烧金银纸,在桥楼下河里"买水"为汪公及太子换洗菩萨衣。溪头地区

图 3-13　2015 年 3 月 8 日绩溪余川汪华诞辰祭祀舞龙

汪公祭于每年农历正月十五至十八日举行,由各村"汪公会"组织。拜祭后抬神像出游,称为"嬉菩萨"。洪村口一带汪公父子同时出游,汪公轿"文而不武",行进平稳;太子(相公)轿"武而不文",行进时左右摆动、上下颠簸,相类于民间杂耍嬉戏。

溪头村祭祀活动则名列歙东四大著名酬神社会活动之一,被誉为"江村朝献"、"桂林社"、"溪头龙灯"、"竦口会"。溪头村汪公父子不同出,却附游社公土地神,行进皆文而不武。正月十三日,叶叙伦堂即挂上 16 只木架大彩灯,有红纱、琉璃、明角、宫灯 4 式,每式 4 只 1 组。社屋内汪公父子、社公座前,祖先灵牌寝室内皆红烛高烧。十四日由社首、族长召集有关人员部署事宜,十五日黎明祠堂即派人绕村一周敲响大开锣,名为"催锣",催人起床吃早饭。待村民在宗祠集合后,举行简单的焚香祭拜仪式,随后抬出太子与社公神像游村。队首是一杆丈余长杏黄色大龙旗,铜饰塔柱式杆顶,旗镶月牙边,两面绣龙,两根长飘带随风飘荡。后随大锣大鼓开道。接着是两面黑色的"清道旗",24 面白底镶黑边的"飞虎旗",两面方形红旗,皆各由两人扛于肩,旗杆上各挂开锣 1 面,并排鸣锣行进。紧接着是两人抬雕花木顶、红漆描金香案。案上放 1 对铜烛台,插两支红绸特制的"龙凤献烛"。香案中间放一只单脚独立铜鸭,一脚缩于腹部,昂首自嘴中吐出檀香。香案后跟着 24 面彩色蜈蚣幡和半副銮驾,即掌扇

1对、铜锤1对、大刀1对、月牙斧1对、朝天灯1对、魁星笔1对。接着是10把大红呢黑缎镶边盖伞。随后是地戏班,以儿童装扮成《八达岭》、《八刹庙》等戏文人物,并有细锣细鼓伴奏。随之而来的是8名身穿长袍马褂的老长辈行香队伍,手执特制四层宝塔式制香。其后是金碧辉煌的太子轿,1柄莲花饰伞顶的杏黄色圆盖伞亦步亦趋。接着是无顶敞篷雕饰精美的社公轿,社公神像的胡须随着步伐节奏一摇一摆,轿后是1柄蓝缎嵌金线、绣万字边的圆盖伞。殿后的是大锣细鼓混奏助威。沿途鞭炮齐鸣,方形利市彩纸片漫天飞舞,观者夹道,如痴如狂。游村一周后回到社屋,准备夜游。

夜游仪仗同于日游,还加进了龙灯等,比日游更为壮观。菩萨轿四周装上红纱框,点上烛火。蜈蚣幡后增加10名儿童撑持10盆竹扎纸糊彩花盆,内点烛映照着栽插的纸花。地戏班改用麒麟送子灯系在化妆成青衣童子者身上,另有4个云雾童子,手执画有云雾的灯笼跟随,押后的是龙灯、鱼灯、竹马。夜游时用松明火篮及竹木、葵花杆火把照明,只见队伍迤逦,灯河涌动,与夜空中的流星、焰火相映照,正是"火树银花不夜天"。夜游村一周后,其他仪仗队簇拥着菩萨轿回到社屋。而龙灯、鱼灯等则游进离村两里的富山寺,在寺前坛上转圈,在大锣大鼓伴奏下尽情欢舞,谓之"转龙潭",象征着鱼龙兴波,以水克火,祈求来年平安、消弭火患。另麒麟送子灯在细锣细鼓伴奏下,到新婚人家献上"送子烛",送上吉祥话祝福。再与龙灯、鱼灯会合后返回祠堂。十六日,太子菩萨归座,改嬉汪公菩萨,日夜游行仪式一如十五日,只是夜游地戏班改扮八仙,每人执1盏灯,灯上画有各自的代表物件,如铁拐李的葫芦等等,4盏云雾灯紧随其后。游村一周后,汪公菩萨先行回社屋,其他队伍还要去村中50、60、70、80、90岁老人家送寿烛,50岁的1斤,每10岁递增1斤,以细锣细鼓吹奏曲牌伴奏,送上吉利话。点寿烛人家要待到蜡烛燃尽方睡,称为"守烛"。该地的龙灯、1930年后竹马失传,1950年后鱼灯、菩萨停嬉。①

---

① 《溪头志》编纂委员会编:《溪头志》,合肥:合肥工业大学出版社,2003年10月,第855—857页。

图 3-14 2015 年 3 月 8 日绩溪余川汪华诞辰祭祀与祭村民及嘉宾分享一品锅

歙县璜蔚自宋代开始为胡氏宗族聚居地。当地的璜坑口有一座横川祖庙，又称"汪公大帝庙"，供奉汪华及夫人、判官、小鬼等木雕菩萨。据传建于唐开元年间，毁于"文革"时期。另有忠护庙主祀九老爷。当地每 10 年要为这些神像革新修容，称之为"菩萨换衣"，最后一次举行是在民国二十九年（1940）。首先要"退神"，请懂术数的先生占卜一个春节后的吉日，到了夜晚悄悄地把忠护庙、水口庙里的所有神像全部搬到汪公大帝庙中，将上次放入神像腹脏内部的动物尸体取出。第二天，放进活的小动物，如小蛇、青蛙、鱼、蟾蜍、壁虎、老鼠、喜鹊、相思鸟等。工匠再用油漆重新装饰，给菩萨穿好袍服、戴好头盔。所有的菩萨换衣必须在四月十五日前完成。农历四月十五日当天，由五管各自带上五色旗、三角旗、蜈蚣旗、銮驾等，点上香火、鞭炮到汪公大帝庙接出焕然一新的菩萨神像，敲锣打鼓抬出游行。队伍由两人擎着两根罗汉竹带领，四面由开道锣、肃静牌、回避牌开道，菩萨随后，每尊都要打上绫罗帐伞。后面跟着 36 件锡制銮驾、20 支大小锣鼓，各管放爆竹的、放天鸣铳的、扛三角龙旗的、扛蜈蚣旗的等等依次随行。一路浩浩荡荡，先在村中游行一圈，再送往忠护侯庙，请上神位。道士做法事请神仙降临，用鸡血点在所有神像额头正中，称为"菩萨开光"，最后是众人礼拜。一直延续三天三夜，爆竹声连绵不绝。期间方圆百里百姓纷至沓来参拜菩萨，同时戏班连唱三天三夜大戏。在祠堂坦上搭台唱京剧和徽剧，冬戏坦、木头雪屋坦、杨高娣坦则搬演小戏。甚至有浙江淳安、遂安等地香客赶来祭拜。还有要饭的、凑热闹的。① 祭祀娱神演变为人间热闹的狂欢。

在休宁黎阳，上黎阳有汪公庙，供奉汪公和他的部将；下黎阳有九相公

---

① 《璜蔚志》编纂组：《璜蔚志》，内部图书，2007 年 10 月，第 233—234 页。

庙,供奉第九子献。"八月靖阳"举行的时间是八月初一至八月十三日,正日在八月十三日,但从八月初一开始,村里几个年轻人夜夜奏笛击鼓,走遍上、下黎阳,叫"打仗鼓"。十一日,清晨有扛着"清道旗",敲着"游逻"的,到上、下黎阳各处通知各户打扫街道,准备迎神。下午,以

图 3-15　黎阳仗鼓　许琪供图

每尊神像为一班,由游逻、蜈蚣旗、三角旗、三眼镜、亮伞、仗鼓组成的队伍,上至小龙山,下过老大桥,整日轮着上路,叫做"出游"。十二日,九相公要游到阜上村粮店,象征性地用袋买些黄豆返回,叫做"买豆"。当晚,所有菩萨,按先锋、任元帅、程元帅、赵元帅、钱将军、二相公、八大帝、九相公、新关帝、老关帝、汪公佬秩序列队,到小龙山祭坛集中,受群众祭拜、烧纸马等。礼毕,"游坛"一圈,各自返回。十三日下午,所有神像都被请了出来,有的坐轿,有的骑马。先在上、下黎阳游上一圈,然后集中到上黎阳汪公庙前的戏台下。汪公和二位坐轿的神像,放在当中,其余骑马的,由先锋带头,绕着圈圈跑,这就叫"跑马"。一共要跑九个圈,每跑一个圈,九相公都要换一件衣服。跑马是整个庙会的高潮,俗话也叫"磨豆腐"。①

以上只是徽州繁复的崇祀汪华风俗的冰山一角,但已展示了当时那种喧闹繁华、人神共娱的场面。其中不少以口述方式流传至今,可能有所夸大及错漏的地方,但通过比较各地记述的异同,还是能够还原出历史上汪王信仰的主要情况。

综观上述史实及口述记载,可以总结出徽州汪华崇拜的性质和特点。

---

① 陈长文:《浅谈古徽州的"庙会文化"》,载《黄山高等专科学校学报》,2001 年,第 2 期;郑示言:《黎阳跑马祭汪华》,载《徽州民俗杂记》,1988 年。

一、汪华崇拜是徽州重要的土神崇拜之一。与其他"引进"的神灵不同，汪华出身于徽州本土，经历了由人到氏族神再到地方神的演变。从史料和口述来看，徽州历史上各地汪华崇祀极为兴盛，不仅建有大庙，而且遍及乡野鄙地。肇始于唐宋，兴盛于明清，民国仍有遗绪。汪华崇拜还伴随着徽州人的足迹"走出去"，远涉浙江、贵州等地。

二、汪华崇拜的地位和功能类于城隍神。汪华崇拜虽于徽州土生土长，却是受到政府许可的正神，不同于淫祀。汪华其人自北宋开始历南宋、元、明、清，受到历代中央政府的敕封。特别是明洪武年间大正祀典，将汪华封为唐越国汪公之神，春秋祭祀。从所引祭文可见，汪华神的地位与功能与城隍神相似，是庇护徽州一府六县的重要的地方保护神。

三、汪华崇拜烙有深刻的农耕印记。汪华神在以"保安"为代表的武神神格外，衍生附加了庇护农事的特点。徽州本土以农耕经济为主，民间祭祀汪华多选在正月十八诞辰前后，亦有于六月、八月祭祀安苗，多与春祈秋报结合起来，带有浓厚的农耕色彩。徽州人认可汪华神的神职主要是保佑风调雨顺、防御旱涝、抗疫灭虫、人康物阜，这些均与农业有密切关系。

四、汪华崇拜呈现出儒、释、道三教融合的特点。在徽州民众看来汪华神属于佛教体系，定期为其更新神像，祭祀汪华时又遵循儒家传统的三献礼等祭仪，谢众神时又是佛、仙共聚一堂。徽州民间纷繁的信仰仪式杂糅了各种文化事象和符号，并不绝对摒弃某种文化和观念。徽州各地崇祀汪华的活动融汇儒、释、道三教，遗留山越的民俗特色，游艺、杂耍、行傩等熔于一炉，如热闹的"嬉菩萨"迎神赛会、黟县七都的"游太阳"等等。

五、汪华崇拜兼具娱神娱人的功能。上述各地特色鲜明的祭祀活动，基本的环节大致为祭祀、游神、演戏、分食。祭祀、游神是为了祈求现实的福祉。演戏、分食名义上是请神灵观赏享用，事实上是与祭民共同分享。比如，闻名遐迩的赛花朝，各家提供祭品供神灵享用之后再由百姓共乐分食之。各地祭祀活动持续时间少则几日，多则半月，到活动高潮之时，一方百姓早就进入了如痴如醉、人神共乐的境界。欢乐喧嚣的迎神赛会兼具娱神和娱人的功能。

这正体现了徽州民间信仰的特点,所有的崇祀均从现实出发,为现世民众生活而祈求。

如此悠久繁盛的汪华崇拜何以在近现代逐渐式微、消亡呢?第一,来自现代生活方式的冲击。汪华信仰打上了深刻的农耕烙印,在现代生活方式的冲击下,丧失了土壤和根基。第二,其倚重的政府支持随着时代的变迁已土崩瓦解。特别是近现代以来,社会制度和意识形态的变化,徽州多数民间信仰消失在历次社会运动中。第三,其赖以生存的宗族文化日渐式微。历史悠久的祭祀仰仗于稳定的经费支持,主要来源于宗族单位组建的会社组织管理经营的公有财产。而新中国成立后,随着土地制度的改革,汪王祭失去了最重要的经济来源。

第二节 张巡、许远诸神崇拜

一、张巡、许远及太子

和汪华一样,张巡、许远同样为真实的历史人物,不同之处在于张、许的史迹原本与徽州无关。

据《旧唐书》、《新唐书》本传记载:

张巡(708—757),字巡,邓州南阳(今河南邓县)人,唐玄宗开元末年考中进士。曾先后任太子通事舍人、清河(今河北清河县西北)令、真源(今河南鹿邑县)令、河南节度副使等官职。

许远(709—757),字令威,杭州新城(今杭州市富阳区新登镇)人,一说杭州盐官(今浙江海宁西南)人。唐代名臣,唐高宗时右相许敬宗曾孙。历仕侍御史、睢阳太守等。

安史之乱时,张、许起兵抵抗叛军。至德二载(757),安庆绪派部将尹子奇率军13万南侵睢阳,张巡与许远率数千人,在内无粮草、外无援兵的情况下死守睢阳,前后交战400余次,有效阻遏了叛军南犯之势,庇护了江淮地区,保障了唐朝东南的安全。二人终因粮草耗尽、士卒死伤殆尽而被俘遇害。后张巡获赠扬州大都督、邓国公,许远获赠荆州大都督,二人同被供奉于凌烟阁。时至明清,张、许又一同从祀于历代帝王庙。

张、许二人身后不久就受到民间崇拜。唐肃宗年间,朝廷为其立庙睢阳,号为"双忠庙"。其后张、许崇拜遍及东南各地,直至海外,供奉的庙宇有"张睢阳庙"、"忠顺庙"、"都天庙"、"东平王庙"等多种称呼。

但与历代官府表彰忠义的初衷不同,民间张、许崇拜的主要功能为祛除瘟疫。原因大概在于古代"大灾之后,必有大疫"之普遍认识,张、许二人乃由忠义之神演化为瘟疫之神,必切于民间实用,这也符合民间神灵崇拜的基本规律。

徽州地处东南,当年亦得张、许保障的恩惠。同时,山林茂密、湿气阴重的地理气候环境又极易造成瘟疫的流行。尽管有新安医术的救治,但在大疫面前,古代徽州民众更多感受到的是自身的软弱和医术的无力。因此,张、许崇拜便在徽州民间得到普及。

根据道光《徽州府志》记载,徽州府治下六县共有主祀张、许二神的祠庙14处,具体如下:

歙县5处,其中张、许二侯庙凡3处,一在岩镇,一在许村,一在黄村新华桥南;双忠祠1处,在潜口;龙车庙1处,在龙岸。

休宁1处,忠烈行祠,在古城岩,祀唐张巡、许远(原文如此,实祀汪华)。

婺源3处,一为张、许二侯庙,在二十四都,一名清流庙;一为张睢阳庙,在凤山查村;还有1处为保安庙,在潢川。

祁门2处,名为双忠庙,一在祁山之阳,一在东石坑口。

黟县1处,名为五侯阁,在二郎桥上,祀张、许二侯,贾、南、雷三将军。

绩溪2处,其中张许庙1处,在九里坑;协忠祠1处,在新西街口。①

道光之后,张、许二人祠庙屡见兴替,其中一些传统徽州方志尚未及收

---

① (清)夏銮:《徽州府志》卷三《坛庙》,台北:成文出版社,1975年,第210—213页。

录,如休宁五城双忠庙。

还应注意到,徽州众神合祀的情况非常普遍,在主祀汪华等神的祠庙里,张、许经常作为配祀同时出现,绩溪暮霞甚至还出现了主祀汪华、张巡、许远的三王庙,而歙县潜川(今属徽州区)双忠庙主殿中亦供奉有汪华诸神。

有神即有祭祀,明代抄本《祈神奏格》中收录了祭祀张巡的祝文:

请真君(生诞通用)

伏以香炷金炉,馥郁满乾坤之内;光腾宝炬,荧煌彻星斗之旁。凡有祷求,必蒙感应。今据乡贯奉神信士通家眷等,于日谨焚信香,先伸昭告门丞土地之神,敢劳值日功曹,先降香筵,受兹忱烟。涓今某年月日,谨备清酌牲素之仪,仰仗功曹,传忱拜请敕封东平忠靖成德景佑张真君,通真威灵三太子、燕铁二大将军,仰望威灵,光临斯席。悉仗信香,受沾供养。

伏念惟神英气凌风,掌善恶之柄,精威贯日,握祸福之权。知天道以卫孤城,为火厉以殄残贼。名称唐代,灵显皇朝。铁面金精,真非常之豪杰;峨冠博带,不世之英雄。握清万里之妖氛,镇肃一方之瘟疫。言念厶登泰生尘寰,蒙洪庇于日于拜于大造。所陈情款投词,盖为(某事,听意请)。仰叩祥通之力,专祈庇佑之方,特伸敷捆,惟祷是从。

伏以神显一朝,功勋恒赫于昔日;名垂百世,忠义显应于今时。生扶社稷之功,殁膺救封之典。酒泛金色,敬陈初奠。

伏以威镇八方,气氛授远离于户宇;神医一宅,祯祥叠见于家庭。恒除邪而度厄,每转祸以成祥。酒泛金色,敬陈亚奠。

伏以铁面雄精,巡察四时之邪疫;铜肝义胆,扫荡八节之妖氛。忠心贯于日月,义气塞乎乾坤。酒泛金色,敬陈终奠。

伏愿神明昭格,圣德流祥。保佑家门清吉,人眷平安。俾命运以光亨,冀星辰而协泰。福基永固,寿算延洪。四时消无妄之灾,八节获有余之庆。应事称心,诸般顺意。琴瑟同和,芝兰并茂。凡干悃祷,悉仗骈幪。下有钱财,火化上献,神慈鉴纳。①

　　这是庙祭和信徒家祭的祝文,可见远在明代徽州地区张、许崇拜已经具有较为广泛的民众基础,对其祭拜也已高度的仪式化。

　　徽州张巡、许远崇拜不仅有固定的祭拜场所,而且产生了专门的信徒组织,名为"张王会"、"保安会"、"神船会"或"车公会",并且定期举办庙会,以祛除瘟疫,保佑一方平安。各地会期不尽相同。歙县潜口为六月初二,歙县呈坎(今属徽州区)为六月二十四,绩溪蜀马为七月十五,歙县磻坑为七月二十,绩溪八都为七月二十三,歙县长陔和休宁五城同为七月二十四,歙县苏村岭为七月二十五,具体地名未知的在民国抄本《双忠庙、张王会底记》记有两次会期:五月二十九和十二月初八。

　　其中,负有盛名的是歙县岩镇(今徽州区岩寺),会期为正月初九,称"上九庙会",是一年中徽州地区各类庙会最早举办的一个,至今仍在当地民众经济文化生活中占有一定位置。我们根据实地调查材料,借一斑以窥全貌,将其简介如下:

　　岩寺上九庙会,会期三天,正月初八开始,初十结束。

　　头天迎神,又称"大王、二王菩萨上阁"。先将双烈庙内张巡、许远等神像沐浴、更换袍服、点光(为神像点祭神牲血),然后将纸扎的张、许及其手下两员大将雷万春、南霁云(俗称"大王、二王菩萨")之神像迎至下街大夫祠内。沿途敲锣打鼓,燃放鞭炮。

　　次日游神。前有鼓锣十对、大小钹十八对和众多龙、凤、虎旗开道,后有黄罗伞帐和几十面杏黄旗、五彩刀旗簇拥,纸扎龙舟行于中。船舱中端坐张巡、许远神像;舟首挺立雷万春将军像,蓝面赤须,狮鼻环眼;舟尾竖立南霁云将军像,红面黑须,竖眉怒目,手持银色长戟。游神队伍要绕镇三周,沿途鸣放硝铳、爆竹,散发利市纸。游神结束后,将神像抬至广惠祠中,供百姓祭拜。

　　第三天送神。即将纸扎的龙舟、神像等神物送至文峰塔下焚化,庙会

---

① (明)程敏政:《祈神奏格·乐卷》,上海图书馆藏明刻本。

结束。

庙会前净街,会期内村民茹素,双烈庙内日夜点香灯,每日和尚依仪做法事。庙会期间,岩寺十里长街人山人海,热闹非凡。

这种盛况一直延续至20世纪50年代初期。

张巡、许远崇拜最大的特色是龙舟或滚车游行。滚车至今流行于黄山仙源、甘棠一带,龙舟则更为普遍。民国十二年(1923)绩溪蜀马请老爷,24个水手用木头扎龙舟,头尾用竹篾扎大王、小王。龙舟36个窗口,每个窗口一个菩萨。五隅菩萨,东隅秦叔宝、南隅盖叔文、西隅薛仁贵、北隅尉迟恭、中隅李世民,还有南雷、五虎上将等,共有几十个。① 其规模较岩寺"上九庙会"更加可观。

做会旨在祛疫,这一功能在徽州民间抄本《禳瘟科》有着非常明显的体现。

该抄本中所记庙会三教合一的特征突出。首请"灯光普照王菩萨"等,然而主请的瘟神中第一位便是"大乘主瘟护国东平忠靖景佑真君"。在《判船文》部分,更以戏曲形式详细叙述了恭请神船的全过程,而坐在船中的主神正是张巡。《东平王出身》部分为张巡、许远二人自白自唱:

> 引 气吐虹霓立大功,忠臣报国震乾坤。不负吾王恩宠德,从后疫鬼杀贼兵。
>
> 自家吾乃张巡、许远是也。只因安乐(禄)山胡寇作叛,绝粮难敌,困守睢阳。感得吾王大唐敕封张巡□□忠靖平王都元帅,许远封为千圣慈副元帅,南霁云、雷万春封为燕、铁二将军。胡朝尹子奇收服,但降封为豪杰先锋。又有护国二先锋。将下兵卒,但有封赠。那是神广大,法力无边。抖擞精神,听俺道来:
>
> 【混江龙】唱 俺只理为国家赤胆忠,

---

① 黄来生,陈丽云:《蜀马村的传统经济、宗族与民间佛教信仰》,载《徽学》,2011年,第1期第158—181页。

白 生则尽忠节义,殁则护国安民,

唱 剿胡群胆丧魂飞,却把奴谩夷扫荡,到如今乐享雍熙。

又白 今则江边已尽,方可太平。不想州邑城隍,奏上天曹,道俺兄弟二人有护国安民之志,赏善罚恶之功。竟着张、刘、赵、史、钟五人之兄弟,多符金阙,检察人间。

唱 遇凶恶剿灭狼亡,为善的兴地赐善祯祥,作恶的惹祸灾殃。

又白 后差二十四气天兵、七十二候瘟神,结成一党,难逢善恶。

唱 就把葫芦而天放。霎时间现五色瘟□。

又白 后来观音菩萨化为劝善太师,太乙真人化为和瘟道士,清和老丈秘教同行。

唱 那匡阜先生推算性命,不害忠良。

又白 军下后来和人答救。禀上主帅,感得三老爷答救可。

唱 为有三老爷发起慈悲之心,把瘟□收尽。四舍人把疫气收藏。又五瘟使者皆回散,敕命回天奏玉皇。

【尾】从今后但愿行者安,坐者乐,众真路路归天阙,保佑出财人口一个个百福祯祥。

【粉蝶儿】玉旨差巡,人统瘟兵,巡游帝京。逢善家名为五福,遇恶者即是瘟神。睢阳城赤心报国,奉玉旨封受东平。张爷爷除灾赐福,许爷爷布德施仁。燕老爷千斤之勇,铁老爷八面威风。老禅师名为劝善,太真人字号和瘟。三太子把瘟□收起,四舍人把疫疠收征。稍子们把蓬帆担起,众水手哟彩声频送。龙舟、轮车归湖出海,保合家大小康宁。从今后永不相侵。

徽州地区张巡、许远的崇拜活动中诞生了多种民间艺术形式,丰富了当地民众的文化生活,留下了一批珍贵的非物质文化遗产项目。《禳瘟科》中的抬龙舟、轮车具有萌芽状态的戏曲特征。休宁的"得胜鼓"、绩溪的"跳五帝"和"破寒酸"也都与张、许崇拜有着密切的关系。

太子崇拜也是徽州地区重要的民间信仰之一,并与张、许崇拜密切相关。

在徽州,尤其是绩溪和黟县境内,太子堂众多,但因为规模较小,历代方志多未收录。道光《徽州府志》记有四处,均在绩溪,分别位于天王寺、太平寺、杨溪口和九里坑,称"通真行祠"。太子崇拜也有专门的信徒组织,即"太子会"。

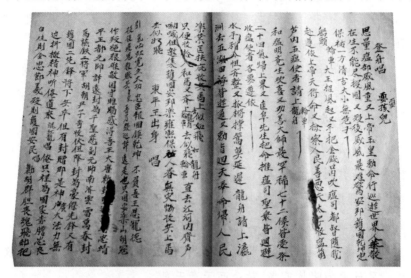

图3-16 清抄本《禳瘟科》

近代著名学者胡适在自传《四十自述》中曾提及绩溪"太子会":

> 我在这九年(1895—1904)之中,只学得了读书、写字两件事。在文字和思想(看文章)的方面,不能不算是打了一点底子。但别的方面都没有发展的机会。有一次我们村"当朋"(八都凡五村,称为"五朋",每年一村轮着做太子会,名为"当朋")筹备太子会,有人提议要派我加入前村的昆腔队里学习吹笙或吹笛。族里长辈反对,说我年纪太小,不能跟着太子会走遍五朋。于是我便失掉了学习音乐的唯一机会。①

然而,关于太子神的身份却颇多争议。徽州民间多以为太子为汪华早夭的九子,嘉庆《绩溪县志》卷七《祀典志·乡祀》以明郡守陆锡明《新安氏族考》

---

① 胡适:《四十自述》,北京:中国华侨出版社,1994年,第211页。

为准,认为太子指唐新安郡王李徽之二子通真、通灵,二人"死武崇烈之乱,国人哀之,为立太子堂"。俞正燮的《癸巳存稿》则认为是唐张巡。所据为:一、明《咸宁县志》云:"通真太子庙在安远门东街,祀唐忠臣张巡,洪武十三年建。有《记》。"二、嘉靖时咸宁胡侍《珍珠船》云:"陕西会城糖坊巷有太子庙,所祀乃唐张巡。庙碑云唐尝赠巡为通真三太子。"三、《山西通志》云:"平阳府晋山书院即三太子祠。"四、《唐书·张巡传》云:"开元末擢进士第……由太子通事舍人出为清河令。"《清末民初胡庆贵办抄本》中有光绪乙酉年(1885)寄云山人吴同书氏所撰《诸神事迹考》和《绩溪庙子山王氏》所持观点与之类似。陶明选《明清以来徽州民间信仰研究》同样力主此说。

然而我们认为,陆锡明《新安氏族考》的观点更能得到民间材料的支持。

清吴梅颠《徽城竹枝词》有言:"通真封号与通灵,三四排行太子神。捍患御灾最灵感,多将香木肖其真。"通真、通灵正与《新安氏族考》所载李徽二子名字相同,民间抄本中的通常称呼为三太子、四舍人。同时,"多将香木肖其真",二人均为孩童形象,与张巡神像有着本质的区别。

流传于徽州地区的清代民间抄本《大王出身记》(张孝进藏)对太子有如下记载:

> (张巡等人殉难后)玉帝就封□□□远公为千圣慈王。雷□□□降下三十六人,皆有封赠。玉帝换开云头观看,安乐山人马,游与满天星斗一包。就差张刘赵史钟五位头目大王下凡,带领二十四尕天兵,三十六旬瘟瘴,七十十二候瘟神,前往胡地放瘟。那安乐山人马尽遭此难了。
>
> 唱 他把乐葫芦开放,
> 唱 放去了,
> 唱 五色瘟瘴。
>
> 又白 后来南分善恶,天下这些百姓亦遭此难。就封唐王弟三子封为收瘟三太子老爷。命大疠魔王抱在怀抱之内。他头带子金盔,身被大红袍,手执方天尺,脚达火龙车,身□乐葫芦,收启瘟瘴。

唱 一个就差太一真人,化为和瘟道士,观音老母化为劝善太司,清和老长化为妙卦童儿,匡阜先生推算年干八字。后来但有天下瘟□,感三太子老爷一到,尽家收启。

唱 感得那太子爷瘟□收启。四舍人,疫疠收藏。

可知太子与张巡并非同一个人,只是因为在祛疫功能上高度重合,又在神会上同时出现,所以产生了误解。

张巡、许远崇拜属于众神崇拜,徽州民众崇拜的是以张、许二人为代表的睢阳殉难群体,甚至还包括了尹子奇这样攻破睢阳的安禄山部将。其中雷万春、南霁云地位尤为突出,被称为大王、小王或铁大将军、燕大将军,

图 3-17 清抄本《大王出身记》

凡祭拜张、许的祠庙,一定同时塑有雷、南神像。神船游行时,二人一在船头,一在船尾,与张、许一道守卫着地方的平安。绩溪大石门,还出现了专门祭拜雷、南二人的双烈祠。

张、许部将中,还有一人叫张卞,同样在睢阳死难。宋政和、乾道间加封王爵,称"忠靖王",歙县洪相山有庙。

二、五通和五猖

五通和五猖是两种起源不同、性质有异,但后期存在合流的民间崇拜对象,二者在徽州地区都曾有着深厚的民间基础。

(一)五通

关于五通的记载始于中唐。施肩吾《寺宿为五通所挠作》:"五通本是佛家奴,身着青衣一足无。"旧题柳宗元《龙城录》曰:"柳州旧有鬼,名五通。余始到,不之信。一日偶发箧易衣,尽为灰烬。乃为文醮诉于帝,帝悬我心,遂

尔龙城绝妖邪之怪。"晚唐郑愚《大沩虚佑师铭》则有"牛阿房,鬼五通,专觑捕,见西东"的内容。从中可知,五通是一种与佛教颇有渊源的鬼怪,有一定神通,可能是佛法中五神通的讹变。

五通这一形象至宋代仍旧深入人心。洪迈《夷坚丁志·江南木客》记载:"大江之南地多山,而俗礼鬼,其神怪甚佹异,多依岩石树木为丛祠,村村有之。二浙江东曰五通,江西闽中曰木下三郎,又曰木客,一足者曰独脚五通,名虽不同,其实则一。"其中独脚五通正与施诗中五通的形象一脉相承。

同样是在宋代,五通形象开始与源于江西德兴的五圣(又称"五显")相混,直至合而为一。江南各地出现了许多祭拜五通的祠庙,并以婺源灵顺庙作为祖庙。五通、五圣合并有婺源、德兴二地临近和作为民间崇拜二者又不乏相似之处等因素,但真正的驱动力则在于通过合并,既保留了五圣信仰,同时又使五通信仰被官方接纳,实现了合法化。从此,在很大程度上,原始的五通形象被传统的五圣形象所代替。

据《三教源流搜神大全》卷二《五圣始末》中《祖殿灵应集》云:"五显公之神在天地间,相与为本始。至唐光启中乃降于兹邑(指婺源),图籍莫有登载,故后来者无所考据。惟邑耆耄口以相传,言邑民王瑜有园在城北偏,一夕红光烛天,邑人麇至观之,见神五人自天而下,导从威仪如王侯状。黄衣皂涤坐胡床呼瑜而言曰:'吾授天命当食此方,福佑斯人……'瑜拜首曰:'惟命。'言讫,祥云四合,神升天矣。明日邑人来相宅……乃相与手来斩竹薙草作为华屋,立像肖貌,揭虔安灵。"

记载中可以明显看到五通、五圣合并的痕迹。"先是庙号上名五通,大观中始赐庙额曰灵顺,宣和间封两字侯……理宗改封八字王号:第一位,显聪照应灵格广济王柴显聪,显庆协慧昭助夫人;第二位,显明昭烈灵护广佑王柴显明,显慧协庆善助夫人;第三位,显正昭顺灵卫广惠王柴显正,显济协佑正助夫人;第四位,显真昭佑灵祝广泽王柴显真,显佑协济喜助夫人;第五位,显德昭利灵助广成王柴显昭,显福协爱静助夫人。"但在《五圣始末》第二部分又记述了婺源人胡升的说法,"或者以为五圣即五通,非正神也。吁,名实不辨,典故不知,徒肆为议论,亦妄矣。"反映出胡升以排斥五通这一鬼怪形象的称呼,为婺源民间信仰争取正宗和合法地位的努力。我们也由此得知,直至《三教源流搜神大全》成书,二者的合并仍未最后完成。

该书又载宣和五年(1123)五位神人被分别封为通贶侯、通佑侯、通泽侯、通惠侯以及通济侯。其后宋高宗绍兴年间(1131—1163)、宋孝宗乾道年间(1165—1174)为五神人围绕"通"字不断加封,后人以此作为五通神称呼的来历,今天看来这不免属于有意无意的误解。胡升有言:"盖本朝政和元年正月诏毁五通及石将军妲己淫祠,至宣和五年我五圣适有通贶等侯之封。前后十余年间,去彼之邪,存此之正。昭然甚明,尚可得而并论之乎。"①

五通继承了五显传统的财神形象,明清时期伴随着徽商的崛起,在整个江南地区迅速传播,苏州成为五通信仰的另一个中心地区。

以大本营徽州而言,道光《徽州府志》记载了15处祭奉五通神的祠庙,称"灵顺庙"或"五显行祠"。具体分布如下:

徽州府1处,在府城东北。

休宁1处,在芝山。

婺源4处,一在城北,一在下槎,一在高安,一在西坑。在城北者即五通祖庙。

祁门4处,一在城东隅,一在新岭下,一在鼓楼岭,一在椰木岭。

黟县4处,一在城隍庙右,一在东岳行祠右,一在县北谢村,一在县东南七里石。

绩溪1处,在徽溪桥头。

此外,祁门有史下二侯祠3处,一在县北隅、一在王村、一在韩村。史、下原为五通部将,同样是五通崇拜的有机组成部分。

五通信仰的经典为《五圣经》,全名《大惠静慈妙乐天尊说福德五圣经》。经文为大惠静慈妙乐天尊为定息真人讲说顶礼五显灵官大帝,诵呪祈福之

---

① (元)不著撰人:《三教源流搜神大全》,民国二十四年(1935)长沙中国古书刊印社汇印本。

法。内述"五圣"名号、神威及信奉此经之功德。谓善男信女诵念尊号呪词,可消灾得福。若遇灾祸,可请正一道士立坛醮祭五帝大元帅,即有福德仙官、善庆童子等下降护卫,消灾赐福。

我们藏有一册《太上五通五显五岳法忏》(张孝进藏)。内容主要为信奉此经的功德,以及涉及的各路神众的名号。忏中称五通为"五通朝王大帝",颇具特色。忏终另有:"一忏神魂上青天,风吹云雾排边行。二忏神魂登宝座,逍遥快乐得成仙。三忏存人德安稳,增延福寿保平安。师众有罪愿消除,是你交钱度神魂。孝子有罪愿消除,是你装香换水人。"可知在五通崇拜中,经忏俱全,祭祀活动具有相对稳定的仪式。

然而,在江浙地区,五通仍旧保持有原始的鬼怪形象,并发展成为淫人妻女的邪神,如《聊斋志异·五通神》所记:"江南有'五通',又称'五通神',多以牲畜修化成精,生性奇淫。或马,或猪,或青蛙,变化千方,来去倏然,不轻易伤人掠财,只喜淫人妻女,为至淫之神也。"因而屡遭官方查禁。最著名的一次为清康熙二十四年(1685),江苏巡抚汤斌上《奏毁五通淫祠疏》,奏请皇帝,禁毁五通祠。汤斌亲自到上方山将五显灵顺庙中的五通神拖下山来扔到了石湖里边。

在徽州本土则有所不同。徽州后期的五通崇拜中,原为五显之一的华光逐渐占据了中心位置,并被道教接纳,成为护法四圣之一,并有了灵官马元帅、马天君、华光天王、华光大帝、五显灵官大帝等称呼,并被附会为佛教的妙吉祥菩萨,频繁出现在民间各类祭文中。

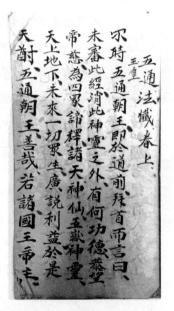

图 3-18 清抄本《太上五通五显五岳法忏》

《祈神奏格》中有《请五显大帝》(即五圣,原注)一文,一定程度上反映了这种转变过程:

伏以香喷烟飘,篆通九天之瑞气;烛燃光腾,影射十极之祥云。

只迎上圣,谨达下情。今据乡贯奉神信士厶通家眷等,即日沐手焚香,先伸昭告门丞土地之神,感劳受事功曹,先将香筵,受兹忱烟。洎今厶年月日,谨备清净素斋之仪,为此仰仗以曹,传忱拜请通天都府五显灵官大帝,华光藏菩萨,妙吉祥如来,座下胡靖一总管,打供高、黄、王三太保,仰望众圣,齐赴香筵。悉伏真香,首沾供养。

伏念惟神,自天而降,卜地而安。显聪明正直德之灵,全仁义礼智信之美。福俗斯民,显应于国。立庙享祀,敕额五通。言念某等叨居凡世,久藉匡扶。即日拜干洪造,所陈情旨、投词,盖为某事听意请,仰叩众圣,专祈保佑。

伏以功侔天地,德配乾坤。受命于天,当入九重之阙;迁居福地,必登万仞之巅。炉香敬爇以存忱,鲁酒敬陈于三奠。

伏愿神明昭格,圣德灵通。仰祈嘉佑,悉伏阴扶。星源巩固,应东井之聚星;寿址益固,比南山之同寿。四时无灾,八节有庆。求名取朱紫如拾芥,觅利积黄白而满赢。烽寇消潜,灾非尽斥。凡干悃祷,悉赐康宁。所有宝券燎贡,伏望圣慈受纳。①

五通管下有众多部从,后来或独立成为民间崇拜对象,或融入众神崇拜之中。《五圣始末》中记有:黄衣道士、紫衣员觉太师、辅灵翊善史侯、辅顺翊惠卞侯、翊应祝顺周侯、令狐寺臣、王念二元帅、打拱高太保、打拱胡百二检察、都打拱胡靖一总管、打拱黄太保、打拱王太保、金吾二太史、赏善罚恶判官等。

华光崇拜的兴盛在一定程度上意味着传统五通形象的衰落。几乎与此同时,五猖崇拜在徽州进入兴盛期。

(二)五猖

关于五猖的确切含义,学术界有着各种不同说法。我们基本赞同王兆乾

---

① (明)程敏政:《祈神奏格·乐卷》,上海图书馆藏明刻本。

先生的观点,"古代有种祭祀,叫'殇',也写作'裼'。《世本·作篇》曰'微始作裼'。即索室驱逐非正常死亡的强鬼……'五猖',当为'五殇'的音转,五殇,即五方之殇鬼",①但要补充的是五猖祭祀原为军傩,祭祀对象为五方阵亡的将士,后演化为祭祀五方普通非正常死亡的强鬼,这与我们接触到的文献资料和田野调查资料基本一致。

五猖信仰相传起于明初,明太祖朱元璋建立明朝后,大封有功之臣,却忘了捐躯的官民,这些战死者的"阴魂"向他诉苦讨功。于是明太祖下旨,令江南百姓,村村建"尺五小庙",阵亡士卒"五人为伍",受百姓供奉。《明史》卷五十载祭祀"旗纛"时"阵前阵后神祇五昌"亦为七位正神之一。

这种传说并不确实。同样是《三教源流搜神大全》,卷三《赵元帅》记其帐下就有"五方雷神、五方猖兵","以应五行二十八宿"。学术界一般认为该书完成于元代,很多内容在宋代以前写成,远早于明太祖时期。结合同书中关于五通的记载,可以看出,五猖和五通有着不同的起源和信仰意义。

徽州地区曾经存在过众多祭祀五猖的"尺五小庙",直到今天,祁门仍保存了10多处。和五通庙一般建于形胜之地不同,五猖庙建在村口、路边,低矮、狭窄,大多供以牌位,或绘制壁画,有塑像的很少。所以尽管数量很多,但不见于方志记载。需要注意的是,现存较大的五猖庙,通常题作"五显行祠",说明传统五通崇拜衰落后,与五猖崇拜产生了合流的趋势,这也是学术界经常将二者混淆的现实原因。

五猖以强鬼祛邪,本质上属于傩祭的一种。其相对原始的形态在祁门目连戏演出中遗存相对完整。

目连戏班演出前要"起猖",也就是祭猖神。由戏班老师傅带领,立下7个牌位,供在村郊。7碗饭、7杯酒、7个蛋、7柱香,1碗大清油点灯。"起词"后,将一只公鸡咬去头,埋在地下,蛋也放入坑内,盖上土,把油灯点在上面,

---

① 王兆乾:《五猖信仰与古代的殇祭》,见麻国钧等:《祭礼·傩俗与民间戏剧——1998年亚洲民间戏剧民俗艺术观摩与学术研讨会论文集》,北京:中国戏剧出版社,1999年,第406—407页。

插一根连枝带叶的青竹杆,然后才回台开始演戏。

上台前还要在台下"跑猖",即由扮演成"五猖"的演员(最少5个,最多25个)手执叉、鞭等法器,跳一种特殊的舞蹈。"跑猖"时鞭炮齐鸣,硝烟四起,与"五猖"狰狞的面貌一起,塑造出一种神秘恐怖的气氛。

全戏演完后,要"退猖",或叫"倒猖"。将"起猖"时所用的7个牌位带到村外烧掉,7个碗也要全部带走。

"起猖"、"退猖"时,最神秘的是"起猖符"和"退猖符"。田野调查中,我们有幸拍到了照片。

"起猖"的祭文称《请五猖文》或《目下祝文》(张孝进藏),内容大同小异,前者节录如下:

伏以,此间土地,神之最灵。为吾关启,不必留停。大五猖,小五猖,威风凛凛,降临坛场。今夜良辰来拜请,降福消灾作主张。有事焚香拜请,无事不敢通闻。奉维大清国江南徽州府黟县厶乡厶里厶社管居住,奉神祈福弟子厶通家眷等,专取厶年厶月厶夜,谨备荤素酒礼之仪,恭就长空之下、草野之中,先焚信香,关启此间土地,里域真官,于日奏事功曹,值符使者。代吾传此信香,一心奉请东方青头五猖神王,南方赤口五猖神王,西方白舌五猖神王,北方黑面五猖神王,中央黄牙五猖神王,三叉路口五猖神王,十字街头五猖神王,乍寒乍热五猖神王,或轻或重五猖神王,移名换字五猖神王,五五二十五路五猖神王,五猖会下随行兵马,官将吏兵。

第一位风猖神王、第二位狂猖神王、第三位毛猖神王、第四位野猖神王、第五位伤猖神王,天下都猖白元帅,上清正乙龙虎玄坛都督赵大元帅,金轮如意和合二将,黑虎大神,斗中音乐府二十四员和合喜神,冲天风火院田宝郭三位大将军,捉缚枷栲四大神将,招财进宝童子,和合利市仙官,五猖部下一切威灵,降赴香筵,受沾供养。就炉信香,一心拜请……

在清抄本《金轮记》(张孝进藏)中则有如下内容：

> 伏以天开黄道，大吉良时，弟子虔诚焚香，迎请风狂毛野伤五洞大猖兵曾(尊)神部下山肖(魈)四野五猖、花果树木五猖、日行千里五猖、时伏千坛五猖、好事多招五猖、恶事远遗五猖、才(财)帛多招五猖、人财顺遂五猖、一方清吉无猖、大小平安五猖、时和岁稔五猖、雨顺风调五猖、千叫千应五猖、万叫万灵五猖、一写二画五猖、三刁(雕)四数(塑)五猖、图形画彩五猖、刻写字碑五猖、披红挂绿五猖、喝彩利市五猖、祈晴恳雨五猖、有求必应五猖、无稻(道)不通五猖，焚香三请，以降来临。美酒开壶，连斟三献。所有启(起)马钱财，用卒焚火化。迎请众位猖兵，伏上龙奘，伏上告夫，伏上人夫，伏上香烟，即刻启(起)马，恳求神告。

从中都可看出五猖的五方殇鬼性质，与五通有着非常大的差别。

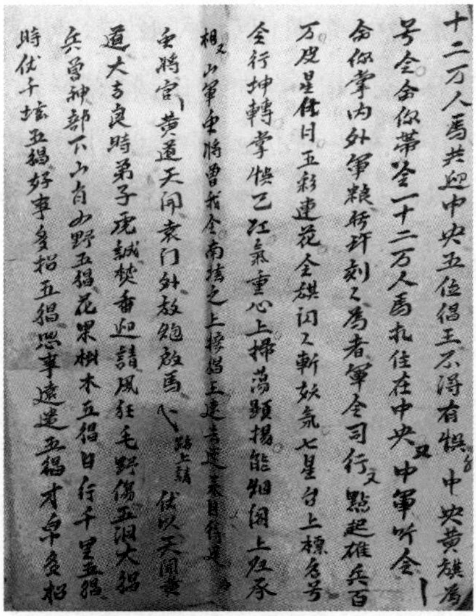

图 3-19 清抄本《金轮记》

在清代，五猖也有庙会，其中海阳五猖庙会规模最大。清徐卓《休宁碎事》卷一引《海阳山水志》所载："县东三百步而南崎曰芝山，上有五显王祠。嘉隆以来，五方居民每年四月朔日诣祠，拈香阄请。俗传拈得一五之神为喜，则不得亦不敢以好恶争竞，惟凭阄定迎出山。择日游行五方，不拘伦序，听其后先。出游之日，旗帜仪仗与王者埒，好事者助台戏，饰以黄白珠翠、火齐木难，务以奇巧为胜。各方稍有省事，群谇挪揄，以此相尚，是所谓赛会也。是日，旌旗蔽日，鼓乐喧天，远近观者，骈集如堵。游毕，令合属地方各户备灯烛火炬送神入山。是夜，火光烛天如昼。祠前建华光楼，旁有五猖庙，四时有祷必应。至岁终,祭以牲醴更多。其神血食有年。旧传芝山祖殿是也。"①

准确地讲,该庙会应该称作"五显庙会",但后来可能因为五通、五猖趋于合流,五猖庙会反而成为更常见的称呼。芝山五显行祠也成为五猖庙的两大祖殿(另一处在休宁古城岩)之一。

五猖属于底层小神,除自身庙会(其实是沿用了祭祀五通的庙会)外,经常作为配角出现在各种大型祭祀活动,如汪公会、张王会中,充当着主神的护卫和祈福祛邪的先锋。

三、目连

(一)目连中国形象的形成

目连源于印度,为佛祖十大弟子之一大目犍连的省称,意译为天抱,有神通第一之誉,古印度摩揭陀国王舍城外拘律陀村人,婆罗门种。与舍利弗同为删阇耶外道弟子,各领徒众二百五十人。后舍利弗因佛弟子阿说示,悟诸法无我之理,并告于目连。目连率弟子一同拜谒佛祖,蒙其教化,时经一月,证得阿罗汉果。此后目连依仗着上天入地的神通,大力弘扬佛法,其功甚伟。因而引发外道嫉恨,最终被害,成为佛教殉教第一人。

在中国,目连为人所知的是其地狱救母的故事,然而现存印度佛经中并无相关内容,学术界通常认为这是佛教中国化的产物。

目连中国形象的形成是一个历史过程。《盂兰盆经》记载了早期的目连救母故事:目连因不忍其母堕饿鬼道,受倒悬之苦,乃问法于佛,佛示之于七月十五日众僧自恣日,用百味饭食、五果等供养十方佛僧,即可令其母脱离苦难。该经奠定了民间中元节的基础,也为目连故事日后的发展奠定了基础。

目连故事在唐代得到了发展,敦煌遗书中目连变文多达十一种,其中《大目乾连冥间救母变文》最具代表性。唐变文中目连有了自己的中国化名字:

---

① (清)徐卓:《休宁碎事》,黄山学院徽州文化资料中心藏清刻复印本。

罗卜,其母也被称为"青提(或靖提)夫人",地狱救母的过程也曲折和丰富起来。

宋代是目连故事发展的黄金时期。孟元老《东京梦华录》卷八《中元节》云:"勾肆乐人,自过七夕,便般《目连救母》杂剧,直至十五日止,观者增倍。"可以推想目连形象得到了极大的丰富。遗憾的是,与之后的金院本《打青提》、元杂剧《目连救母》一样,宋《目连救母》杂剧也已亡佚。

万历年间,徽州剧作家郑之珍完成《新编目连救母劝善戏文》三卷一百出,承上启下,成为此后目连戏剧和目连故事的直接源头。2006年,徽州目连戏入选《第一批国家级非物质文化遗产名录》。

徽州目连戏讲述傅罗卜父亲傅相一生斋僧布道,乐善好施,死后上界成仙。罗卜母刘青提违背亡夫遗嘱,开斋吃荤,以狗肉馒头斋僧布道,因此堕入地狱。罗卜一头挑着佛经,一头挑着母亲骨骸,步行十万八千里,远上西天拜佛,以救度母亲。其后又凭借佛法,历尽千辛万苦,入地狱十殿救母,终获成功,一家人同登仙界。

(二)目连崇拜的祛邪祈福功能

尽管目连在佛教中被称为"神通大孝目犍连菩萨"或"目连尊者菩萨",同时也存在专门的信仰经典《目连经》和《血盆经》,但除祁门栗木目连戏演出时后台供奉"九游十殿目犍连以上大菩萨"之神位外,尚无发现其他偶像崇拜痕迹。无庙、无像、无日常祭拜,目连崇拜将民间信仰的几种最常见的形式近乎彻底地排除在外,然而通过目连戏演出和母亲葬礼上佛教仪式的参与,在徽州地区,目连崇拜形成一种具有自身特色的民间信仰形式。

同其他民间信仰类似,目连崇拜有着强烈的祛邪祈福功能。

徽州目连戏与阳台戏(指京剧、徽剧等普通戏剧)不同,主要内容为地狱救母,是一种神圣的鬼戏,一般只在夜晚演出。演出过程中,上至佛祖、菩萨、玉帝、太白金星,下至十殿阴君、城隍、判官、无常、小鬼,各路神仙鬼怪轮番登场。依据民间观念,稍有不慎,就会给地方酿成灾祸。也因此演化出两种演出形式:"打目连"和"演目连"。"打目连"就是按东家(即请唱目连的村社或人家)所许的心愿,照全部规程演出。重点是仪式丝毫都不能减少,这样才能达成祈福祛邪的心愿,最少要整整三夜才能演完。而"演目连",就不必照所有"套头"全部做到,只拣五本中的主要关目,能将全过程贯穿下来的一些"场头",在一个夜晚唱完就行,又叫"一圈"。从一定意义上讲,"打目连"已经不是一种普通的戏剧,而是一场宏大的民间信仰仪式。

因此,"打目连"具有特定的表演时空,一般只在闰年或地方上发生重大事件如灾难的情况下才会出现,并且严格按照程式进行。其中,有大量禁忌,相当谨慎。

以祁门栗木目连戏班为例,"打目连"时,东家要全村提前十天或一个月斋戒吃素,只在戏班离村后才能开斋。如在本村演出,提前十天,演至刘氏开荤时解禁。斋戒时每家每户门上都要贴上印有"奉神斋戒"字样的符纸,郑重程度可见一斑。

戏班进门,都要"起猖"。戏班出门,都要"退猖"(具体过程参见上节相关部分)。回到台上后,要从《大佛游台》起演。这时,老师傅还要代表东家说出所许的心愿:"ムム县ムム乡ムム里ムム村居住,今许下目连大士菩萨……"等等。其他目连戏班演出的情形大同小异。

如果犯了禁忌,就会发生灾难。比如,在"祭猖"游行的路上,不准讲话,如果谁说了话,就是"犯猖"了,就要运"拶"将他逼倒,致使不省人事。据说,栗木戏班曾在浮梁"猖"倒四五人。[①] 庄严郑重的仪式极大地满足了民众祈福祛邪的心理,达到了普通民间信仰仪式难以达到的接受效果。

目连崇拜的另一重要表现形式为母亲葬礼上延请僧人做相关科仪,为亡母祈福祛邪。佛教徒依据的是《血盆经》和《血湖科仪》。《血盆经》为《佛说大藏正教血盆经》的省称,亦名《目连正教血盆经》。该经为目连崇拜的重要载体之一,经文较短,引用如下:

---

① 高庆橒:《目连艺人王丁发采访录》,见茆耕茹:《安徽目连戏资料集》,台北:施合郑民俗文化基金会,1997年,第99—104页。

尔时目连尊者,昔日往到羽州追阳县,见一血盆池地狱,阔八万四千由旬。池中有一百二十件事,铁梁铁柱铁枷铁索。见南阎浮提许多女人,披头散发,长枷杻手,在地狱中受罪。狱卒鬼王一日三度,将血勒叫罪人吃。此时罪人不敢服吃,遂被狱主将铁棒打作叫声。目连悲哀问狱主,不见南阎浮提丈夫之人受此苦报,只见许多女人受此苦痛。狱主答师言:"不关丈夫之事,只是女人产下血露,污触地神。若秽污衣裳,将去溪河洗濯,流水污漫。误诸善男女,取水煎茶供奉诸圣,致令不净。天大将军刻下名字,附在善恶簿中。候百年命终之后,受此苦报。"目连悲哀,遂问狱主:"将何报答产生阿娘之恩,出离血盆池地狱?"狱主答师言:"惟有小心,孝顺男女,敬重三宝。更为阿娘,持血盆斋三年,仍结血盆胜会。请僧转诵此经一藏,满日忏散,便有般若船,载过奈河江岸。看见血盆池中,有五色莲花出现。罪人欢喜,心生惭愧,便得超生佛地。"诸大菩萨及目连尊者,启告奉劝南阎浮提善男信女,早觉修取大办前程,莫教失手万劫难复。《佛说女人血盆经》,若有信心书写受持,令得三世母亲,尽得生天受诸快乐,衣食自然长命富贵。尔时天龙八部,人非人等,皆大欢喜,信受奉行,作礼而去。

依据经文,谓妇女生育时,血露会触污神佛,死后将下地狱,在血盆池中受苦。延请僧人诵读该经,则可消灾受福。因此效法目连,请僧人诵读《血盆经》,成为祭拜和悼念亡母的最重要的仪式之一。这种诵读甚至能够不限于亡母,贵族妇女在生产后即可举行。《红楼梦》第十五回便有记载,水月庵中凤姐问及"你们师徒怎么这些日子也不往我们那里去"时,净虚答道:"可是这几天都没工夫,因胡老爷府里产了公子,太太送了十两银子来这里,叫请几位师父念三日《血盆经》,忙的没个空儿,就没来请奶奶的安。"遗憾的是,在徽州尚未发现类似的文字记载。

《血湖科仪》则包含了诵经之外的仪式内容。因为科仪依据基本经义,随时、随地而变,所以也有着各种不同的版本流传。《血湖科仪》唱、赞、诵、科俱全,内容相当丰富,基本再现了佛教血湖仪式的全过程。

道教也有相关经典和相关科仪。道教《血湖经》有两种,《太乙救苦天尊说丰都拔罪血湖妙经》和《元始天尊济度血湖真经》。二者均脱胎于佛教《血盆经》,区别在于前者类似佛教《血盆经》,后者篇幅加长至三卷,增入了更多的道教内容。

道教《血湖科仪》称为《正乙灵宝九幽拔罪三口五苦血湖神灯》,内容较佛教《血湖仪》丰富了许多。然而道教血湖仪式的最大特色是实际操作:"破血湖"。

该仪式由二位道士分别扮作目连和刘青提,刘氏蹲在纸糊的血湖池畔,哭唱"十月怀胎苦"。目连肩挑经担,手持锡杖,口诵超度解罪经卷,围绕血湖池转悠。五位灵官掌剑随后,锣鼓伴奏,经声唱和。最后灵官挥剑破掉血湖池,解救目刘氏,再破地狱门,释放孤魂野鬼。

(三)目连崇拜的劝善功能

如前所述,印度佛经目连本无救母的故事,这是佛教中国化的产物。与印度一样,中国同样是一个有着自己高度发达的历史文化传统的国家。佛教要扎根中国,就必须在一些基本观念上发生转变,实现本土化。佛教与中国文化最大的冲突之一是家庭伦理的不同。佛教主张个人解脱,小乘不论,即便以大乘而言,除密宗外,自渡渡人也与家庭无涉。以根本而言,出家本来就是一种反家庭的行为。与之形成鲜明对比的是中国文化讲究家国一体,并将国建立在家的基础上,"求忠臣于孝子之门","百善孝为先",个人对于家庭肩负着巨大的责任,多子多福的生殖崇拜传统又使之进一步强化,每一位身处尘世的中国人都能深刻地感受到这种责任带来的压力。时至今日,民间最恶毒的咒骂用语仍旧是"绝户"和"断子绝孙"。

佛教传入中国不久的东汉末年,来自安息国的僧人安世高就将流传于西域地区的《佛说父母恩难报经》翻译成了汉文,后来又出现了影响更大但被认为伪经的《佛说父母恩重难报经》和《三世因果经》,以及一大批如《地藏经》、

《盂兰盆经》《大乘本生心地观经》等被佛教界认可但教义完全中国化的佛教典籍。上述经典深入阐发佛教孝道，从理论上缓和出家与对家庭尽责之间的冲突，消除佛教传播的文化障碍。关于佛教孝道，阐释得最为通透明白的是明代莲池大师："人子于父母，服劳奉养，以安之，孝也；立身行道以显之，大孝也；以念佛法门，俾得生净土，大孝之大孝也。"将出家修行置于尽孝的最高层次上。同时，也正是莲池，将《佛说父母恩重难报经》直接斥为伪经。可见时至明代，出家与孝道无违已经成为佛教徒的共识，佛教与中国文化实现了无缝对接。

但仅依靠完善教义并不足以取得这一成果，民众更易接收的是阐释的形象化和信仰的实用性，将佛教中劝善行孝思想形象化的这一历史任务就凝聚在了目连身上。

有"东南邹鲁"、"文公故里"之称的徽州地区，是儒家文化最重要的流布区域之一，民间信仰中并不缺乏孝子（孝女）崇拜现象。如歙县，有孝子祠，祀历代孝子；旌表孝子祠，祀明孝子郑泗；有孝女祠和大姑小姑庙，祀章氏二女。按道光《徽州府志》载："大姑小姑庙，在陈村山上，祀唐章氏二女。按章预女，偕母登山采桑，救母于虎口，复终身奉母不嫁，刺史刘赞蠲其户税，改所居合阳乡为孝女乡。"宋罗愿《新安志》还载有孚惠庙，祀东晋信州人石敬纯，以其为父报仇，山为震鸣。更典型者如周宣灵王庙，也称"周翊应侯庙"、"周孝侯庙"，祀宋杭州新城孝子周雄，徽州六县无县不有，仅祁门就达六处之多。

然而，上述孝子在徽州民间的影响均不抵来自异域的目连。徽州目连戏以严格的祭祀程式、神秘的宗教气氛、阴森恐怖的地狱场面为基础，把惊天地泣鬼神的救母过程印刻在民众心上，震撼着他们的每一根神经。对于当时绝大多数民众而言，观看目连戏接受的不是一种戏剧，起码不是一种普通的戏剧，而是一种"善恶到头终有报"的昭昭明示。而刘氏在三殿中"三大苦"（即十月怀胎和三年乳哺、养育成家、死入地狱）大段唱词，倾诉了母亲的伟大和育儿的不易，深刻地感动着民众，从侧面激发了他们投身孝道的自觉和热情。以第一苦为例：

人生莫做妇人身,做个妇人受苦辛。媳妇苦也是本等,且说做娘苦楚与世人听。未有儿时终日望,堪堪受喜上难凭。一月怀耽(胎)如白露,二月怀耽桃花形。三月怀耽分男女,四月怀耽形像全。五月怀耽成筋骨,六月怀耽毛发生。七月怀耽右手动,八月怀耽左手伸。九月怀耽儿身转,十月怀耽儿已成。腹满将临分娩日,许下愿心期保佑,岂知一旦腹中疼。疼得热气不相接,疼得冷汗水般淋。口中咬着青丝发,产下儿子抵千金。炉灰掩时血满地,污衣洗下血盈盆。三朝五日上欠乳,请个乳母要殷勤。痛儿一似身上肉,爱儿一似掌中珍。儿耶儿一日吃娘十次乳,十日百次未为频。衣裳裹儿尿与屎,时时更洗净清清。儿若生疮娘一样,手要动也脚难行。头要梳时梳不得,蓬松两鬓裹包巾。日日抱儿在怀内,难开肉锁重千斤。日间苦楚熬过了,夜间苦楚对谁论。儿要睡时娘未睡,心惊又怕我儿醒。若是夜啼见吵闹,三更半夜起炊灯。左边湿了娘亲睡,右边干的把儿眠。若是两边都湿了,抱儿胸上到天明。这是乳哺三年苦,养子方知父母恩。万苦千辛说不尽,人生莫做妇人身。①

基于因果报应观念,同时又以民众全身心参与的仪式感大大强化着这一观念,目连终于成为了中国民间信仰中至高至上的孝子之神。

四、其他神灵

除前面已经论及的诸神外,徽州尚有众多其他区域性神灵崇拜现象。其中,程灵洗、周宣灵王、李王、方雷、钟馗等神灵的地位尤为突出。在此对资料最为丰富、信仰也最为普遍的程灵洗和周宣灵王崇拜的情况予以介绍。

(一)程灵洗崇拜

与汪华崇拜形成的原因类似,程灵洗同样因为有保境安民之功,同时能

---

① (明)郑之珍:《新编目连救母劝善戏文》卷三,祁门县栗木村藏高石山房原刻本。

够代表世家大族在地方上的利益而成为徽州民众的信仰对象。

程灵洗(514—568),字玄涤,生于新安海宁(今安徽屯溪),南朝梁、陈间人,徽州民间通常以其谥号尊为"忠壮公",《陈书》和《南史》均为其立传。灵洗少以勇力闻,梁时以拒侯景乱,授谯州刺史。入陈,官兰陵太守,以讨伐战功拜都督,郢州刺史,封重安县公,增加食邑至二千户。治军号令分明,与士卒同甘苦,虽节制甚严,而人乐为之用。光大二年(568),程灵洗卒,时年55岁,葬旧宅旁,墓在黄墩。陈追赠其为镇西将军、开府仪同三司,谥号"忠壮"。太建四年(572),诏令配享高祖。南宋嘉定年间(1208—1224),敕建世忠庙,追封广烈侯;元泰定三年(1326),加封为忠烈显惠灵顺善应公。

从本传可知,程灵洗生逢乱世,戎马一生,以军功终获高位,死后配享太庙,倍极哀荣,这成为他后世被奉为神灵崇拜的基础之一。

梁、陈之际新安开发未久,山水大好,但英才尚未辈出。程灵洗是徽州历史上出现的第一位杰出人物,同时他还有保障新安之功,这是他被后世崇拜的最重要的原因。

尚有一次要因素存在。徽州为比较典型的宗族社会,地方政治经济文化等各种权利基本控制在大族手里。程氏为新安世家,历尽千余年地位不坠。程灵洗崇拜在徽州民间信仰的地位本质上是程氏人间地位的彼岸投射,并在一定程度上回馈到现实世界。尽管徽州尚有吴、胡、黄、王等其他大姓,但其代表都缺乏保境安民的巨大历史贡献。最终对程灵洗和汪华两人的崇拜脱颖而出,成为世家大族神权利益的象征。

祭奉程灵洗的祠庙,称"世忠庙",道光《徽州府志》载12处:

歙县1处,在县西南篁墩,该地为程旧宅并射蜃处。

休宁5处,一在汊口干龙山,一在斗山,一在率口,一在蓣天,一在庙山岭。

婺源5处,一在二都,一在龙山,一在金珠,一在凤岭,一在高安。

绩溪1处,在仁里。

对于程灵洗的崇拜以祖先祭祀为主,但并不限于祖先祭祀。《祈神奏格》

中收录了《请忠壮公》一文,反映的就是族外祭祀的情况:

请忠壮公

伏以功施社稷,世忠之颂不衰;泽及生民,凡悃之词谨□。神已降临,情当昭白,今据乡贯奉神信士通家眷等,于日谨焚信香,先伸昭告门丞土地之神,敢劳值日功曹,降赴香筵,受兹忱烟。涓今厶年月日,谨备清酌庶馐之仪,仰仗功曹,传忱拜请忠烈显顺灵惠善应王忠壮程相公、神武威灵程世子、参随侍从,一切神众,悉仗真香,受沾供养。

伏念惟神诛邪辅正,离歙中于沟壑;兴师扶王,登天下于席纫。乔梓济美,忠孝联芳,尤今感仰,奕世钦崇。言念某等托生凡世,久藉匡扶,于日拜于大造,所伸情旨投词,盖为某事,听请云,仰叩神通之力,专祈保佑之方。

伏以丹心耿耿,斗气昂昂。破当年之肝胆,垂奕世之忠心。檀康香焚于宝鼎,初奠酒泛于金色。伏以英灵凛凛,劲节皇皇。标风霜于昔日,揭日月于中天。炉香敢报以再焚,杯洒肃陈于亚奠。

伏以神威赫赫,圣德巍巍。恒回凶而降吉,每转祸以成祥。香焚一炷以通忱,酒奠三巡而尽礼。伏愿神功默赞,降福垂祥,俾合家而康泰,致百事以亨通。经营生殖,一钱变作万钱;布种成收,一子收成万子。读书名登虎榜,求嗣早获麟祥。产业兴隆,财源茂盛,火盗双消,灾非并息,凡干旦夕,总赖匡扶,所有信仪火化,伏惟神慈鉴纳。①

"离歙中于沟壑",明确揭示出了程灵洗崇拜的根源所在。

黄山学院徽州文化资料中心所藏抄本《阴阳文书》所收《篁墩泰山疏式》则更富意味。

---

① (明)程敏政:《祈神奏格·乐卷》,上海图书馆藏明刻本。

篁墩泰山疏式

涓通合家人眷等,是日上干岳造情诣,言念弟子以前告诉,专为ΔΔ名下,命系生于ΔΔ年ΔΔ月ΔΔ日ΔΔ时建生。行庚交ΔΔ岁之上,流年欠利,得染ΔΔ之灾,未获清平,恐防ΔΔ。泰山责罚,冥道嗔呼。三生冤债恐相逢,百结雠仇怕遭遇。于是发心禳度解厄之功,望赐福寿延绵之兆。涓今月良日,修设至于篁墩大梁开府程忠壮相公、合殿诸位众神案前:转限移星,替灾延寿法事一会。仰求道力,介福方来,投丐乞恳增延夫寿算。是故上奉洪恩,下祈清泰。伏愿七十六司消灾厄,六曹案上注长生。专祈庇佑ΔΔ名下,身躬清吉,寿命延长。向也消灾免难,此也增福延龄。明九暗九亦无灾,脱运交运皆利益。自此泰山永不责罚,冥道永无嗔呼。灾厄悉除,人人共增福寿;事事悉得祯祥,全家福庆共沐清平。凡在光中,全叨庇佑。谨以ΔΔ年ΔΔ月ΔΔ日求寿疏文。百拜上呈叩进。

图3-20 清抄本《阴阳文书》

程灵洗竟然拥有了东岳大帝的部分功能,甚至还被直接称为"泰山",这种情况在整个中国民间信仰领域也不是很常见的现象。

不过相对汪华而言,灵洗尽管于梁、陈二代多有征战之劳,一是时间更为久远,二是功业有所不及。因此,除其故乡徽州之外,很少有人供奉。

(二)周宣灵王崇拜

周宣灵王崇拜是近年民间信仰界关注的热点问题之一。周宣灵王名雄,字仲伟,南宋杭州新城(今杭州市富阳区渌渚镇)人。生于南宋淳熙戊申十五年(1188)三月初四,嘉定四年辛未(1211)四月初卒。

根据地方志和当地传说,周雄早年丧父,和母亲相依为命。他一生纯孝,留下了种种孝行的故事。后去衢州经商,遇大风翻船,落水身亡。

周宣灵王最早以孝行立祠,为衢州当地民众祭奠。到后来,演变成了钱塘江水运的保护神,这和他落水身亡有着密切关系。

徽州位于钱塘江上游,周宣灵王崇拜沿江而上,传入徽州。在明清两代,徽州水运极为重要,因此,对于周宣灵王的崇拜也相当普遍,民间甚至有周宣灵王"生在严州,死在衢州,显圣在徽州"的说法。据道光《徽州府志》载,徽州一府六县共有周王庙17处,仅祁门就达6处之多。

但徽州民众对周宣灵王的求祈并不限于水运平安,而是涉及了许多方面,比如,《祈神奏格》收录的《请周宣灵王》一文反映了求祈医药的情况:

请周宣灵王

伏以神威烜赫,施化育于群生;圣德昭彰,布阴功于万姓。有求皆应,无祷不从。今据乡贯奉神信士通家眷等,于日谨焚真香,先伸昭告门丞土地之神,敢劳值日功曹,降赴香筵,受兹忱烟。涓今乙年月日,谨备清酌牲素之仪,仰仗功曹,传忱拜请敕封护国感应周宣灵王、后宫夫人、王吉二童子、朱三判官、乌鸦白蛇二将、天医使者、治病功曹、发药仙师、施药童子、麻痘二大哥哥,一切威灵,仰望光临悉仗真香,受沾供养。

伏念惟神聪明正直,温俭慈仁。泽施当时,救回生于几陨;名垂后世,度灾厄于将危。生显护国之功,残膺敕封之典。当时依赖,历世钦崇。言念某等叨生凡世,多沐洪恩。于日拜于大造,所陈情款投词,盖为某事、听意请,祈伸保佑之方,仰叩神通之力。

伏以神明显应,圣迹昭彰于衢浙;御灾捍患,灵祠安妥于黄坑。遐迩倾心,士民怀德。谨竭微忱,酒陈初奠。

伏以仁恩普济,灵丹救度于灾人;德泽宏敷,妙药能医于患者。恩周天下,惠遍人间。敬竭微忱,酒陈亚奠。

伏以大阐威光，体天上好生之德；诞敷仁爱，拯下民疾痛之恩。巫昭显应，力赐感通。谨竭微忱，酒陈终奠。

伏愿神灵有感，圣德无疆。发降灵丹，无不感仰。救度下民，立能显应。消除灾疾，培植福基。星辰顺度，禄马匡扶。仍祈买卖兴隆，求财遂意。出入舟车，均蒙清吉。往来水陆，悉仗平安。灾非雪散，瑞气云臻。凡有祷求，必蒙惠及。谨奉信仪、袍帽，用伸焚化、上献。伏惟神慈，俯垂照纳。①

黄山学院徽州文化资料中心收藏的一份相关文书反映出的祈求内容更为广泛，几乎接近于无所不包了。

谨奏为江南徽州府歙县上乡沙溪里吴□山前大社管居住，冯叙伦堂支下承首信士弟子众等，奉暨通众出财等，投词窃为本里侍奉勅封护国感应周宣灵王尊神、圣相年久烟尘，发心重饰。幸已完隆。兹乃迎神伏体，开点光明。欲遂通灵，须凭札告。祖师盟证请颁，神灵仰祈照验。即俾出财人户，宥您宥过降福储。祥一境之熙雍，冀四民之乐业。时和岁稔，稼穑丰登。雨顺风烟，永乐雍熙，万载民安。国泰匡扶，社稷千秋。发签签，托梦梦应。祷雨甘霖大沛，祈晴丽日风和。施灵丹而不藏妙剂，救灾死以必起沉疴。求子者保产护胎，即赐麟儿之兆；求寿者延生保命，永扶龙鹤之龄。孩童易育以成人，麻痘关煞而顺递。读书者心聪广记，笔下生花；求名者一举鳌头，荣登金榜。为官者陛进王堂位居极品，户役者公门出入官贵提携。行医者医通灵扁起死回生，堪舆者点穴成龙沙水无差。手艺者营为般般遂意，开张者四方贸易事事亨一通。买卖者经商财货以兴隆陆水船车而顺利，造茶者做出茶色鲜明清香味美。樵薪者动刀弄斧永无虚惊，播种者一子落地万倍全收。人旺财胜，男清女吉。一

---

① （明）程敏政：《祈神奏格·乐卷》，上海图书馆藏明刻本。

方大盗不生，四季瘟□殄灭……俾男者耕耘日旺，冀女者织纴时康……

有所专职，又无所不佑，其实这也是徽州民间信仰诸神灵共同的特征，只不过这份文书反映得更加具体、全面而已。

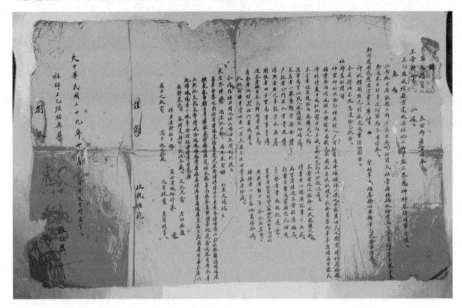

图 3-21　徽州文书《祭周宣灵王文》

第四章　祖先崇拜

　　祖先崇拜是人类最古老的信仰之一。从最早的万物有灵和灵魂不死观念中逐渐演化出鬼神观念,氏族成员认为那些生前掌握权力、作出贡献的族人或首领在死后就会成为执掌赏善罚恶权能的神灵,对其进行崇拜,能够庇护后裔。祖先崇拜的产生是历史发展的必然产物,由氏族的共同祖先崇拜,演化为氏族联合体的共同祖先崇拜,最终出现家庭的祖先崇拜。从民间信仰的角度研究祖先崇拜,较多着眼于少数民族的祖灵信仰及风俗,[①]对汉族祖先崇拜的研究则大多将其视作宗法制度的一部分,主要从祭祀礼制等方面入手,此类研究成果丰富,如冯尔康、常建华等学者的研究。而将汉族祖先崇拜视为民间信仰体系,并将其置于某一典型的相对独立的地理文化单元中,结合田野调查和文书文献,深入而具体地研究汉族祖先崇拜,尚不充分。

　　汉族民间信仰中的祖先崇拜,将祖先灵魂当作崇奉的对象。子孙后代对祖灵既敬畏又依赖,这种敬畏和依赖与其他的民间信仰有所不同,既根基于儒家文化着重现世的尊卑长幼秩序及孝道伦理,同时,又认为祖灵与其他神灵具有相似性,具有赏善罚恶的权能。祖先崇拜得以成立,还在于祖灵的存在是神秘的,权能的显现也是偶然的、不可解释的。由此,祖灵在子孙心目中

[①] 乌丙安:《中国民间信仰》,上海:上海人民出版社,1995年,第130—154页。

具有了神圣性。这种神圣性也体现在祖先和后裔的交往中,子孙处于低等的地位,因此,其不可能采用颐指气使的强制方式——巫术,而只能采用谦卑的崇拜祭祀,包括物质性的祭献和精神性的祈求,讨得祖灵的欢心,求得神灵的庇护和赐福。祖先与其他非亲非故的神灵不同,权能虽然不大,却与子孙后裔有着密切的血缘关系。这使得信徒认为祖灵更容易被讨好,祖灵的权能也主要指向于传宗接代和光宗耀祖的家族延续。

  汉族祖先崇拜的历史悠久,根基于血缘关系,以儒家文化为内核,落实于民间又杂糅佛、道,并受到民风民俗的影响。集中体现祖先崇拜这一信仰的就是祖先祭祀。汉族祖先祭祀既是一种传统的民间信仰,同时又与宗法等级制度紧密联系。家庙祠堂和祭礼的发展体现了祖先崇拜的演变。供奉祖先神主和祭祀祖先的空间场所就是宗庙。早在夏、商、周时期,就有祭拜黄帝、帝喾、鲧、稷等远古祖先的传说。① 根据《礼记》的记载,周代的祭祀制度分为天子、诸侯、大夫、士、庶人五个等级,常建华指出,当时庶民可以在家中祭祀祖、父两代近祖。② 周代的宗庙祭祖制度影响深远,成为历代祭祖庙制模仿的范本。唐代时,五品以上的官员可以设立和延续家庙,自此家庙大量出现。但是经过唐末五代时期的社会动荡后,家庙制遭到破坏。宋代,虽屡经官府的提倡和规定,但因封爵制而庙制不立,士庶大多祭祀于家。北宋时,朱熹在前代《礼记》、《司马氏书仪》等的基础上,博采众长,进行精炼、设计、简省,拟定了一套适用于民间的冠、婚、丧、祭和居家日用相关的礼仪制度,"成为中国封建社会后期的民间通用礼"。③ 在徽州这样一个宗族社会,《朱子家礼》被各宗族奉为金科玉律。南宋时出现了宗祠,不同于唐代的家庙,而是扩展为宗族的祠堂。元代,由于政府疏于礼制,宗族祠堂在民间获得了很大的发展,并且形成了系统的祭祀远祖和近祖制度。此时,徽州就有了大宗祠祭祖的记

---

  ① 钱玄等注译:《礼记·祭法第二十三》,长沙:岳麓书社,2001年,第604页。
  ② 常建华:《宗族志》,上海:上海人民出版社,1998年,第62页。
  ③ 杨志刚:《〈朱子家礼〉:民间通用礼》,载《传统文化与现代化》,1994年,第4期。

载。① 明清时期,民间祭祖更是得到了蓬勃发展。民间祠祭的时间一般为一年春夏秋冬四祭,有春分、夏至、秋分、冬至,或元旦、夏至、秋分、冬至,或元旦、端午、重阳、冬至。历代礼制对于祠庙的规制、祭祀的祖先、牺牲、神主牌等的规定更是繁琐而各异。总体上来看,祭祖权力在不断地下沉、扩大,特权阶层专有的宗庙逐渐演化为庶民的祠堂,祭祀仪式在不断地简化,民间的礼制日益宽松。

按照场所来分,与祠祭相当的墓祭,也充分反映了汉族的祖先崇拜。"故葬埋,敬藏其形也;祭祀,敬事其神也"。② 古不墓祭,三代以上,祭祖并不在墓地举行,而只能向天空招神。据清代史学家赵翼考证,墓祭兴起于春秋战国之际。③ 常建华系统研究了汉代兴起的墓祠祭祖。明嘉靖十五年(1536)以后,由于民间修建宗祠的兴盛,导致墓祠衰落,但是直到民国仍有修建墓祠和祭祀的现象。④ 明清以来,不少徽州百姓无力修建墓祠,因此,以宗族支派为单位祭拜远祖,和以家庭为单位祭拜近祖甚为流行。墓祭的时间,早期有伏祭和腊祭,也有寒食上墓,唐以后,清明扫墓成为各地约定俗成的惯例。

此外还有佛、道与祖先崇拜相结合,于寺观立祠祭祖,这在宋元两代较为盛行,明清时代走向衰落,但并未灭绝。

宋以来,民间的祠祭和墓祭活动,主要发挥着尊祖睦族的功能,加强了宗法制度。汉族祖先崇拜虽将祖先视为赏善罚恶的神灵,却也糅合了儒家的理性思想,是儒家"孝敬"观念的阐扬,在礼制、仪式、祭品上都呈现出"事死如事生,事亡如事存"⑤的特征。祭拜祖先的动机和目的立足现实,祈求祖灵降福于子孙后代。

---

① (元)赵汸:《东山存稿》卷四《知本堂记》,见《四库全书》第1221册,上海:上海古籍出版社,1987年,第281页。
② 章诗同注:《荀子简注·礼论》,上海:上海人民出版社,1974年,第215页。
③ (清)赵翼:《陔余丛考》卷三二《墓祭》,上海:商务印书馆,1957年,第675—677页。
④ 常建华:《宗族志》,上海:上海人民出版社,1998年。
⑤ 章诗同注:《荀子简注·礼论》,上海:上海人民出版社,1974年,第220页。

第一节 徽州祖先崇拜概述

历经西汉末年的王莽之乱、两晋之际的永嘉之乱、唐朝末年的黄巢之乱、两宋之际的靖康之乱,迁入徽州的士家大族聚族而居,在与山越人的竞争中取得胜利。他们既带来了先进的儒家文化传统,也促使了宗族制在徽州扎根繁盛。根基于血缘关系的徽州宗族制度,与祖先崇拜相伴始终。徽州宗族严格恪守尊卑有序的等级制度,极重坟墓祠堂,尊祖敬宗,崇尚孝道,其目的是为了巩固和加强宗族的地位和权力,使得祖先崇拜融入徽州人日常生活的方方面面。徽州祖先崇拜与汉族祖先崇拜的历史发展路径一致,表现出相似的特点,是汉族祖先崇拜的典型代表。

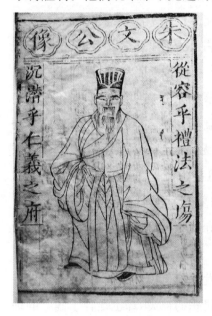

图 4-1 黄山学院图书馆藏《重刻文公家礼》中的朱文公像

宋代以降,徽州作为"程朱阙里",极为尊崇朱子之学。朱熹与徽州人的双向认同,使得徽州人身体力行,"我新安为朱子桑梓之邦,则宜读朱子之书,服朱子之教,秉朱子之礼,以邹鲁之风自待,而以邹鲁之风传之子若孙也"。① 《朱子家礼》成为徽州宗族建设的圭臬,冠婚丧祭以及日常生活皆依《家礼》而行。

明代徽州祭祖即受到徽州人的重视,"歙休丧祭遵文公仪礼,不用释氏

---

① (清)李应乾:《序》,见吴翟辑撰,刘梦芙点校:《茗洲吴氏家典》,合肥:黄山书社,2006年,第3页。

然祭奠颇侈,设层台祖道,饰以文绣,富者欲过,贫者欲及,一祭费中家之产"。① 到了清代康熙年间,"今凡谈禅说法者,至徽全不足重轻",②反映出徽州人对于朱子教导的坚持,同时也反映出民间尚没有形成崇奉佛老之教的风气。但是具体而言,间或还是受到了佛、道的影响。同治《祁门县志》摘录康熙县志云:"丧祭遵文公《家礼》,浮屠间用之,雨露春濡,瞻扫尤谨。然不即为死者营宅,兆亲没厝室以居之,或有覆茅茨致暴露,由信阴阳家拘忌乃迁延未能归土。"③营建阴宅和阳宅时,却又极重视为朱熹所否定的阴阳术数。

徽州祭祖习俗多为祠祭和墓祭。祠祭举族而动,异常隆重。以家庭或宗族为单位,极为重视远近祖先的墓祭。每年惯例有春祈秋报、岁时伏腊、元旦新年等,最重要的是清明节。"宗各有祠祀其先祖,举宗按时而祭,疏者岁再举三举,数者岁四五六举,盖报祖功、洽宗盟,有萃涣之义也焉。远近祖墓,春秋有祭,清明有祭,自唐宋以来,树者封者可无失其故物。近祖祭之于家庙或寝,凡岁时伏腊,生忌荐新,每致其严敬焉"。④"祭礼俗守文公《家礼》,小异大同。祭先以春秋二仲,或亦有举于至日者,殊僭。祭墓于季春,举增封也"。⑤

民国年间许承尧撰《歙事闲谭》,内容涉及徽州"人物、艺文、史事、世风、山川、名胜、掌故、轶闻",几乎涵盖了徽州社会生活的方方面面,为研究徽州习俗提供了重要的史料。其中,《歙风俗礼教考》载:"祭礼,尽遵文公《家礼》,各乡小异大同。家祠祭先,则以春秋二仲,有举于至日者,则僭矣。墓祭最

---

① (明)嘉靖四十五年(1566)《徽州府志》卷二《风俗》,北京:书目文献出版社,1988年,第67页。
② (清)康熙三十八年(1699)《徽州府志》卷二《舆地志下·风俗》,台北:成文出版社,1975年,第444页。
③ (清)同治十二年(1873)《祁门县志》卷五《舆地志·风俗》,南京:江苏古籍出版社,1998年,第238页。
④ (清)康熙三十二年(1693)《休宁志》卷一《方舆·风俗》,台北:成文出版社,1970年,第242—243页。
⑤ (清)道光《徽州府志》卷二《舆地志下·风俗》,南京:江苏古籍出版社,1998年,第164页。

重,曰挂钱,亦曰挂纸。举于清明,标识增封也。族祖则合族祭之,支祖则本支祭之。下及单丁小户,罔有不上墓者。故自汉、晋、唐、宋迄今,诸大族世代绵长,而祖墓历历咸在,无或迷失,执此固也。十月间有上坟之祀,曰送寒衣,亦感霜露之意。"[1]可作为对徽州历史上祭祖风俗的概括和总结。

徽州祖先崇拜集中表现在繁复隆重的祖先祭祀上,明清时期极为鼎盛。常建华、王振忠、卞利、何巧云等学者翔实研究了祖先祭祀的经济基础等内容,着重探索宗族管理的具体实施,以及其对宗族制度和社会控制的作用,而在文化内涵、信仰意义等方面着墨不多。本章试图在前人基础上,较多地探讨祭祀活动的具体实施,以及文化和民俗事象,从而提炼出徽州祖先崇拜的特点。

一、无处不在的祖先崇拜

祖先崇拜贯穿于徽州人日常生活的方方面面,无时不在、无处不在。传统的祖先崇拜深深地打上了农耕经济的烙印,一年中从头至尾的重要岁时节日都要祀祖荐新,既展子孙报本返始的孝心,又向祖先报告今年的生活状况和收获,祈求祖宗保佑风调雨顺、庇护子孙后代。同时,事死如生,每年生忌及清明、中元、寒衣,以焚烧纸钱及包袱的形式,请祖先适时更换、添加衣服、被褥。徽州人一生中的重要节点,如出生、成年、结婚、死亡,以至出行、经商、做官等须臾离不开祖宗的保佑。

(一)一岁始终的祖先崇拜

依上文所见,无论大族小户,主要的祭祖仪节有春秋祠祭及清明寒衣墓祭。而事实上,在有余力及重视礼节的地区和宗族,大大小小的祭祀更加繁琐。

---

[1] (清)江登云辑,江绍莲续辑:《橙阳散志》卷末《歙风俗礼教考》,见许承尧撰:《歙事闲谭》卷十八,合肥:黄山书社,2001年,第609页。

《藏外道书》收录明刻本《祈神奏格》、《祀先祝文》①,汇集了徽州各类民间祭祀所用祭文,徽州民间信仰可见一斑。据王振忠考证,《祈神奏格》由明代徽州人程敏政等编纂。② 在《祀先祝文》中收录有新正拜坟、朔望献祖先饭、四仲(月)祀祖先、清明扫墓、清明祀祖先、中元祀祖先、做年祀祖先、高曾祖(妣)忌日祀祖先、考妣忌日祀先祖、每常祀祖先,贯穿一岁始终。其中腊月廿四接祖先、除夕夜祀祖先、元旦拜祖先、新正送祖先等祭文展示了徽州宗族迎接和恭送祖灵与子孙共度新年的整个过程。徽州宗族一般腊月二十四要接祖先过年。除夕夜合家团圆,吃年夜饭前先祭拜祖先,请祖先享用降福。新年第一天,早起第一件事就是祭祀祖先。元宵节前后,正月十六日或十八日要恭送祖先。

腊月廿四接祖先

  伏以,瓶插梅花晚岁尚飨于□□,□□竹叶清香能达于九泉。恭迎先远光临,宜洁精□□□。于日□□,先伸召告住居土地尊神,门丞户尉神君,值日受事功曹。

  仰望圣慈,俯陈毕悃。涓今厶年腊月念四日,祀孙厶合家眷等,净扫家庭,安奉神位,谨备清酌庶馐之仪,仰仗功曹,召赴香筵。百拜昭告于厶氏本宗先远,厶厶男女列位尊魂,伏望各离墓所,同降家庭,光临斯席。伏念,众魂来临,尊卑列序于上下;群灵昭格,男女分别于东西。团团聚坐,会集同枝。祖考垂裕无穷,子孙昭报难尽。不胜追慕,爰事迎神。一年一度,仅想风光于一年;百岁百迎,辄申著存于百世。明烛焚香,安奉供养。

  伏以,人本乎祖,难忘千载之恩;因时奉先,聊表寸心之念。仰惟魂识之昭明,必鉴儿孙之孝敬。有酒在樽,谨陈初奠。

---

  ① (明)《祀先祝文》,引自胡道静等主编:《藏外道书》,成都:巴蜀书社,1992年,第827—828页。
  ② 王振忠:《明清徽州的祭祀礼俗与社会生活——以〈祈神奏格〉展示的民众信仰世界为例》,《历史人类学学刊》第1卷第2期,2003年10月,第46—84页。

伏以，梅边问信，俄惊凤厝之周；云下思亲，净扫蜗居之陋。愧甚礼仪之未备，恍然貌像之如存。有酒在樽，再陈亚奠。

伏以，父母生之，每念勤劳之德；霜露既降，必动凄惨之心。孝忱能达于虚空，阴相必加于后裔。有酒在樽，用陈终奠。

伏愿，死于生，亡于存，是谓奉先之至；炽而昌，耆而艾，总为贡福之源。夫妇团□，儿孙茂盛。足不履讼庭之下，身常沾兑泽之中。自尊及幼，冀举室以咸安；自春至冬，更无时而不利。凡历四时，均膺百福。下有冥财，用凭火化；上献众魂，俯垂鉴纳。

这些祭文反映了春节前后，子孙后裔恭请祖灵降临享受供奉，如在世时一样与家族后裔共度春节。子孙后裔准备好香火酒菜，先躬请门丞、土地神和值日功曹接引祖宗魂魄降临，享受子孙后代的献祭，行三献礼。祭祀祖先是"孝敬"观念的延伸，回报祖宗的养育功德。与其他神灵相比，祖灵的权能不够强大，覆盖的范围较小，却与一个家庭或宗族有着密切而直接的联系。通过献祭祖灵求得的回报是现实的——局限于家族内部，祈求祖宗保佑家庭和睦、身体健康、子孙兴旺，读书可做官、经商可致富，光大门楣。

在歙县，"岁时节俗，以正月悬祖容于庭，张灯设饮，至灯节后撤……三月清明上冢增封，悬楮钱于墓。七月十五日焚冥衣祀先，并有延僧追荐其先者……十月复展墓，曰送寒衣"。① 清嘉庆以前的绩溪，一年之始的农历元旦即要"中堂供祖像，庭除设香案神礼祇，男妇肃衣冠庆贺，长幼以次及出谒宗

图 4-2 徽州文化寻根馆藏对联

---

① （清）乾隆《歙县志》卷二《风土》，台北：成文出版社，1970 年，第 129 页。

亲","自元旦日至十八日,祖像前每夜焚香燃烛,谓之照容",直到十八日"年事告毕,撤祖像,人各就业";清明则扫墓祭祀,"清明日户插柳条,粉米蒸饼饳祀祖,扫墓增封,悬楮钱于墓门,谓之挂钱,间有用牲宰鼓吹者,子孙诣墓所,各给饼饳胙肉,谓之分例";"立夏日切苋菜馅作饼,供麦暨佐以青梅朱樱,祀祖荐新,谓之立夏见三新";"中元日祀祖荐新稻,罗列时馐素食"。① 祀祖荐新,既表报本返始的孝心,同时祈求祖先保佑风调雨顺,降福于子孙后代,这与农耕的生产生活方式有着紧密的联系。清代祁门,"凡新封之墓咸于社前标扫。(谚云新坟不过社)三月清明插柳,簪嫩柳以辟邪,具牲牢酒粿以祭墓。(粿染五色,俗呼为清明粿)标楮于茔。(俗谓之挂帛)""七月中元节祀祖","十月下元节祭墓","十一月冬至贺长至,祀始祖","二十四日供祖像于堂"。② 民国时《歙风俗礼教考》亦提到:"三月清明前后,各家上冢祭扫,持楮钱于墓。七月十五为中元节,祀先,焚冥衣,荐新米饭。"岁时节日祭祖,既打上农耕印记,亦展现出事死如生的特质。

徽州各宗族都极其重视祭祀,将祠祭和墓祭的各项仪礼及具体事项,巨细靡遗地记录下来,有的甚至郑重其事地载于族谱或家规中。明代祁门县六都善和里程氏宗族仁山门东房派,每年祭祀该派祖先窦山公程新春六次,分别为"正旦、生忌二辰、清明、中元、冬至"。③ 清代雍正年间编撰的《茗洲吴氏家典》规定休宁茗洲吴氏宗族,"立祠堂一所,以奉先世神主,出入必告,至正朔望,必参俗节,必荐时物,四时祭祀,其仪式并遵文公《家礼》"。④ 除了定例的冬至祭始祖、立春祭先祖、季秋祭祢、四时祭各支曾高祖考、忌日祭、墓祭

---

① (清)嘉庆《绩溪县志》卷一《舆地志·风俗》,见《中国地方志集成·安徽府县志辑》第54册,南京:凤凰出版社,2010年,第365—366页。
② (清)同治十二年(1873)《祁门县志》卷五《舆地志·风俗》,南京:江苏古籍出版社,1998年,第239、241页。
③ 周绍泉、赵亚光:《窦山公家议校注》卷三《祠祀议》,合肥:黄山书社,1993年,第20页。
④ (清)吴翟辑撰,刘梦芙点校:《茗洲吴氏家典》卷一《家规十八条》,合肥:黄山书社,2006年,第17页。

外,其他清明、寒食、端午、中元、重阳之类的岁时节日也要祭祖,邀请祖灵如在世时一样和子孙一起共度节日;平日里有重要事项必到祠堂告于祖宗,祈求祖灵的庇佑。在徽州人看来,子孙后代的血肉精魂以至舒适的生活都来自于祖先的辛勤开创,自然应当有报本感恩之心。

(二)贯穿一生的祖先崇拜

徽州人从生至死都处于宗族之中,一生须臾离不开祖灵的关注。生活、读书要仰赖宗族的支持,取仕经商需仰赖宗族的力量和族人的互助,终其一生取得功名利禄是为了光大门楣,为宗族和祖宗增光。甚至有的连婚礼和丧礼都要依靠宗族和族人的资助。

按照父系血缘构建的徽州宗族,有的家族男丁在出生前就会在族谱上登记名字,寓意人丁繁衍,但是生子后务要报名房长,通知户尊比对宗谱进行勘查。族谱上除名的都是大逆不道之人,"子孙有发达登仕者,须体祖宗培植之意,效力朝廷,为良臣,为忠臣,身后配享先祖之祭。有以贪墨闻者,于谱上削除其名"。"子孙赌博无赖,及一应违于礼法之事,其家长训诲之;诲之不悛,则痛笞之;又不悛,则陈于官而放绝之。仍告于祠堂,于祭祀除其胙,于宗谱削其名,能改者复之"。① 为族谱所收录,象征着祖灵对于子孙后代的接纳和降福,如被逐出宗族就会受到祖灵的惩罚。喜得贵子有赖于祖宗庇护,更要请祖宗降福于子孙,使其健康成长、传宗接代。幼子成人后每逢生日也要感念祖宗的功德和庇护。

生子祀祖先

伏以,鸾凤于飞,昔日协和鸣之瑞;熊羆入梦,今朝应嗣续之祥。
虽由天地钟灵,实赖祖宗积德。于日焚香,先伸召告住居土地尊神,
敢劳值日功曹。望降香筵,受兹忱烟。祀孙某合家眷属等,涓今ム

---

① (清)吴翟辑撰,刘梦芙点校:《茗洲吴氏家典》卷一《家规十八条》,合肥:黄山书社,2006年,第19页。

年月日,盖为祀孙厶孙媳厶氏,喜获弄璋之庆,谨以清酌庶馐之仪,百拜昭告于厶氏本宗先远,厶厶男女列位尊魂。仰仗功曹,引赴家庭。□此香筵,受沾供养。

伏念,会开汤饼,礼荐苹蘩。植本固而发源深,茂衍螽斯之派;庆泽长而恩光远,式增奕业之辉。惟兹厶月之辰,适遂弄璋之愿。今逢吉日,取名厶。谒叩家庙,展拜宗祊。谨备肴筵,用伸奉献。

伏以,前人积善,满期后裔之昌;后裔流芳,实藉前人之德。实赖祖宗之惠泽,俾宁孙子之绵长。酬报洪恩,酒陈初奠。

伏以,人生有子,绍先世之箕裘;物表时思,答祖宗之□□。敬效野人之芹意,聊表祀子之葵忱。再焚冥香,酒陈亚奠。

伏以,惠我无疆,垂念继世之重;祚□永锡,□绵光祐之休。跪拜贺黄污之荐,克传增门户之光。谨竭微忱,酒陈终奠。

伏愿,无忝所生,有光前烈。瑞气骈臻,而无灾无□;□□光照,而来祉来祥。提携稳妥,气奉安恬。曷育成人,传家有望。才能跨灶,有光先哲之风;寿并冈陵,仰赖祖宗之庇。仍冀一家均吉,五福咸亨。凡干旦夕,悉伏絣懞。贡化钱仪,众魂受纳。①

清代《茗洲吴氏家典》规定,仿《朱子家礼》,生子须占卜吉日,准备清酒菜肴,焚香燃烛,由主人、主妇携子告于祖先神主前:"某之妇某氏,以某月某日诞生长子、孙名某,仰承余庆,衍此后昆,谨用庙见。"②族人子孙亦是如此。父母过世后,每年孝子生日也要祭祀父母以感谢祖先的辛劳培育。

古代汉族男子在 15 岁到 20 岁之间都可以举行冠礼;女子许嫁,就可以行笄礼,15 岁之后没嫁人亦可以行之。冠笄礼标志着少年男女已长大成人,开始享有成人的权利,如参加祭祀、参军、结婚等等,同时也要履行应尽的义

---

① (明)《祀先祝文》,见胡道静等主编:《藏外道书》,成都:巴蜀书社,1992 年,第 825 页。
② (清)吴翟辑撰,刘梦芙点校:《茗洲吴氏家典》卷二,合肥:黄山书社,2006 年,第 40 页。

务。冠礼在宋代之前就已经不传,但《朱子家礼》仍将其作为《礼之始》编为第二篇。而徽州的成年礼仪活动基本按照《家礼》展开。明代徽州行冠礼需拜祖先,如祭文《冠礼拜祖先》①显示了在成年的重要时刻,祈求祖先庇佑子孙学业和能力的长进,以光大家声。清代《茗洲吴氏家典》规定,行冠礼前三天,主礼之人要设酒果,告于祠堂。"继高祖之宗者,告及高祖;继曾祖之宗者,告及曾祖;继祖之宗者,告及祖;继祢之宗者,告祢"。主人应当洁净身体,开启放置神主的盒子,请祖灵降神,参神、辞神。跪读告文:

祝文式

维大清康熙几年岁次干支几月干支越干支朔几日干支,孝某某敢昭告于某亲某官某府君、某亲某封某氏:某之子(或某亲某之子某),年渐长成,将以某月某日加冠于其首,谨以酒果,用伸虔告。谨告。②

待加冠完成后,"主人以冠者见于祠堂",举行告庙仪式。女子及笄完成也是一样告于祖先。嘉庆《黟县志》记载男冠女笄皆要告于庙。③ 如此般的人生重要环节,必须要告于祖先,祈求庇护。

结婚是个人的终身大事,在徽州也极为看重此事。在古代中国,结婚更重要的意义在于血脉传承、子孙繁衍,因此,婚礼时要向祖先祈求保佑"夫妇举案齐眉,儿孙升堂戏彩",以传后世。《祀先祝文》收录有嫁女辞祖先、婚礼拜祖先等祭文,婚礼后新婚夫妇还要拜祖坟,这一习俗传沿至今。

新娶拜坟

伏以,儿曹婚配,已结百年之好;祖宗垂荫,永膺五福之臻。特

---

① (明)《祀先祝文》,见胡道静等主编:《藏外道书》,成都:巴蜀书社,1992 年,第 825—826 页。
② (清)吴翟辑撰,刘梦芙点校:《茗洲吴氏家典》卷三,合肥:黄山书社,2006 年,第 65 页。
③ (清)嘉庆《黟县志》卷三《地理志·风俗》,南京:江苏古籍出版社,1998 年,第 59 页。

展鸾凤之拜,少伸豺獭之忱。□惟△年月日孝男△(祀孙)合家眷等,谨以茶果□券之仪,百拜昭告于高曾祖考(妣)△府君(安人△氏)墓前。言念孝男(祀孙)△自知有身,敢忘其本。兹于△年月日,娶媳(孙媳某氏)为婚姻之对,偕伉俪之缘,未叩先茔。今选良日,谨备茶果之仪,聊为苹蘩之敬。列班立于阶下,稽首拜于墓前。(四拜)

伏愿,灵魂安居,阴功默佑。俾夫唱以妇道,冀天长而地久。新偕伉俪,好对人间之鸾凤;始结同心,定主天上之麒麟。克昌……①

图4-3 祁门黄龙口新人上祖坟

清代《茗洲吴氏家典》规定,婚礼基本遵循《朱子家礼》的仪礼,按照纳采附问名、纳币附纳吉请期、亲迎的环节展开。婿家主婚人发出纳采问名书函、女方主人收到书函、婿家主人收到回复都要设酒果、焚香烛、陈书于香案,告于祠堂祖先。纳币至少重复前述告祠堂仪式一个来回,如果请期再重复一个

---

① (明)《祀先祝文》,见胡道静等主编:《藏外道书》,成都:巴蜀书社,1992年,第829—830页。

来回。迎娶当日婿家主人先告于祠堂,婿才可出行;女家主人告于祠堂后,女儿才可辞别父母。婚礼第三天行庙见之礼,主人以新妇见于祠堂,第四天女婿前往女方家中庙告见祖先。每次告祖先的仪节和告文大体相同。

传统婚礼如此繁琐,整个过程事无巨细都要向祖先禀明,可谓冥冥之中祖灵关注、庇护着子孙后代的福泽。随着时代的演变,普通百姓人家婚礼越来越简省,告祖先的仪式也不断简化。民国《黟县四志》记载:"婚礼三朝夫妇同至宗祠拜祖,即妇人庙见之礼,俗有微异者,夫与妇偕耳。"①《歙事闲谭》载:"三日庙见,乃拜谒翁姑尊长,诸家人以次及,曰拜堂。"②近现代以来,随着宗族和祠堂的衰落,此项习俗演变为女方在迎娶当日上坟辞别祖先,婚礼之后新婚夫妇上坟告于祖先。无论时代和社会如何演变,以儒家文化为主体的汉族精神信仰中,基于血缘的祖先崇拜和家庭伦理仍根深蒂固。

到了人生的最后关头,祖先仍然关照着子孙。在下葬之前,主丧之人需"奉柩朝于祖",与活人在世时出入辞别尊者的含义一致。也可以魂帛代替棺材,"奉魂帛诣祠堂"。在下葬题主之后,新神主祔于亡者祖先神主享受后代供奉祭祀,即祔祭,需于祠堂中设位具馔,先往祠楼将神主请出至祠堂就位,再将新主奉入祠堂,行三献礼

图 4-4 2012 年葬礼前停放在祁门黄龙口永安堂的棺木

后,还需将新主归于原处。直到大祥时,将新主告迁于祠堂,也是一样在祠堂请出神主牌,将祧迁、改题之事告于祖先,将祖先神主改字,再将新主奉入祠堂,安放于祠楼龛座。举行仪式将奉迁主埋于墓侧。一个月后举行"禫祭",

---

① (民国)《黟县四志》卷三《地理志·风俗》,南京:江苏古籍出版社,1998 年版,第 25 页。
② (清)江登云辑,江绍莲续辑:《橙阳散志》卷末《歙风俗礼教考》,见许承尧撰:《歙事闲谭》卷十八《歙风俗礼教考》,合肥:黄山书社,2001 年,第 608 页。

将新主请出祠楼置于灵座处神位,告知祖先丧期结束。此后丧礼即告完成,可以除服饮酒食肉。① 民国《绩溪庙子山王氏谱》则载出殡后,再奉木主于祠堂,谓之"上堂"。② 现代,徽州还遗存了不少祠堂,虽然神主牌早已不存,一些人家还将新棺材寄放在祠堂中,有的葬礼亦在祠堂举行,棺材直接从祠堂抬往墓地。

就如《茗洲吴氏家典》所述"出入必告"之祖先,对祖先的崇奉还遍布日常生活的各个具体环节。如明代祁门善和程氏实行公匦制管理宗族公存财产文书账册,每年轮替是事关宗族命脉的头等大事,当然要告于祖宗。

告文式

维

万历三年七月十五日,管理众事嗣孙程

程　程　程　程　　一年已完,今将事宜手册谨告于我祖考窦山公之神前,维是今年　　等,遵委管理一应众事,敢不同志协力,洁己虚心,上体我祖志意,以竭愚衷。如有怠情以应故事,如有影射以私毫发,如有卖公沽直以示己恩,如有徇情托好以废公道,有一于是,我祖殛之,俾坠其家,业尽些须,俾殒其躯,灾极于嗣。其慎遵守,兢业弗违。我祖鉴之,降以福祉,身康胤衍,奕世可师。我祖在上,洋洋若临,正此法纲,孰不用情,醴肴再酹,惟神其享。③

从告文可见,以酒肴献祭于窦山公,祖灵具有赏善罚恶、降福后世的功能。

古代交通不便,举凡出行、抵达、客居等等,均有一定风险,亦需祭祖,祈

---

① (清)吴翟辑撰,刘梦芙点校:《茗洲吴氏家典》卷五,合肥:黄山书社,2006年,第142—163页。
② (民国)《绩溪庙子山王氏谱》卷九《宅里略二·风俗·丧葬》。
③ 周绍泉、赵亚光:《窦山公家议校注》卷一《管理议》,合肥:黄山书社,1993年,第15—16页。

求祖灵庇护人身安全。

官署（客邸）祀家先

伏以，恩荣宠遇（他乡商资），水木时思。禄（鼎）养不遑，涧苹效荐。承荫祀孙厶合家眷等，涓今厶年月日，兹逢朔（望）日，或厶合节，谨备厶物，寓某官署（客邸），爰伸孝敬，百拜昭告于高曾祖考（妣），厶厶男女列位尊魂。鉴此微忱，受沾供养。

伏愿，惟适所安，无远不届。神之格矣，丕显在人。行或冀之，默相官署（客邸），荣跻寿位（财源广进）。无忝所生，辈出俊良，克昌厥后。合家眷属，咸赖余休。四时无灾，八节有庆。火盗潜消，恩光永照。凡干旦夕，悉伏荫扶。下有冥财火化，上献尊魂受纳。①

其他如子孙后代当官、中举、入学也是承蒙祖宗的恩惠，须斋戒祭祖："维年月日，孝厶厶敢昭告于厶亲厶官厶府君厶亲厶封厶氏：'厶也奉承先训，叨以厶年月日除授厶官，世泽所遗，瞻思莫罄。谨以牲醴庶馐，用伸虔告。尚飨。'中举则曰：'叨中厶年乡试第几名进士。'岁贡、食廪、入学，各如例书之。"②还有立嗣、追赠等家族大事亦是如此。

与前述每岁定例的重要祭祀不同，该部分着重的是临事而祀。前者祈求祖先降福于子孙，范围相对宽泛，侧重于祖灵对自然环境的控制；而后者将祖灵看作鲜活的长辈，出入必告以示尊敬，是在人生重要节点、突发事件祈求祖宗庇护。临事而祀更加体现了"事死如生"的特点，其出发点无一例外的将子孙的美好生活看作祖宗功德，应当供奉祭品以报恩，祈求祖宗降福，否则就会受到惩罚。祖先崇拜深受儒家伦理孝道文化的浸淫，又融汇了佛教的因果报应思想。对个体家庭的保佑，没有多少个体权利的空间，祖先庇护的目的主

---

① （明）《祀先祝文》，见胡道静等主编：《藏外道书》，成都：巴蜀书社，1992年，第828—829页。

② （清）吴翟辑撰，刘梦芙点校：《茗洲吴氏家典》卷二，合肥：黄山书社，2006年，第42页。

要指向的是宗族人口的繁衍兴旺，这与农耕社会以劳动力取胜和古代生存环境相对恶劣有着密切的关系。

一岁始终的祖先崇拜和贯穿一生的祖先崇拜交织在一起，形成了一张严密的大网，将每一个徽州人、每一个家庭、每一个宗族都笼罩在祖先的威严下。祖先崇拜成为了徽州人日常生活中的常态。

二、祖灵的具化——神主、祠堂、祖墓、祖容像、族谱

徽州人对祖先的崇奉与其他的汉地祖先崇拜一样，并不止步于头脑中想象的祖灵，而是将其具体化和实体化，以方便子孙后代的感知和认识。与其他民间信仰不同，大多数徽州祖先崇拜不会塑造偶像，而是以遗体或绘制神主牌、祖容像来作为祖先的感性象征，祠堂和祖墓就是安置祖先灵魂和遗体的场所，同时，也是祭祀的专门场所，同样具有神圣性，需要保持纯净、庄严。徽州人更将与祖先有关的一切遗物、遗迹、场所都看作是祖灵的具化，而敬畏和崇拜。"祠宇宗祖神灵所依，墓冢宗祖体魄所藏。子孙思宗祖不可见，见所依所藏之处，即如见宗祖也。祠祭、墓祭皆属展亲大礼，必加敬谨"。①

(一)神主

《朱子家礼》规定："或有水火盗贼，则先救祠堂，迁神主、遗书，次及祭器，然后及家财。"可见祖先的神主牌对于一个家庭或宗族的意义重大。徽州宗族对神主极其重视。在徽州人看来，书有祖先名讳、生辰的神主就是祖先神灵寄寓的实体，是祖灵的化身。每逢祭祀，就将神主牌请出降神，行三献礼，再辞神。

从制作木主到题主再到神主祔祭于祠堂的过程，意味着灵魂脱离了肉体，成为子孙祭拜的祖灵。《茗洲吴氏家典》仿照《家礼》规定，一般在父母过世后下葬前制作木主，并对木主的材料、尺寸、规制作出详细的规定。在下葬

---

① 《休宁宣仁王氏族谱·宗规》。

掩埋棺材、祀后土之后,在坟前举行题主仪式,选择善书法者题写。祝人、题主者盥洗清洁后,由祝人将木主从箱中取出,放在灵座东南的桌子上,由题主者先题陷中,再题粉面。题主完成后即意味着灵魂和肉体的脱离,"形归窀穸,神返室堂",子孙后代在祝文中请求逝者"神主既成,伏惟尊灵舍旧从新,是凭是依"。这篇祝文并不当场焚烧,似于当日的初虞祭中一并烧毁。再将神主请回家中灵座神主椟中。此时"骨肉归于土,魂气则无所不之。孝子为其彷徨三祭以安之"。主祭率子孙应时举行初虞、再虞、三虞,每一礼节都需将神主请出降神,行三献礼,再辞神。三虞之后,行卒哭礼,寓意"无时之哭"的终止。题主之后,方意味着祖灵依附于神主牌,此后的三虞开始才需降神和辞神。卒哭第二天,新神主祔于亡者祖先神主享受后代供奉祭祀,即祔祭。直到大祥时,将新主告迁于祠堂,将奉迁主埋于墓侧。一个月后举行"禫祭",将新主请出祠楼置于灵座处神位,告知祖先丧期结束。①

图 4-5 《茗洲吴氏家典》中的神主全图

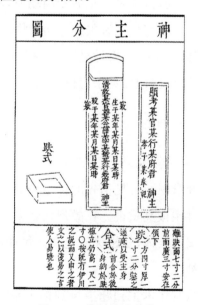

图 4-6 《茗洲吴氏家典》中的神主分图

---

① (清)吴翟辑撰,刘梦芙点校:《茗洲吴氏家典》卷五,合肥:黄山书社,2006 年,第 145—163 页。

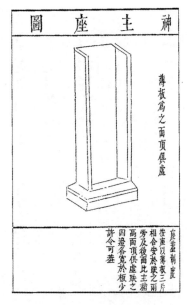
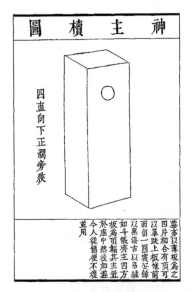

图 4-7 《茗洲吴氏家典》中的神主座图

图 4-8 《茗洲吴氏家典》中的神主椟图

在徽州民间,流传有点主的习俗。在歙县溪头,出殡后,棺材置于墓地的椁中或"厝基屋"。僧道作法"召魂"后,子孙后代回到家中举行"点主"的仪式。神主牌一如《茗洲吴氏家典》,由内外两爿组成,预先书有"先考(妣)厶厶府君(孺人)厶公(氏)之神王",由点主倌先以朱笔在内外爿"王"上各点一点,再以黑墨点在朱点上,"王"就成了"主"字。寓意着神主牌的完成,祖先之灵的附着。① 绩溪上庄则是下葬后,直接到宗祠上牌位。先于祠堂列祖列宗神主牌前举行"点主",族中长者念诵:"心神胜直,神反室堂,红提一点,祥法其昌,虫丝引庆,南贵胜方,愿你后嗣,百世齐昌。"当念道"红提一点"时,手拿红公鸡的人立即将鸡冠弄破,挤出鸡冠血,长者用毛笔蘸一点鸡血,点在"王"上,便成"主"字。此后,牌位就安放在祠堂中。② 歙县璜蔚,春节过后要将当地庙宇中的所有菩萨全部搬到汪公大帝庙,将菩萨腹脏挖除,为"退神";第二

---

① 《溪头志》编纂委员会:《溪头志》,合肥:合肥工业大学出版社,2003年,第836页。
② 《上庄村志》编委会:《上庄村志》,内部图书,2009年,第246页。

天开始再重新装饰，放进活的小动物如蛇、青蛙、鱼等，最后道士做法事，用鸡血点在菩萨额头正中，为"菩萨开光"，接受众人礼拜。① 在道教文化中，神像开光象征着赋予塑像以神力，真正成为神的化身。将"点主"和"开光"相较，不难看出两者具有某种相似的原理，"点主"同样是以"点"的仪式象征着祖灵归依于神主，放入祠堂后成为子孙后裔祭祀的对象。

明清时期徽州宗族入主的程序大体相似，神主大多由宗

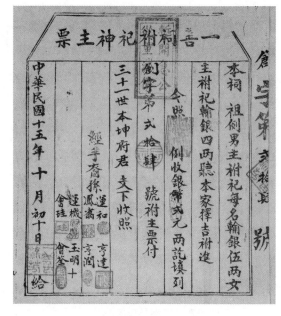

图4-9 《民国十五年十月歙县一善祠袝祀神主票》

祠统一制作。父母逝世后，就由子孙后人为其立神主牌（又称"灵位"等）。一开始在家中供奉，然后按照祠堂规定，在一年一次的"进主日"，一般在冬至前一日，送往祠堂，称为"进主"、"入主"等。一般来说，除了违法背理等情况，每个宗族成员的神主都可以进入祠堂，这被视为莫大的荣誉。进主时必须缴纳"入主钱"，这是宗族公有财产来源之一。《祀先祝文》收录一篇《荐亡者归家庙》②反映的就是近祖神主牌送进祠堂享受子孙供奉的祭祀活动。明清时期祁门七溪汪氏各支派于县城附近修建赤山统祠，联宗祭祀被徽州汪氏奉为伟人和共同祖先的越国公汪华，各支派也可进神主配享，与祖先共同享受后代的祭祀。道光元年（1821）镌刻的《赤山祠汪氏规产合册》规定："各支凡进神主订期春冬祭期日进"，"进配享神主，每名缴制钱八千二百四十文，小神主每名缴制钱八百二十四文，整入公登收给执照，零与司事笔资。凡给配享神主

---

① 《璜蔚志》编纂组：《璜蔚志》，内部图书，2007年，第233—234页。
② （明）《祀先祝文》，见胡道静等主编：《藏外道书》，成都：巴蜀书社，1992年，第831页。

胙,每名合定制钱一百四十文,小神主每名合定制钱十四文。"① 同治年间再次重修赤山统祠时,还将各支正从祀神主刊刻出来,以免遗漏。② 到了民国年间,进主的惯例仍然延续。徽州师范专科学校许长河收藏《民国十五年十月歙县一善祠袝祀神主票》载明:"本祠祖例男主袝祀每名输银五两,女主袝祀输银四两,听本家择吉袝进。"③

为了解决现实的矛盾,不少徽州宗族都规定有功名的、有钱的或是嫡母无子的情况,庶母神主可以进祠堂,但为了不僭越礼法,庶母神主不可超越嫡母,或是另立一龛,亲生子死后即要迁出埋至墓地。《茗洲吴氏家典》为此专书《庶母另列一龛议》。清光绪祁门黄龙口汪氏宗族《文溪汪氏支谱·凡例》规定:"凡侧室入祠,每名定输实租五秤整,务要先行书契明白,公同查其田亩、佃户确实,方准入祠,照依序次排列,侧座毋许擅入上座,免乱嫡庶。"④

祠堂是安放神主、遗书、祭器的地方,是举行祭祀的空间场所。明清时期,徽州宗祠供奉始祖以下全体祖先的神主,递迁的定例为:始祖神主百世不迁,始祖以下五世考妣神主、爵德兼隆神主、有功祠祖神主永远不祧,其他神主则"五世则迁",玄孙死绝即亲尽,神主即从祠堂中迁走,或埋于墓地,或置于祠堂寝室高阁。《茗洲吴氏家典》卷二《祧议》规定:"始祖暨功德闻望隆重之祖,永垂不祧。……至于高祖存主袝庙,俾得岁时致享,其亲尽者,则依礼奉主埋之墓侧。"⑤这些摆放在祠堂的神主牌就是祖先的象征,是祖灵的具化,默默地观照子孙后代的言行举止。

---

① (清)道光《赤山祠汪氏规产合册》,藏于祁门黄龙口汪氏宗族。
② (清)同治《赤山元宗祠志》,黄山学院图书馆藏复印件。
③ 《民国十五年十月歙县一善祠袝祀神主票》,分类号:4.10－F7215－0001,尺寸:265×225mm。
④ (清)光绪《文溪汪氏支谱》,现由祁门黄龙口汪氏宗族收藏。
⑤ (清)吴翟辑撰,刘梦芙点校:《茗洲吴氏家典》卷,合肥:黄山书社,2006年,第28页。

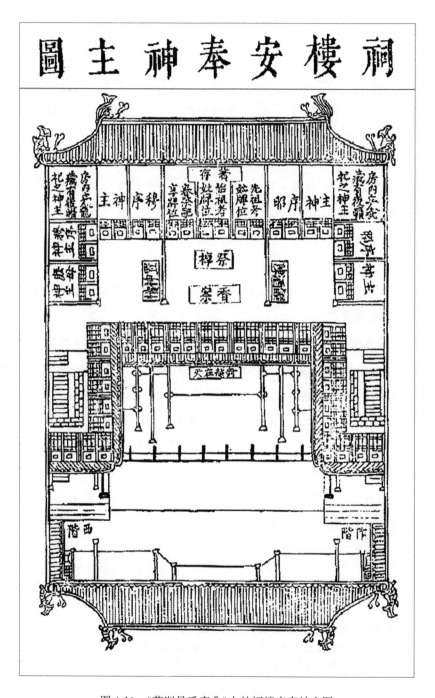

图 4-10 《茗洲吴氏家典》中的祠楼安奉神主图

《祀先祝文》收录祭文展现明代祠堂祭祖仪节的一贯性,先要清洁祠堂,请出神主牌,在神主牌前摆放好清酒果蔬等祭品,请门丞、土地神、值日功曹代为传报"某氏堂上本宗先远宣名男女诸位尊魂","引赴家庭,鉴此香筵,受沾供养",享受子孙后代的贡奉,满足子孙后代的祈求,降福于宗族后裔。《茗洲吴氏家典》所列祭祖仪节呈

图4-11 黟县宏村汪氏宗祠寝堂

现出共性,如冬至祭始祖,子孙后代提前三天清洁斋戒,前一天打扫祠堂,摆设祭祀席位,排练熟悉仪节;准备供桌、祭品、祭器。祭祀当天早起将祭品摆放妥当,天刚亮盛服就位前往祠堂后进祠楼迎神,跪拜,焚香告曰:"裔孙某等,今以冬至有事于元始迁茗洲第一世祖考荣七府君,元始迁茗洲第一世祖妣汪氏孺人。敢请神位,出就祠堂,恭伸奠献。"将神位请至祠堂。降神、参神、行三献礼,后再辞神、送神,将神位送归祠楼,放回原位。整个过程,神主象征着祖灵,由子孙恭迎至祠堂,受到子孙的祈求而降临人间,接受子孙的祭拜。所有的祭品,蔬果酒馔、炙肝、鸡鱼肉等都是进献于神主前,奉献给祖宗享用。最后再拜别,恭请祖灵回到祠楼内。神主的象征意味不言而喻,其地位之崇高也犹如祖宗的降临。神主在祭祀中的作用如此重要,以至于不少宗族会将神主牌一一抄录下来,传承给后人,以备祭祀之需。如黄山学院图书馆藏三册民国三十二年(1943)《歙县许村许敦本堂神主簿》,前列宗族祖先行状、墓志铭、像赞等,主要内容收录了祠堂收藏的始祖至四十一世神主。

(二)祠堂

祠堂是宗族活动的重要场所。宋代司马光设计了影堂代替家庙。朱熹在此基础上创立了家庙的延续——祠堂制度。他简化了祠堂的建制,并且"多用俗礼",赋予其更多的内涵和功能,从而使得祠堂走进普通百姓家中。

朱熹首创的祠堂建于士大夫住宅正寝之东,从《家礼》全篇来看,也比较偏向于"家祠",还规定了祠堂的建制、神主牌的放置、器物的摆放等内容。

根据学者赵华富的研究,徽州宗族的祠堂兴起于宋朝,明清发展到鼎盛,和大传统的发展是一致的。林立的徽州祠堂包括宗祠、支祠以及家祠,但是基本上按照《家礼》中祠堂的规格和制式来建造,大都是三进式:第一进为"仪门",也称"大门"、"过厅"、"门厅"等;第二进为"享堂",也称"大厅"、"正厅"、"大堂"等;第三进为"寝堂",也称"寝室"、"寝殿"、"正寝"等。享堂是举行祭祀和宗族活动的重要场所,后殿的寝室是供奉祖先神主牌位的地方。《茗洲吴氏家典》一本朱熹《家礼》,"今之祠堂,即古之祖庙也"。① 祠堂的建制与朱熹的规定相似,还附有图示。

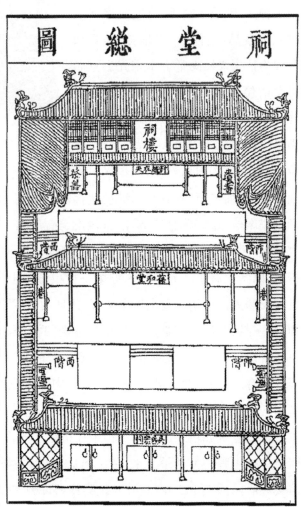

图 4-12 《茗洲吴氏家典》中的祠堂总图

---

① (清)吴翟辑撰,刘梦芙点校:《茗洲吴氏家典》卷二,合肥:黄山书社,2006 年,第 37 页。

图4-13 歙县北岸吴氏宗祠

在徽州人心目中,祠堂和祖墓比自己的生命还重要,直到今天还有这样的遗绪。程一枝在《程典本宗列传》中说,"举宗大事,莫最于祠,无祠则无宗,无宗则无祖"。徽州的大姓宗族一般都有宗祠、支祠,有的还建有家祠。"邑俗旧重宗法,聚族而居,每村一姓或数姓;姓各有祠,支分派别,复为支祠,堂皇闳丽,与居室相间"。[①] "徽州聚族居,最重宗法。黟地山逼水激,族姓至繁者,不过数千人,少或数百人或百人,各构祠宇,诸礼皆于祠下行之,谓之厅厦。居室地不能敞,惟寝与楼耳。族各有众厅,族繁者又作支厅。富庶则各醵钱立会,归于始祖或支祖,曰祀会厅,与会惟旧姓世族有之"。[②] 祠堂是安放神主牌,"妥先灵而隆享祀"的地方。前述清代休宁茗洲吴氏家族祠堂就是供奉先世神主的场所。

祠堂作为安放祖先灵魂的场所,在子孙的心目中被引申为祖灵的象征,要像祖先在世时一样尊敬他们,有义务保持祠堂的整洁,面见祖宗更要衣冠肃穆、庄严端正。"书院祠堂本妥神之所,务宜洁净……如此则祠宇静洁,神自安妥",[③] "子孙入祠堂,当正衣冠,如祖考在上,不得嬉笑亵越"。"子孙入祠,列祖在上,岂容亵玩,务须恭敬慎重,整肃衣冠,不得嬉笑嫚语"。[④] 祭祀时也要恭敬慎重,"祭祀务在孝敬,以尽报本之诚。其或行礼不恭,离席自便,与夫跛倚欠伸、哕噫嚏咳,一切失容之事,立司过督之"。[⑤] 逝去的祖先虽不具有形体,但神通广大的祖灵无处不在,时时监视着子孙的一言一行,赏善罚

---

① 民国二十六年(1937)《歙县志》卷一《舆地志·风土》,台北:成文出版社,1975年,第155页。
② (清)嘉庆《黟县志》卷三《地理志·风俗》,南京:江苏古籍出版社,1998年,第58—59页。
③ 周绍泉、赵亚光:《窦山公家议校注》卷三《祠祀议》,合肥:黄山书社,1993年,第20—21页。
④ 歙县《潭渡孝里黄氏族谱》卷六。
⑤ (清)吴翟辑撰,刘梦芙点校:《茗洲吴氏家典》,合肥:黄山书社,2006年,第18页。

恶。如对待祖先不恭敬，言语、态度、行为上多有冒犯，势必会惹得祖灵不高兴，而降下惩罚。"祭祀乃是大事，必精洁，必诚敬，否则祖宗不歆。如苟且以应故事，当事者从公声罚，毋得徇情缄默。且祖宗之灵无所不鉴，可不致慎？"①

（三）祖墓

祖墓是安放祖先遗体的场所，徽州人极为重视："人之魂体居墓，受山川淑气则灵，灵则魂安，安则致子孙昌衍而不替。"②重视祖墓，为祖先选择一块好墓地的目的，还是为了让祖灵居住得好，以期降福保佑后代。"大抵万物本乎天，人本乎祖，重坟墓所以重本也，重本义也，忘本不义也。薄于义者，祖先不享，天道不容，天道与之，鬼神不佑；厚于义者，祖先享之，天道与之，鬼神助之。"③忘本之人不会有好下场，最终会受到祖灵和鬼神的惩罚。罗愿在《新安志》中记载了程灵洗为父亲挑选墓地的事情，正是因为父亲葬得好，才保佑程灵洗的仕途顺利。④"子孙贫富、贵贱、贤愚、寿夭，尽系于此（祖墓）。"⑤

正是因为风水宝地事关子孙后代的幸福，所以徽州人极其重视卜地而葬。为了追求风水宝地，甚至不惜延迟下葬。"亲殁不即营宅。兆富者为屋以殡；贫者仅覆茅茨，至暴露不忍见者。由俗溺阴阳，择地择日拘忌，以故至屡世不能复土举葬。"⑥延迟几年下葬的都有，或是先薄葬，待到寻获风水宝地时，再挖出重新举行葬礼。这一风俗在上文所引的乡镇志中也多有记载。

既葬之后，徽州宗族将祖墓视为命根子一样保护，认为祖墓受到损害，则子孙后裔也会遭殃。这种观念深受风水术数的影响，但以另一角度观之，徽

---

① 周绍泉、赵亚光：《窦山公家议校注》卷三《祠祀议》，合肥：黄山书社，1993年，第21页。
② 《重修古歙城东许氏世谱》卷一《戒后侵祖迁坟伐木说》。
③ 婺源《武口王氏统宗世谱》卷首《炎公祖墓经界公据簿序》。
④ 萧建新等校著：《〈新安志〉整理与研究》，合肥：黄山书社，2008年，第89页。
⑤ （清）吴翟辑撰，刘梦芙点校：《茗洲吴氏家典》卷五，合肥：黄山书社，2006年，第138页。
⑥ （明）嘉靖四十五年（1566）《徽州府志》卷二《风俗》，北京：书目文献出版社，1988年，第67页。

州人将祖墓视为祖灵的象征,如果祖墓受到损害,意味着祖灵也会受到伤害。冒犯了祖灵,祖灵作为一种神秘力量具有赏善罚恶的权能,就会对宗族和后裔进行惩罚和降祸。这种意识在今天的中国民间仍然广泛渗透——一旦遭遇横祸,子孙难免联想到自己的不当行为,或是未及时祭拜,或是未修整坟墓,或是礼节不周等等,如果及时补救,一方面可求得心理上的安慰和补偿,另一方面又认为会获得祖宗的谅解免于更大的灾难。

明代祁门善和程氏规定,宗族祖墓不得侵占,亦不容许盗伐荫木。"以往勿论,日后倘有各房子孙侵衬祖墓者,众共攻之,责令立时改正,仍加重罚。如有不伏,众即立时举起,仍行告鸣理治,以不孝论。""各处墓茔树木,属前遮蔽者可少剪除,系庇荫者宜慎保守,各房毋得纵容奴仆擅自盗伐,及外人侵损,管理者查访,从重处治。"①黄山学院图书馆藏有一份《清康熙五十三年八月歙县正堂鲁严禁盗卖荫木布告》如图 4-14。② 歙县三十六都五图方氏宗族长房因三房盗砍祖墓荫木、预谋盗卖祖墓,特向当时的歙县大老爷请求示禁,这份文书就是江南徽州府歙县正堂加一级鲁姓官员为此事签发的示禁告示,上面还有朱批及县衙印章。徽州宗族大多还会将此类告示制成碑刻竖立在祖墓周围或是嵌在祠堂墙上,以广为周知以及警示后代。清代茗洲吴氏宗族虽然对风水术数颇有微词,但对祖墓却严加保护。"诸处茔冢,子孙当依时亲自展省,近茔树木,不许剪拜。""坟茔年远,其有平塌浅露者,子孙当率众修理之,更立石深刻名氏,毋致湮灭难考。"③民国《婺源县志》载:"尤重先茔,自唐以来邱墓松楸,世守勿懈,盖自新安而外所未有也。""清明之墓祭与祠祭并行,祖父之近墓则子孙春首必谒,岁暮必奠省松楸,禁樵牧、防侵葬。(庚申按,婺俗重坟墓,往往因此构讼)"④徽州人亦经常因为保护祖墓而发生诉讼。

---

① 周绍泉、赵亚光:《窦山公家议校注》卷三《墓茔议》,合肥:黄山书社,1993年,第17、18页。
② 《清康熙五十三年八月歙县正堂鲁严禁盗卖荫木布告》,编号:5.2.1-E6353-0001,尺寸:1160×600mm。
③ (清)吴翟辑撰,刘梦芙点校:《茗洲吴氏家典》卷一《家规十八条》,合肥:黄山书社,2006年,第18页。
④ (民国)《婺源县志》卷四《风俗》,民国十四年(1925)刻本,黄山学院图书馆藏。

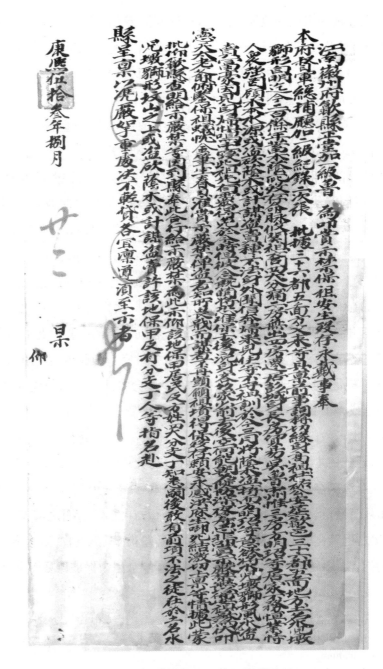

图 4-14 《清康熙五十三年八月歙县
正堂鲁严禁盗卖荫木布告》

祁门黄龙口同善堂进门右手边墙上嵌有一块碑刻，记录了乾隆年间祁门县衙对吴氏霸占汪氏墓地案件的判决，尺寸1170×870mm。汪大楚祖上于明代购买山业，原用于葬坟，后因风水不佳，改葬于他处，原穴迁空，但墓碑仍在。后来被吴利等人所侵占、标挂。后经县官勘查比对双方的买卖契约文书，判吴利等为霸占，山业应由汪姓管理。即使一眼空穴，汪氏家族仍锱铢必较，可见其重视祖墓的程度。不仅如此，还将其作为宗族大事，将判决勒碑为戒，嵌于祠堂出入醒目之处，意在时刻提醒子孙后代尊祖敬宗、报本返始之心。

图4-15 祁门黄龙口同善堂碑刻

对祖墓的重视世代沿传，远祖之墓每隔一段时间还要修葺维护。重三公，生于宋徽宗大观元年(1107)，殁于宋孝宗淳熙二年(1175)。仕宋，为潞州总管，被视为黄龙口汪氏宗族的中兴之祖，是四分共同的远祖。重三公墓位于永安堂后的山坡上，每隔一段时间都要进行重修，有史可稽，历经明嘉靖、清咸丰两次重修。清光绪《文溪汪氏支谱》载有《重修支祖重三公茔志略》，记述了咸丰年间重修重三公墓的始末。汪氏宗族后裔对重三公祖墓"世守无异。自宋迄明,年代久远,渐致崩颓。嘉靖年间,裔孙顺甫、才甫、延寿、宾等重新修理,如式绘图订界、立文存据。迄今墓木合拱,上蔽阳光,下堆积壤,根蟠石卸,又复崩颓,爰是裔孙正裕等邀集合族创首重修,择吉伐木,扶冢崇堆,尽如旧制。"①

图4-16　祁门黄龙口重三公祖墓　　　图4-17　2012年重修重三公祖墓

即使到了民国年间,宗法制度趋于弱势,汪氏宗族也仍然非常重视保护远祖重三公墓。民国《文溪汪氏支谱》把相关诉讼《重三公墓林涉讼堂谕》载于篇首。重三公墓所在山场为合族公山,同时也是黄龙口的来龙山,所谓"风水所在",自应当蓄养树木,保全祖坟。却有支丁轴等,利令智昏,将公有山场占为己有,意图盗拼。经族众阻止后,轴等更向县府控诉,持契争执为其所有权,致双方发生缠诉。当时的祁门县知事徐曦仔细研究了原告所持有的万历三十七年(1609)、崇祯九年(1636)白纸契,乾隆五十年(1785)、五十一年(1786)印契共4份文书,但还是很难认定所有权。最后,将山场判为公有,永远蓄养树木,以保坟茔,毋许砍伐。②

除了保护祖墓外,徽州宗族还定期举行墓祭,各地一致的为清明和十月送寒衣,其他的还有冬至、大年三十晚及初一。最重要的就是清明墓祭,又称为"标挂"、"挂钱"、"挂纸"、"标钱"。明代祁门善和程氏规定,对各祖墓,"清

---

① (清)光绪《文溪汪氏支谱》,仅余卷首,尺寸445×250mm,清光绪十八年(1892)刻本,祁门黄龙口汪氏宗族藏。
② (民国)《文溪汪氏支谱》,卷首1本,另5卷,共6本,尺寸445×250mm,民国三十五年(1946)刻本,祁门黄龙口汪氏宗族藏。

明合祭宗祠,各捧纸钱分往各墓标挂"。① 名门望族的清明墓祭也极为隆重庄严。《窦山公家议》、《茗洲吴氏家典》等宗族文书和族谱都记载了祭祀的礼节和祭品。徽州实行"猪羊祭",猪羊等各色祭品均陈列于墓前,奉献给祖先享用,行三献礼,"伏惟尊魂,俯垂照纳"。可见在墓祭中,祖墓就是祖灵的具化,成为人神沟通的中介。

(四)祖容

以上所及神主、祠堂、祖墓作为祖灵的象征,虽赋予祖先以威严的形态,但是还需子孙后裔的想象来增强对祖先的崇敬。而请人绘制祖容像则使祖灵以生时的形象出现,创造出了"音容宛在"的直感,增强了后裔与祖先之间的情感联系。明清时期是徽州祖容像的极盛时期。

对于普通百姓来说,祖容像就是祖先的化身。徽州各地流传着新年悬挂祖容像的习俗。清代乾隆《歙县志》载:"岁时节俗,以正月悬祖容于庭,张灯设饮,至灯节后撤。"②在绩溪亦相仿,"自元旦日至十八日祖像前每夜焚香燃烛,谓之照容"。"十八日落灯前夕,或摘神前花灯送新妇,谓之添丁,诞育后制灯酬神。是日年事告毕,撤祖像,人各就业"。③清代同治年间,

图4-18 黄山学院图书馆收藏歙县晓溪项氏祖容像

---

① 周绍泉、赵亚光:《窦山公家议校注》卷三《墓茔议》,合肥:黄山书社,1993年,第17页。
② (清)乾隆《歙县志》卷二《风土》,台北:成文出版社,1970年,第129页。
③ (清)嘉庆《绩溪县志》卷一《舆地志·风俗》,见《中国地方志集成·安徽府县志辑》第54册,南京:凤凰出版社,2010年,第365—366页。

祁门则于阴历十二月"二十四日供祖像于堂"。① 民国年间,黟县亦定在二十四日夜,一直到正月十五或二十日,"邑俗腊月二十四夜在祠祭祖,并于是日悬挂先人容像,至明年正月十五或二十日,始拜而收之。"② 每年正月将祖容像请出,犹如祖宗降临,与子孙共度节日,享受子孙的献祭,降福于子孙后代。

现在存世的徽州祖容像不在少数,有的为博物馆收藏的文物,有的具有较高的艺术价值,也有极少数收藏于徽州百姓家中。许多百姓称耀自家的祖容像生动逼真、绘画技艺高超,无论站在什么角度观赏,似乎祖宗都在注视着你。祁门黄龙口村普通村民汪跃武家收藏有三幅精美的祖容像,夫妇俩对待祖容像毕恭毕敬,轻易不肯示人,每次取出都要先行叩拜。在他们心中,祖容像就犹如祖宗的化身,承载着子孙后代的崇敬之情。

(五)族谱

徽州宗族的另一个重要事项就是修订族谱。"父老尝谓新安有数种风俗胜于他邑,千年之冢不动一抔,千丁之族未尝散处,千载之谱丝毫不紊,主仆之严数十世不改,而宵小不敢肆焉"。③

徽州宗族认为"家之有谱,犹国之有史也"。④ 不少徽州族谱都援引朱熹言:"人家三代不修谱,则为不孝矣。"徽州宗族修谱的宗旨就是为了奠世系、序昭穆、尊祖、敬宗、收族。"家谱之兴所以收族而导之尊祖敬宗也"。⑤ 纂修族谱是"收族之

图 4-19 祁门黄龙口汪跃武夫妇拜祖容像

---

① (清)同治十二年(1873)《祁门县志》卷五《舆地志·风俗》,南京:江苏古籍出版社,1998年,第241页。
② (民国)《黟县四志》卷三《地理志·风俗》,南京:江苏古籍出版社,1998年版,第25页。
③ (清)道光《休宁县志》卷一《风俗》,南京:江苏古籍出版社,1998年,第43页。
④ 《歙西溪南吴氏世谱》。
⑤ 歙县《棠樾鲍氏宣忠堂支谱》卷二一《鲍氏两翁传》。

道,尊祖敬宗之本也"。① 族谱中记载的是历代祖先的生平,只有世系清白明了、长幼尊卑有序,才能彰显尊祖敬宗之意。不少族谱中还收录了祠堂图、历代祖墓图、历代祖先容像,这使得后代子孙祭祀时可按图索骥,避免了年远不可考的情况。载有祖先容貌、生平的族谱自然如同祖宗在世一样受到崇敬,保护严密、不可损毁。收藏族谱由专人负责,一般推举族中有德行的长者担任,被视为荣耀之事。而损害、遗失、盗卖族谱的行为被视为冒天下之大不韪,以不孝论罪。"祠、谱先削其名示戒。祖宗灵爽冥冥之中,实共鉴之"。② 徽州民间传说认为,破坏族谱的人失去祖先的庇护,会遭受报应。徽州宗族在祠堂举行合族祭祀时,一个重要环节就是宣读整套族谱,以使族中年幼子弟熟悉祖先名讳,接受宗族教育。因此,有机会读族谱也被视为莫大的荣誉。

赵华富在《徽州宗族研究》③中记录了徽州宗族修谱之始和完毕都要举行隆重的祭祀典礼。如祁门善和程氏仁山门支修谱时祈求祖先的保佑;婺源武口王氏宗族、绩溪明经胡氏龙井派、黟县西递明经胡氏宗族族谱纂修完成,都要举行隆重的祭祖典礼,告于祖灵。特别是黟县西递明经胡氏宗族,持续

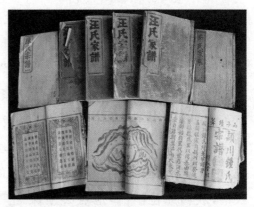

图 4-20 黄山学院图书馆藏族谱

数日,请来黄山和尚做道场,还搭台演戏、舞台阁娱神娱人,甚至吸引了周围百姓通宵观看,颇有迎神赛会的热闹。

《黄龙口:宗族聚落的典范》④一书中还原了近现代祁门黄龙口汪氏宗族修谱、护谱、晒谱的曲折经历,沿用公匣制严密保管收藏谱箱。当地至今传承

---

① 歙县《托山程氏家谱·托山程氏重修本支谱后序》。
② 《休宁宣仁王氏族谱》。
③ 赵华富:《徽州宗族研究》,合肥:安徽大学出版社,2004年,第229—230页。
④ 赵懿梅:《黄龙口:宗族聚落的典范》,合肥:合肥工业大学出版社,2013年,第108—129页。

图 4-21　2012 年黄龙口汪氏宗族晒谱仪式

着传统的晒谱仪节,根据谱箱纪录,最早的文字记载始于清光绪二十二年(1896)六月初一日,民国年间一直延续。黄龙口传统的晒谱仪节在每年古历六月初一举行。为了安全的缘故,时间、地点都是临时安排。那天,护谱是头等大事,全村男丁不需做事,只有一个任务——看谱,保护族谱的安全。新中国成立前晒谱时,四周进村的山路都由专人把守,不许生人进入,加强保卫、预防偷盗。"文革"期间,汪氏宗族收藏的三大谱箱就在有心族人的保护下数度转移以免被毁。"文革"后更加保密,头天晚上才通知人护谱,晒谱时就放在楼房顶上,楼下大门紧锁。1992、2001、2010、2012 年都举行了晒谱仪式。2012 年黄龙口汪氏宗族举行了隆重的晒谱仪式。在祠堂鸣炮宣布接谱后,仅由四位管理人到存放地点将谱箱搬下来,谨防无关人等窥视,再由护谱人搬至祠堂尊位,接受族众的祭拜。晒谱后,仍由这四位管理人收谱,放回原位,具体地点必须保密。开谱和收谱时都需清点、验收,预防遗失、盗卖。汪氏宗族对族谱的保护和尊崇源于宗族文化的历史积淀,历代祖宗牌位虽早已荡然无存,在族人心中族谱与祖先画上了等号,作为祖灵的化身接受族众的崇祀。汪氏宗族后裔包括女性和孩童跪拜族谱的理由是期望受到祖先的保佑。

图 4-22　村民拜谱

可见,徽州人将与祖先有关的一切,如神主、祠堂、祖墓、祖容、族谱等都当作祖先的化身来崇敬和祭祀。"谱主于崇孝,倘有弃祖茔、鬻谱牒、蔑视先祠、毁弃祖先手泽者,并书,逐之,以惩恶也"。① 这是与其他民间信仰相类的特点,祖灵如同神灵一样无处不在,时刻存在子孙(信徒)的心中,凭借所具有的权能赏善罚恶。祖先逝世后,失去了具体形态,转变为无形的神灵。深受儒家伦理熏陶的徽州人自主自觉地制作实物、营建场地,以妥当安放祖先的遗体与灵魂,使其作为祖灵的化身接受子孙后裔的崇奉。将祖灵具化,一方面子孙后代的情感有了寄托和抒发的对象,有了实际的标的物,另一方面祭祀等仪式化的行为也有了现实存在的指向,使得人神沟通更加可能和直接,从而强化和扩大了祖先崇拜。

第二节 徽州祠祭和墓祭

前文对充斥徽州人日常生活的祖先崇拜进行了梳理,对祖灵的敬畏集中地体现在形形色色的祭祀之中。徽州的祖先祭祀在发展路径、性质特点上与汉族祖先祭祀是一致的,按发生场所主要可分为祠祭和墓祭。冯尔康、常建华等学者从宗族制度出发对汉族祖先祭祀展开了深入的研究,主要专注于历史上礼制的变化及民间祭祀的演变。本部分则在前人研究基础上,根基于文书等民间文献,试图还原历史上徽州百姓祭祀的真实面貌,探讨其中折射的徽州祖先崇拜,进而从学理上梳理和归纳其性质和特点。

一、徽州祠祭

周代,"不同社会阶层的人有相异的祭祀法则和宗族组织,社会层次越低,祭祀祖先的权利越小"②,宋元以来,祭祖的权利不断下行和宽松。到了

---

① (清)光绪《文溪汪氏支谱》,仅余卷首,尺寸 445×250mm,清光绪十八年(1892)刻本,祁门黄龙口汪氏宗族藏。

② 冯尔康:《18世纪以来中国家族的现代转向》,上海:上海人民出版社,2005年,第30页。

明代中叶,随着官方在祭祖礼制上的调整和变化,民间祭祖大为兴盛。清代庶民宗族建祠追祀远祖更是蔚然成风。明代以来官方对于祠堂和祭祖的规定大多照搬、模仿《朱子家礼》。《家礼》分通礼、冠礼、婚礼、丧礼、祭礼五部分。祭礼有四时祭、初祖祭、先祖祭、祢祭、忌日祭和墓祭,详细规定了礼仪发生的时间和空间,以及礼仪中的排序、言辞举动、器具供品和程序,这些祭礼在规格上大同小异。祭祀前,在主祭者的率领下,全家人要沐浴更衣斋戒,庄严肃穆,做好祭祀的各项准备,清扫祠堂,清洁和陈设祭器,准备精致干净的蔬果酒馔等祭品。祭祀时主要有迎神、降神、参神、进馔、初献、亚献、终献、侑食、受胙、辞神、送神等仪节。朱熹将祭礼简化了许多,使得无论贫富都可以举行祭礼,其作用就在于人人都可以表达慎终追远之心。

徽州是宋以后中国宗族制度最为完善和发达的地区之一,在这里建祠祀祖十分兴盛和普遍。在被誉为"文公阙里"的徽州,"一以郡先师子朱子为归,凡六经传注、诸子百氏之书,非经朱子论定者,父兄不以为教,子弟不以为学。是以朱子之学虽行天下,而讲之熟、说之详、守之固,则惟新安之士为然"。[①]"徽州不尚佛老之教,僧人道士,惟用之以事斋醮耳,无敬信崇奉之者。"反而文公道学之邦的"教泽入人深哉","丧祭大都守文公《家礼》,小有异同"。[②]《朱子家礼》成为徽州宗族所奉行的宗族建设、家庭礼仪的范本。

(一)仪节

前文已记叙了徽州纷繁复杂的祭祖,"春秋二祭"和冬祭比较多见,民国时期更省略为春祭和冬祭。这些祭祀都是按照《家礼》的仪节在祠堂举行的,但与家祭不同,明清以来徽州宗族多在祠堂合族祭祀始祖、始迁祖。"立春、冬至,遵依《家礼》祭祖"。[③] 绩溪《上川明经胡氏宗谱·新定祠规二十四条》

---

① (元)赵汸:《东山存稿》卷四《商山书院学田记》,见《四库全书》第1221册,上海:上海古籍出版社,1987年,第287页。
② (清)江登云辑、江绍莲续辑:《橙阳散志》卷末《歙风俗礼教考》,见许承尧撰:《歙事闲谭》卷十八《歙风俗礼教考》,合肥:黄山书社,2001年,第607页。
③ 婺源《武口王氏统宗世谱》。

"崇祭祀"条规定春分和冬至举行的祭祀"一切仪节,谨遵朱子《家礼》"。

参加祠祭的为全族成年支丁,要求衣着整洁、庄严肃穆。主祭者由宗子或族长担任,十至数十名礼生承担具体的职务,具体有"通赞"、"引赞"、"司祝"、"司帛"、"司樽"、"司爵"、"司馔"、"司盥"、"司过"等。支丁按照昭穆世序和年龄排列站立,活动也需按此顺序,一如《家礼》中的规定。祭祀仪节谨遵朱熹《家礼》,行"三献礼",即初献、亚献、终献。祭品根据朝代、时令、资产而千差万别,但一定要具备的就是"少牢礼",即猪、羊、鸡、鱼之类。最后要散胙和合食。散胙就是参加祭祖的支丁在祠堂分领祭肉,也称为"分胙",被视为全体族人分享祖宗福气的象征。有的是将作祭品的猪肉、丁饼等拿来分发,也有的兑换成现金。当然分发的标准按照年龄和功名有具体详尽的规定,也起到了一种赏罚激励的作用。合食就是在祠堂会餐。至于未成年的支丁也和《家礼》中一样,从小教导他们学习这些进退礼节,五岁或八岁以上就需到祠堂旁观学习。

明代祁门善和程氏宗族有整个宗族聚落的总祠、各支派的分祠、为窦山公"立祠像奉祀"的书院祠、位于墓所的墓祠。仅书院祠每年举行六种祭祀,正旦、生忌二辰、清明、中元、冬至,以中元、冬至、清明较为隆重,先于书院后佐公、庭春公墓前祭祀,然后祠祭。[①] 其他则是清明合族于宗祠祭祀后,再往墓所致奠。书院祠祭祀前要摆设神位和准备祭品。"各位俱用纸牌书主,主称各照后祭文。神像左右,设二孺人位。堂中南向设五位,余俱东西叙。"祭品一般包括猪、鱼、羊等。中元祭仪(冬至同):"祭猪二口(共计一百二十斤,永为定则),祭羊一羫(定银七钱),塘鱼(定银五钱),枝员时果(定银四钱五分),拖禄一桌面食(共定银二钱五分),水酒十瓶,糖尖(定银二钱五分),好腊酒二十五瓶,大申文纸一百张,建白纸二百张(打钱),石烛三斤,中样印丝象生一千锭,檀香三钱,速香(二两),长红绿纸表白黄纸,大椒、花椒(各四两),大料并红曲、闽笋、木耳(各八两),盐(五斤),酱(二斤),醋一瓶,香油二斤,羹

---

① 周绍泉、赵亚光:《窦山公家议校注》卷三《祠祀议》,合肥:黄山书社,1993年,第20页。

饭米,时菜葱,柴三担(系青真坞管办),炭十斤(系中村管办)。"选用好酒、好肉、鲜鱼以及时令蔬果进献给祖宗,还需精心烹制,"窦山公席馔外加猪肚一品,用酱油涂炙,加扑大料。脯,用无骨猪肉各一块,约重六两,煮半熟,以油酱涂透煎烧,加扑大料。鸡,用四只,煮半熟,切大块,用香油烤熟,加扑大料。鱼,用鲜活者五斤,去鳃、鳞、油煎,加扑大料。猪肝一付,略煮切片,以盐、酱、酒醃一霎,炙热,加扑大料。醢,用精猪肉二斤,切骰子大块,以红曲、盐、酒醃一霎,取出蒸熟,加扑大料。大料,用净花椒三两,大茴香一两拣净,白芷五钱,共研为细末听用。"其摆设如下:

神位各一席
羹(酒三鲜)饭
菜　菜　菜　菜　菜
猪脯　煎鱼　鸡脯　炙肝　猪醢
面食　面食　面食　面食　面食
果　糖　果　糖　果
(牲饤共设于前)
羊肘　　鱼　　猪肘

所有祭品"不在多冗,但要精洁馨香",以精心烹制的菜肴进献体现了徽州宗族祭祖"事死如生"的特点,将祖灵当作在世的长辈一样侍奉。具体的书院祠祭仪节为:"序立,鞠躬四拜,兴,平身,诣香案前,跪,初献酒,酹酒,祭酒,奠酒,读祝,亚献酒,终献酒(俱如初献),俯伏,兴,平身,复位,鞠躬四拜,兴,平身,侑食,焚帛,礼毕。"与《家礼》相比,略为简省,但主要的三献、侑食等是相似的。①

徽州宗族祭祀遵循《家礼》,行三献礼,间用鞭炮鼓乐,甚至兴演傩

---

① 周绍泉、赵亚光:《窦山公家议校注》卷三《祠祀议》,合肥:黄山书社,1993年,第24—25页。

戏、徽剧等。一些名门望族都备有或邀请粗细两班乐队,粗乐指唢呐、锣鼓等乐器,细乐指笙、箫、管、笛等丝竹乐器。祭祀开幕等重要环节都要鸣炮奏乐,烘托出典礼庄严肃穆的气氛。徽州祭礼、丧礼使用纸钱非常普遍,即使到今天民间仍沿用锡箔纸钱象征金银元宝。但纸钱等仪节多被指为佛教习俗,有悖于《家礼》。《茗洲吴氏家典》专门就此进行论述:"纸钱始于殷长史。汉以来,里俗稍以纸寓钱瘗。至唐玄宗惑于王玙之说,鬼神之事繁,钱不继,玙作纸钱,用于祠祭。于是纸钱之用侈矣。夫祀天神则焚币,祀人鬼则瘗币,纸钱何所取乎? 朱子家庙之祭,谓纸钱易币帛未安。旧时帝王家小祭,亦用纸钱。明洪武十一年(1378)六月,谕礼部:'祭用纸钱,出于近代,殊为不经。'命去之。则纸钱不当用,明矣。今人重佛,谓纸钱资于冥途,益诬罔不经,宜用素纸代币帛,且以明洁。"① 可见明清时期徽州民间祭祖习俗虽遵循儒家仪礼,却也受到了民间习俗和佛、道的影响。正是基于此,吴氏宗族作家典以坚持和规范儒家的正统礼仪,规定"祭礼并遵文公家式,只用素帛明洁,时俗所用纸钱锡箔之类,悉行屏绝"。②

清代徽州各种祭祀的仪节大体与《家礼》一致,前期三日,斋戒。前期一日,设位陈器,具馔。厥明夙兴,设蔬果酒馔。质明,奉主就位,参神,降神,进馔,初献,亚献,终献,侑食,阖门,启门,受胙,辞神,送神,撤馂。③ 休宁茗洲吴氏宗族三献时分别歌诵《茗山之阳》首、二、末章。为了便于一般家族操作,《茗洲吴氏家典》中还附有《四时之祭图》、《冬至祭始祖图》等。

---

① (清)吴翟辑撰,刘梦芙点校:《茗洲吴氏家典》卷五,合肥:黄山书社,2006年,第120页。

② (清)吴翟辑撰,刘梦芙点校:《茗洲吴氏家典》卷一《家规十八条》,合肥:黄山书社,2006年,第24页。

③ (清)吴翟辑撰,刘梦芙点校:《茗洲吴氏家典》卷一《家规十八条》,合肥:黄山书社,2006年,第253—254页。

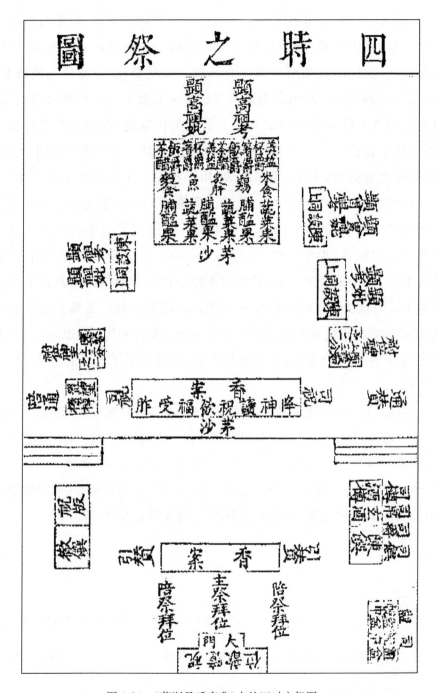

图 4-23 《茗洲吴氏家典》中的四时之祭图

清代同治年间祁门七溪汪氏延续道光年间定例,每年定期在赤山祠联宗祭祖,有元旦、春祭(汪华诞辰正月十八)、冬祭(冬至),由各支派族长和文会轮流负责主办。祭祀前一天,当年轮值的司年首人先期前往赤山统祠,命令祠仆将祠堂和祭器打扫干净,准备祭品和香烛。"诞辰遵在城族长主祭,冬至遵在乡司年族长主祭,另祭报功遵文会长主祭。""冬春二祭照常行三献礼,文会除服制外务穿公服,方派执事贡生以上一体陪祭,其从九及生监年满六旬者亦归陪祭。"春祭的祭品如下:

  纸扎狮象二座 侍卫二座 金银山四座 祭花 献锭一副
金银四千张 五色台笺纸十张 帛十束 光古纸五百 印纸一个
  上料香四封 红烛(一勋头一对,余用十六枝头,共三勋) 鞭爆
□一串 吹手六名 爵九支 羹汤饭九盅 猪一口 羊一只 毛血 供献

  寝室祭台办水菜九碗,用木板碟二层,面食一副五斤,时菜五品。

  配享二椁办水菜九碗,木板碟一层,面食五勋。

  两旁计四座长椁木板碟二层,面食五斤,熟亥二块,丑二块,每重四两,鱼一尾重半斤。

  大堂祭桌用锡盘三十面,五牲、五享糖、五海菜、五果品、五谷、五面食十斤,中用圆橐盘三面,油食三斤,面鱼桃各三勋。

  大堂东西二桌供献与寝室两旁四座同。①

可见祭品是相当丰盛的,一如其他宗族的祭祀,既有象生、金银纸帛,也有各色荤素菜肴、糖果,更有猪、羊等。祭祀的具体仪节大体相类,先由文会长和四位主祭礼生前往祠堂迎神,行傩完成后,告天地。再由族长和四位主祭礼生行三献礼祀祖。"祭毕,凡城乡各支与祭者皆叙长幼、分东西,对立唱

---

① (清)同治《赤山元宗祠志》,黄山学院图书馆藏复印件。

班作揖,食果茶。"晚上,"与祭族长、文会首人同在大堂叙齿饮福菜九肴,不用烧酒。"正祭第二天,祭祀报功神主。祭祀结束后还要领饼和颁胙。

汪柏树根据黄山学院馆藏簿册,归纳梳理了光绪、民国时期歙县瞻淇汪氏宗族祭祀汪华的盛况。当地正月十八庙祀汪华,光绪年间王祖庙内陈设非常讲究,事先装饰好神前珠灯、六瓣珠灯、四瓣珠灯、明角灯等各色灯饰,摆放好古铜鼎、鸾架、坍墀黄伞等各式祭器,供桌上要摆放 36 碗、36 盘共计 72 种。① 民国十三年(1924)正月十九日恭迎王祖过案时,庙内点满堂灯,由各房公家和私人放炮。祭品包括"席上方食篮一只内三牲全副,献果一座","又席上献果 1 座,平献果 2 座,献茶 12 架,荤素茶合 75 个。"② 当时献菜 36 碗由各家抓阄承办,菜色有鲍鱼、蛏干、屯鸟、银鱼、蕨包、野鸭、海参、黄雀、鳊鱼、大爪、鸳鸯、烧馒、鱼翅、蹄髈、鸽子、鲈鱼、鸭、火肉、玉燕、鹅、鹿筋、米花、春饼、蛋卷、鲜鸡、鹅子、脚鱼、冬笋、鸭舌、淡菜、蛤干、干贝、鱿鱼、米肚、糟蟹、野鸡,36 盘,每盘 2 包,计 72 包。其他的糖饯、蜜饯、水果则统归王祖会公办。清代末年至民国时期歙县瞻淇汪氏宗族人口众多,合族于王祖庙祭祀汪华,庙内装饰富丽堂皇,爆竹礼乐一应俱全,祭品荤菜海味齐备,汪华诞辰正值元宵,从元月十三日晚上至二十四日白天昼夜演戏。此种盛况除了祭祖娱神外,更增添了娱人的趣味。

无独有偶,祁门黄龙口村内自古建有一座忠烈越国公祠,每年正月在此举行盛大的祭祀汪华活动。道光十一年(1831)华公圣会合文人汪尚茂等立合文,记述了汪氏宗族四大支派兴立十八华公圣会。每年正月汪华诞辰轮流兴办祭祀,道光年间因经费、人员缺乏,暂时改为四分公举十二人共同经办。③ 笔者采访到了两位参与过 1948 年最后一次王祖祭的礼生汪永旺和汪

---

① 清光绪三十二年(1906)正月汪怀德立《王祖会借各物》登记簿册,藏于黄山学院图书馆。

② 民国十三年(1924)正月汪怀德管《王祖会事务总簿》,尺寸:140×200mm,分类号:4.4.2-F7213-0001,藏于黄山学院图书馆。

③ 清道光十一年(1831)三月汪尚茂、大柯、大宙、大唐四大分人等立公议兴扶合族华公圣会合文,尺寸:540×570mm,由祁门黄龙口村民汪智刚收藏。

共友,以及观礼的汪润明等老先生,还原了民国年间祁门黄龙口汪祖祭的盛况。每年正月十七就开始筹备工作,由庙祝将大庙打扫干净,十八会负责将平日收起来的装饰陈列出来,挂上玉色腰鼓形状的米珠灯笼,梁柱上装饰绣花红缎,将越国公祠装点一新。还要将每件祭器擦拭得一尘不染,准备各色祭品。筹备妥当以后,正月十八就要开始祭汪华了。主持和与祭人员包括族老公和四五十个礼生。祭祀主要仪节有"肃立,引祭者就位,引主祭者(族老)就位","擂鼓三通","鸣金三响","乐奏三章","族老公上香","进花束","进帛","进酒","读祭文","读祝辞","跪拜","礼毕"。整个过程从早上持续到下午。之后在十八会首领率领下,把糖均分送到每个礼生家。猪和羊则用在晚上宴请礼生在中和堂喝酒,十八会的四分首人参与宴请。村民可以观看宴席,但不能吃饭。①

历代徽州宗族祀祖仪节恪守儒家传统,遵循《家礼》倡导的三献礼等仪节,体现了汉族祀祖"事死如生"的特点;崇尚庄严肃穆的气氛,却难以禁止纸帛、鞭炮、演戏等民间习俗的流行。

(二)祭文

明代《祀先祝文》收录了大量徽州祭祖时使用的各种祭文,折射出了徽州人对祖灵的看法和态度。如《四仲月祀祖先》②明确指出明代官方规定的祭祖止于四代,四时祭祀较为通行。此外日常亦可以为某件特别的事情祈求祖先降福。

每常祀祖先

伏以,祀孙有庆,板迓宗先而降格;幽冥异路,须凭符使以通忱。

于日焚香,先伸召告门丞土地之神,敢劳值日功曹。先降香筵,受兹

---

① 赵懿梅:《黄龙口:宗族聚落的典范》,合肥:合肥工业大学出版社,2013年,第191—197页。

② (明)《祀先祝文》,见胡道静等主编:《藏外道书》,成都:巴蜀书社,1992年,第820页。

忱烟。涓今△年月日,祀孙△合家眷等,谨以清酌肴馔之仪,百拜敢昭于△氏本宗先远,△△男女诸位尊魂。仰仗功曹,引赴家庭。鉴此微忱,受沾供养。众魂大自小以来临,卑承尊而有序。男女端居于座上,子孙展拜于堂前。先世覆育之恩甚大,后裔酬报之礼当殷。念祀孙△等多沐恩光,叨蒙洪庭。于日所伸请,意盖为△为(某事听请),专祈庇佑,伏望保扶。(或还□□听请)

伏以,文公家法,备详祭祀之仪;夫子遗书,具载丧□之礼。事尽其孝,祭尽其忱。有酒盈樽,谨当初奠。

伏以,高曾祖考,足为九族之先;春夏秋冬,兹属四时之节。陈其簠簋,酌彼金罍。有酒盈樽,再陈亚奠。

伏以,人本乎祖,难忘先世之恩;物表时思,聊表后人之敬。以享以祀,来蒸来尝。有酒盈樽,谨当终奠。

伏愿,灵魂不昧,荫佑无疆。四时八邻,俯赐百为之吉;人康物阜,仰承万事之亨。夫妇齐眉,等松椿之寿算;儿孙绕膝,绍诗礼之家风。产业兴隆,财源茂盛。人口益加,子姓昌炽。火盗潜消,灾非尽斥。凡干动止,□赖阴扶。谨化冥财,俯垂受纳。①

《每常祀祖先》等祭文证实了当时徽州人祭祖均遵行儒家经典,照搬朱熹所作《家礼》,行三献礼。徽州人心目中的祖灵仍是冥界的鬼魂,需要先由土地神等神灵招引降临人间。祭祀之敬在于饮水思源,勿忘祖宗奠基的恩德。这些祭文的规制、形式、内容均具有相似性,言辞看似不同,仔细追究其表达的内容,不外乎祈求祖先降福后人,消灾解难,保佑家庭和睦平安,身体健康,衣食无虞,人丁兴旺,开枝散叶,读书做官,经商致富。

与《祀先祝文》相比,明代万历年间祁门善和程氏家族合族祠祭显祖窦山公等的祭文更加平实,既不尚繁文缛节,也没有向祖灵祈求的内容,仅将祭祀

---

① (明)《祀先祝文》,见胡道静等主编:《藏外道书》,成都:巴蜀书社,1992年,第824页。

的 20 多位祖先按尊卑逐一列出，以表达子孙后代的孝敬和追慕之情。①《茗洲吴氏家典》则将祭祀的过程完整展现出来。清代休宁县茗洲吴氏宗族四时祭等先至祠楼请出神主，告之祖先："孝孙厶以今仲春夏秋冬有事于高曾祖考妣，敢请神主出就正寝，恭伸奠献。"参神、降神后再行三献礼，主祭者读祝文，待侑食后祝（执事人）在祖灵的授命下致嘏辞，降福于族人："祖考命工祝，承致多福无疆于汝孝孙。来，汝孝孙，使汝受禄于天，宜稼于田，眉寿永年，勿替引之。"最后，将祝文焚烧以传达给祖先。祝文体例、言辞与明代程氏祭文相似。② 可见，相较于《祀先祝文》，程吴两氏的祖先祭祀仪节更加繁琐，仍延续了降神、三献、祈福的过程；以辞文来说，则不尚辞藻的修饰，更加严整；以内容而言，祈求的事项则笼统而抽象，多指福禄寿、善耕作。程吴两个宗族祭祖

图 4-24　婺源汪口俞氏宗祠

秉承了《朱子家礼》强调的不尚奢华的气节和勿近鬼神的精神，恪守正统的儒家仪礼，以儒家伦理尊祖敬宗的观念贯穿始终。

清代道光之前，祁门七溪汪氏元旦于赤山统祠联宗祭祀汪氏显祖越国公汪华，先告天地三界之神，然后行祭礼。

祭文式

维　年　月　日，裔孙　　等，敢昭告于始祖唐越国公讳华之神位前曰，惟祖德被群生，泽垂后世。钦在孙子，覆置洪庇。际兹元旦，岁序更始。追慕先献，曷其有既。肃贡椒浆，佑启后裔。尚飨。

---

① 周绍泉、赵亚光：《窦山公家议校注》卷三《祠祀议》，合肥：黄山书社，1993 年，第 26—27 页。

② （清）吴翟辑撰，刘梦芙点校：《茗洲吴氏家典》卷六，合肥：黄山书社，2006 年，第 253—258 页。

其他还有春祭正月十八和冬至祭越国公汪华，各支派始迁祖祔食。祁门七溪汪氏联宗祭祖牵涉范围广，隆重其事，仪节遵循正统的儒家仪礼，与前述《茗洲吴氏家典》等相似，行文趋向于古朴的修辞风格。从祭文的内容上看，主要体现了子孙后裔尊祖敬宗、追慕先贤之情，祈求祖灵降福相对弱化。

清末民国婺源胰川程氏宗族冬至合族祭祀，先于始迁祖墓前举行墓祭，再于祠堂举行大祭。

大祭祝文

惟

年岁次　　仲冬月既　越祭日　　之辰，奉祀首裔孙等，即日谨以刚鬣柔毛，果品酒醴，时菜庶馐之仪，百拜致祭于

九十四世　胰川始迁祖　讳原泰府君

　　　　　祖妣孺人　　滕氏贤娘

九十五世　明处士行荣　讳观府君

……

百十世　　清处士行　　讳庆根府君

　　　　　内寝祖妣

九十五世　　观祖妣　　王氏孺人

……

百十世　　　庆阅妣　　俞氏孺人

　　　以上

先灵之神前而言曰，洪维始祖，根由金竹，枝发数千。东溪来此，卜宅再迁。基开宏址，村号胰川。族同一脉，福永万年。始祖孺人，端静贞坚。仁慈素著，名誉称贤。母仪足式，闺范高悬。配享四代，守道顺天。公平至直，方正无偏。贻谋裕后，创业光前。附祀列祖，或以行显，或以德宣。诗书继世，礼法承先。功名伟矣，品级昭然。内祀列妣，或以孝著，或以节传。持功淑慎，秉性塞渊。慈型可表，懿德无愆。今逢冬至，阳转运旋。祀先期到，报本心专。邀同绅老，集

此人员。衣冠仪整,俎豆肴鲜。请安神位,祈享芳筵。灵其如在,祭各致虔。财丁两盛,富贵双全。桂兰挺秀,瓜瓞长绵。文人豹蔚,科甲蝉联。昭哉。尚飨。①

由祭文可见,婺源脾川程氏冬至祭始祖是一年中比较隆重的祭祀。祭祀的祖先为始迁脾川的祖先九十四世程原泰夫妇及孺人,是脾川程氏宗族的奠基者。配享的祖先为历代功勋爵德显祖,百世不迁,其功名爵禄须为通过正规考试或授予封赐而获得,以捐职捐银方式获得的功名头衔并不在此列。最后,祈求祖灵庇护后代人丁兴旺,家庭富裕,读书做官。

徽州祠祭与汉族祖先祭祀的历史发展是一致的。中国古代祠堂伴随着历史的变迁和官方礼制的规定,遵循了特权专有到庶民建祠逐步开放的发展路径。明清以来徽州建祠祭祖兴盛,非一人一家之力可负荷,需举全宗族的财力、物力、人力方可建造和延续。这就决定了祠堂祭祖即使不是由整个宗族主持和参与,至少也是由某一门房派举办,祭祀的对象也为宗族或支派百世不迁的始迁祖和历代显祖,这与家庭单位祭祀五世之内的近祖有所区别。合族祠祭蕴含了浓厚的祖先崇拜观念,反映了徽州人对待祖灵的看法和态度。在徽州人的心中,祖灵仍是鬼魂,受到儒家尊祖敬宗观念的影响,加上其对宗族或地方的功绩,被赋予了一定的权能。祖灵与其他的神灵又有所不同,作为过世的祖先,祭祀贡奉一如生前,体现了"事死如生"的特点;祖灵一般需要土地神等神灵的招引降临;祖灵的权能是有限的,仅限于对宗族后裔的庇护和赏罚。徽州祠祭遵循儒家礼制,行三献礼,以儒家文化传统为主。同时受到历史上的山越文化和民间习俗的影响,表现出追求精致祭品菜肴,以礼乐烘托气氛,杂糅鬼神观念和佛道礼仪等特点。徽州祠祭源于尊祖敬宗,同时带有明确的直接功利性的指向,谋求在世和后世子孙的现实利益。

---

① (民国)婺源脾川程氏恒远众立《新祝文簿》,尺寸:240×197mm,包号:720,藏于黄山学院图书馆。该簿册中有民国字样,据内容推测可能书于清末,民国仍沿用此祭祀仪节。

二、徽州墓祭

根据常建华的研究,虽然墓祭不合于礼法,但最迟到春秋战国之际,就出现了在墓地祭祀祖先的活动。汉代兴起墓祠祭祖,墓祭和墓祠祭祀都反映了汉族的祖先崇拜。到了唐代,墓祭固定于清明节。明清时期民间墓祭比较兴盛,大多遵循《朱子家礼》规范的仪节,与祠祭大体相似。选择三月上旬的一天举行墓祭,提前一天斋戒,准备祭品以及祀后土的鱼肉米面食。第二天主祭人穿着深衣,率领执事前往墓所,先行跪拜,绕墓三周以展哀思。用刀斧将杂草清除,洒扫干净,再行跪拜。并将墓地左侧清出空地用于祭祀后土。在墓前如家祭一样布席设馔。参神,降神,三献,祭文一如家祭。辞神,撤馔后,布席陈馔,祭祀后土,降神,参神,三献,辞神,撤馔。

据《歙风俗礼教考》记载,徽州墓祭时间有清明和十月,按规模有合族祭始迁祖、各支祭支祖、单丁小户祭近祖。通过族谱文书等发现,墓祭往往和祠祭同时举行,如前所述明代祁门善和程氏,中元、冬至、清明时节先于书院后佐公、庭春公墓前祭祀,然后祠祭,清明时其他祖墓又先在宗祠祭祀,再往墓所祭祀。清末、民国婺源腴川程氏宗族冬至合族祭祀,则是先于始迁祖墓前举行墓祭,再于祠堂举行大祭。① 可见,墓祭与祠祭的顺序可能各有规定。

一年中最重要的就是清明节扫墓,在徽州方言中称为"标祀"、"标挂"、"挂钱"、"挂纸"等。《歙风俗礼教考》记载:"墓祭最重,曰挂钱,亦曰挂纸,举于清明,标识增封也。族祖则合族祭之,支祖则本支祭之,下及单丁小户,罔有不上墓者。"田野调查中发现,在民国还保存这样的风俗,由各支选派代表联合祭祀世代较远的共同祖先或显祖。根据赵华富的考证,歙县棠樾鲍氏、呈坎罗氏,休宁月潭朱氏,黟县西递明经胡氏、南屏叶氏,绩溪龙川胡氏,婺源游山董氏等宗族都是将春祭与清明墓祭同期举行,先行祠祭,然后往祖墓

---

① (民国)婺源腴川程氏恒远众立《新祝文簿》,尺寸:240×197mm,包号:720,藏于黄山学院图书馆。该簿册中有民国字样,据内容推测可能书于清末,民国仍沿用此祭祀仪节。

标祀。①

(一)仪节

徽州宗族墓祭依文公《家礼》举行。明代祁门善和程氏宗族重要的祖墓就有29处,详细规定了清明墓祭的仪节。"自尚书胡夫人以下十墓,清明合祭宗祠,各捧纸钱分往各墓摽挂。自汝霖公以下十一墓,清明合祭宗祠后,五房轮备祭品,往各墓所致奠摽钱。窦山公以上三墓,以下三墓,俱于清明合祭宗祠,数日后,五房轮备祭品致奠各墓摽钱,长幼毕集百花园墓祠散胙,即日每房各一人至章溪刘孺人墓致奠摽钱,不至者罚银五分"。②清明当日,合族会聚于宗祠举行祠祭,然后各自往远祖墓所标挂,数日后于百花园墓所祭祀近世的中兴祖窦山公等,合族在百花园墓祠集合散胙。清明时节往窦山公墓标挂的祭仪与前述祠祭相似,包括生猪肉、油煎塘鱼、肥鸡、好酒、鲜明五色果等各色菜肴,以及大申文纸、火纸、中样印丝象生、石烛、纸钱、官香、枝员果子、祝文并后土文等。每年清明、中元、冬至于书院祠会祀时,先往书院后佐公、庭春公墓前祭祀。书院墓祭仪节:"序立,奠酒,鞠躬四拜,读祝,侑食,焚帛,礼毕。"可见仪节谨遵《家礼》,与祠祭相比大为简省,但主要环节还是一致的。

清代休宁《茗洲吴氏家典》规定的墓祭仪节与《家礼》大体相似,更加具体,便于依样行事。提前准备祭品,一如家祭。当日到达墓所,洒扫除尘、陈设祭品。"序立。鞠躬,拜、兴,拜、兴,拜、兴,拜、兴,平身。诣坟墓前,跪。上香。一献酒,再献酒,三献酒。主人以下皆跪。读祝。读毕。俯伏、兴,平身。复位。鞠躬,拜、兴,拜、兴,拜、兴,拜、兴,平身。焚祝文。礼毕"。③与《家礼》一样还需祀后土。进献给后土的祭品有鸡、鱼、肉各一盘,仪节与祭祖相似。

---

① 赵华富:《徽州宗族研究》,合肥:安徽大学出版社,2004年,第202页。
② 周绍泉、赵亚光:《窦山公家议校注》卷二《墓茔议》,合肥:黄山书社,1993年,第17页。
③ (清)吴翟辑撰,刘梦芙点校:《茗洲吴氏家典》卷六,合肥:黄山书社,2006年,第268页。

清代同治年间祁门七溪汪氏于赤山祠联宗祭祀,另于清明前五日至井亭派始祖雅公墓前祭祀,但因路途遥远,难以齐集,改于春祭第二天早晨由司年者准备酒醴三牲、金银香纸等往墓所奠祭。祭坟行三献礼,遵司年文会长主祭,赞礼两人,执事两人。祭品有三牲一副,面食五斤,酒,帛,馔,金银三千,红烛两对,鞭子两串,吹手四名。①

　　根据赵华富的研究,民国年间黟县南屏叶氏清明墓祭甚为隆重,前后历时三天,每天一处。祭品有全猪、全羊,以及数十个祭盆,包括燕窝、青螺、紫菜、山药、大蚝、肉圆、鱼翅、猪肌、鲜蹄、冬菇、山楂、塘鱼、醉蟹、鲜笋、鲜鸡、猪肚等等。还制作其他色彩绚丽、造型优美的祭品,如鲤鱼跳龙门、玉兔望月、梅开五福、寿桃、花瓶、花卉等等。清明祭祖前三日,当年轮值的办事人就要"具帖祠前通知"族众祭祀日期,还要雇佣粗工到三处墓所除草插竹枝。祭祀当天,值年沿街鸣锣三次,通知族众到宗祠"叙秩堂"门前广场集合。标祀队伍排列前进,有鼓乐、祭器、祭品等,后面还有礼生、族长、族丁和观礼的妇女、儿童等。人人盛装华服、珠光宝气,浩浩荡荡前往墓所。祭祀时,当年添丁的人家献鸡一只,感谢祖宗眷顾。标祀后,还要散胙,回祠堂换取现金。由于参与墓祭人多,竟然在叶氏宗族祖坟附近形成了短期的集市,卖小吃的、卖玩具的……不一而足,此时的墓祭在严肃的尊祖敬宗之外,更平添了踏青嬉戏的娱人意义。②

　　民国年间歙县瞻淇汪氏宗族标祀亦较繁琐。二月与凤凰汪氏联宗标祀,先到东乡吴清山三十三世汪澈公、三十六世汪道献公墓③,然后渡河到北乡云岚山四十四世汪华王祖墓。④ 歙县山泉溯本堂由出自汪华长子建派下的汪姓16族共同组成,瞻淇、凤凰、唐模、岩镇等都隶属其中。光绪十八年至民国二十一年(1892—1932),每年三月初三,16族轮流经管往统祠举行联宗祠

---

①　(清)同治《赤山元宗祠志》,黄山学院图书馆藏复印件。
②　赵华富:《徽州宗族研究》,合肥:安徽大学出版社,2004年,第203—205页。
③　汪氏三十三世祖汉吴新郡侯澈公,暨三十六世祖晋黟县令道献公归葬歙东吴清山。
④　民国十三年(1924)正月歙县瞻淇汪怀德管《王祖会事务总簿》,尺寸:140×200mm,文书编号:4.4.2-F7213-0001,藏于黄山学院图书馆。

祭和墓祭,其间还需祭后土。①

祁门黄龙口汪氏宗族文化积淀深厚,自今传承墓祀风俗。其历史上关于祭祀最早的现存文献是一份元至正二年(1342)有关墓祀的抄白。

图4-25　祁门黄龙口汪氏宗族藏《重建吴清山墓祠征信录》中的《吴清山祖墓图》

立分标扫合文约人汪伯四公秩下仝伯七公秩下二族人等为因子侄各居一地,共有祖茔,分散窎远,不便祭拜,是以相商立定时迁公以下尽系文溪伯七公秩下标拜,周家坝始祖倚公之出墓以便伯四公标拜。自后标各处坟茔,永无异说,众不得侵害失落、左右上下侵葬。如有侵占等情,听凭族众先辈后□。倘有日后世远分烟、人繁地隔,或恐他姓侵害祖冢,上下务要相同顾护,毋致推缩不前,如违准不孝论。今欲有凭,立此分标扫合文二纸,各收一纸永远存照。

至正二年正月二十日立分标扫合文约人伯四公秩下添生公　伯七公秩下景五公　齐一公　悌二公②

文书中的添生公应为添锡公,其为伯四公后裔,伯七公下景五为敦本之祖,齐一为八六祠祖之父,悌二为天合堂支派的祖上,四人同属始迁祖倚公长

---

① 民国二十一年(1932)三月歙县瞻淇汪植中执笔轮管山前16族总祠溯本堂《出入簿记》,尺寸:140×200mm,文书编号:4.4.2-F7221-0001,藏于黄山学院图书馆。
② 元至正二年(1342)汪伯四公秩下仝伯七公秩下二族人等立分标扫合文约抄白,尺寸:460×400mm,由祁门黄龙口村民汪智刚收藏。

子时迁公的后裔。从此文书可以推测元至正年间黄龙口汪氏宗族就流传有墓祭风俗。因为祖茔分散不便祭拜，所以两派后裔立分标扫合文就近标祀，文溪伯七公秩下标拜时迁公以下的祖坟，而伯四公秩下则负责始祖倚公之出墓。同时也规定了两派后裔都有共同维护祖墓、毋为他人侵害的义务。此份文书上另抄有清光绪九年（1883）文溪汪伯七公秩下永裕等立崇兴标祀合文抄白。500多年后，周家坝的祖坟历代标扫无误，但是咸丰年间因太平军的战乱，经费短缺，且原负责祭祀的伯四公后裔人丁稀少。但其与文溪汪伯七公派下仍同属一支。故商议共输钱60千文负责收成差年份墓祀的费用，由伯四公后裔大云负责经收

图4-26　祁门黄龙口汪氏宗族收藏清光绪《文溪汪氏支谱》中的伯七公墓图

置产生息。文书最后也点明了祭祀的目的祈求祖宗保佑子孙后代的繁衍。这份文书也体现了徽州宗族在祭祀活动上的连续性及持久性，经过500多年的漫长岁月，仍能够世系清楚，并携手承担远祖祭祀的责任。

到了民国年间，祁门黄龙口江氏宗族墓祀风俗传承不断，家里祖先多的，腊月二十四开始上坟，上坟时要烧纸、放炮、拿饭（三碗饭）、拿菜，祭完后祭品不拿回来。正月初七早饭后，各家晚辈须到各家祖坟上供，八分男丁须至有善公坟祭拜，六分男丁至有中公坟祭拜，墓祭后散胙，每人分得一对饼。寒食节这天家家不烧火，吃冷食。这天可以修整祖坟或改迁坟墓，但是不可上坟。因为祖先众多，黄龙口汪氏宗族会安排清明前后数天为各位祖先上坟标挂。凡属公有祖坟均由庄户（小姓）先行按序清理坟茔，各支男丁（不限年龄）按惯

例日期结队到坟山挂彩色纸钱,鸣爆奏乐祭奠,以示纪念。清明前10天,选出10名男丁,往十五都芦溪乡白桃祭祀伯七公祖坟。前7天,四分各派3个代表,共计45人,往永安堂后汪重三公墓祭拜,之后全族所有男丁于永安堂参加祭拜、分胙。前5天,八分、六分每分选5人共10人为八六祠先祖颐二上坟,之后两分男丁去各支祠祭

图4-27　2012年祁门黄龙口汪氏宗族祭拜重三公墓

拜祖先、散胙。前3天,六分长房16人,里屋16人,共32人,其中2人置办酒席,另30人为黄龙口争地界献身的铁靴英雄上坟,墓祭后散胙。前2天,各分下数小支联合祭拜高祖、父母坟。前1天,各小支祭祀曾祖父母坟。清明节当日,以家庭为单位上祖父母、父母坟。

与祠祭的隆重相比,墓祭仪节相对简省。新中国成立前联宗祭祀远祖墓所特别隆重兴盛,以徽州汪氏为例,于墓所兴建墓祠,方便各地族人长途跋涉前来标祀汪华等远祖。由于支派较多、人丁兴旺,往往二三月间各支就开始分期陆续往墓所标祀。而以家庭为单位祭祀近祖更为普遍,一直延续至今。

(二)祭文

徽州宗族举行祠祭时往往同期再往墓所标挂。墓祭祭文也遵依《家礼》,明代《祀先祝文》中就照录了家礼扫墓祭祖和祭神祝板式,只是将时间改为明代。此外还收录了民间常用墓祭祭文,如新正祠祭同时也要拜坟。

新正拜坟

伏以,律回岁晚,思孝奉先于家庭;春到人间,贺节拜坟于墓所。展拜新年,少伸孝敬。兹惟厶年正月厶日,祀孙厶同合家人等,恭请厶处先茔,百拜昭告于高曾祖考(妣)厶府君(安人厶氏)。伏念,惟

魂魄藏邱垄,神安室堂。追念音容,曷胜悲慕。衣冠杳隔于幽冥,魂魄似瞻于仿佛。兹逢新岁,挚□果仪。敬诣墓前,特伸于上献。

伏愿,英真奠居,降祥有允;神灵安妥,遗泽无疆。捧诰峰呈,进官进禄;堆钱山现,添产添丁。荫佑儿孙,堆金积玉;匡扶长幼,地久天长。读书三元连捷,求财百倍全收。门庭改换,事业维新。凡历四时,均膺百福。庆贺新年,鞠恭礼拜。冥财燎贡,俯垂鉴纳。①

最重要的当然是清明扫墓。

清明扫墓

伏以,灰飞蝴蝶,时当二(三)月之终(初);血染杜鹃,忱达九泉之下。兹□松楸之陋,少伸葵藿之忱。兹惟厶年月日,兹遇清明佳节,祀孙厶等率长幼躬诣厶处先茔。谨以清酌庶馐之仪,百拜昭告于高曾祖考(妣)厶府君(安人)墓前。切念尊魂久别于尘寰,灵魄安居于乐土。追念音容永隔,惟□□□交通。恩慕难忘,曷胜悲悼。兹扫纷然,因时祭拜。

伏以,南北山头,家家祭扫;清明节里,处处时恩。特标冢上之钱,聊致墦间之祭。炉袅祥烟,□□瑞雪。馨香达于泉壤,和气霭于山川。净酒盈樽,满斟三奠。

伏愿,魂灵安妥,遗泽无疆;阴相匡扶,降祥有准。永奠牛眠之吉,恒存马鬣之封。□诰峰显,儿孙纡朱衶紫;堆钱山现,财获积白堆黄。仓库巍巍,鼓旗整整。荫千年之坟墓,益万代之儿孙。读书九卿可至,求财百倍全收。凡干动止,悉仗荫扶。所有冥衣经券,用凭火化风传。伏惟尊魂,俯垂照纳。②

---

① (明)《祀先祝文》,见胡道静等主编:《藏外道书》,成都:巴蜀书社,1992年,第819页。
② (明)《祀先祝文》,见胡道静等主编:《藏外道书》,成都:巴蜀书社,1992年,第821页。

图 4-28　2012 年清明
祁门黄龙口村民扫墓(1)

图 4-29　2012 年清明
祁门黄龙口村民扫墓(2)

其他还有女婿拜岳父母坟、新娶拜坟等。将墓祭祭文与祠祭祭文相比较，可见仪节的简省，标挂、焚烧纸钱是标准程序。祈求的内容却是极为相似的，通过贡献祭品、焚烧冥衣经券的方式祈求祖先保佑子孙，但凡宗族子孙的事情，祖灵都可以帮助，包括进官进禄、添产添丁等等。墓祭时也要请山神，与儒家强调的祀后土又有不同。所祀山神除了土地正神外，还有二十四向方隅神君、左青龙右白虎神君、前朱雀后玄武神君等，①对这些神灵保护祖坟和祖先的遗体及灵魂表示感谢，充满了道教文化的色彩。这与徽州地区风水术数盛行有着密切关系。在徽州民间安葬逝者时，也要与冥界神灵签订冥契，以求得神灵对逝者遗体和灵魂的庇护。

明代祁门善和程氏宗族墓祭与祀后土祝文遵循《家礼》的规范。该宗族先于书院祠祖墓举行墓祭，再举行祠祭。②清代休宁茗洲吴氏宗族同样沿用《家礼》规定的祝文式，与《家礼》、《窦山公家议》几无二致。

清代乾隆年间黟县流传的一种清明挂白文，则与《祀先祝文》风格行文相似，同样祈求祖灵庇佑子孙福祉。

---

① （明）《祀先祝文》，见胡道静等主编：《藏外道书》，成都：巴蜀书社，1992 年，第 828 页。
② 周绍泉、赵亚光：《窦山公家议校注》卷三《祠祀议》，合肥：黄山书社，1993 年，第 20 页。

清明挂白文

伏以，三月清明，大概四时之节；万邦人子，咸标一陌之钱。南北山头，家家拜扫。此景春光将墓，吾家岂不孝思。谨焚厶（真）香，虔诚拜请厶朝奉厶孺人。降赴香筵，受沾供养。伏望尊魂，生为人而正直，殁为鬼以灵通。鉴兹葵藿之忱，约此苹蘩之礼。再瞻再拜，来燕来宁。下有清香美酒，敬当初献。

伏以，身归三尺土，一灵不昧于生前；神乐九重泉，百福咸臻于后嗣。神祇如在，祭则享之。有酒在樽，敬陈亚献。

伏以，木赖根生，人由祖荫。根培厚而枝叶茂，宗祖奠（保）而子孙荣。适逢令节，聊表孝思。有酒在樽，敬当三献。

伏以，来山去水，定二十四向以钟灵；右虎左龙，益千百万年而发福。高标一陌之钱，连敬三行之礼。神祇如在，祭则享之。上来参献已毕，礼不再烦；下有情款，望灵昭听。今据大清国江南徽州府黟县厶乡厶里厶社管，奉魂祭拜裔孙厶通会人眷等，于日投诚言念，宗祖遗垂鞠育之恩，子孙当报劬劳之德。适逢厶月厶日清明佳节之期，谨备蔬馐酒礼，金银财包之仪，恭就墓前，祭拜列位尊魂，专伸拥护。墓田安静，风水朝迎。荫万代之儿孙，保千年之富贵。凶砂退伏，吉水来朝。合家人眷，老幼康安。布种田园，六苗秀实。牧养六畜，成群旺相。经营买卖，所作如心。官非口舌以冰消，火烛贼盗而瓦解。凡干动止之中，总赖匡扶之内。下有金银财包，用凭火化。伏望尊魂，阴中享纳。①

清末民国婺源腴川程氏宗族冬至于始迁祖墓前举行墓祭，再行祠祭，于祭文可见墓祭相对简省。

---

① 《菩萨谱》，清乾隆五年（1740）抄本，编号：徽学古籍153，黄山学院图书馆收藏复印件，原件藏于黟县档案馆，第84页。

墓祭祝文

维

年岁次　仲冬月既　越祭日之　辰,奉祀首裔孙　　等,即日盥手焚香,敢昭告于脥川始迁祖讳原泰府君、祖妣孺人滕氏贤娘之墓前而言曰:钦惟我祖,开基创始,发族呈祥。共承一脉,分出六房。人丁繁盛,世代绵长。祭于祖墓,迎入祠堂。尊居首席,虔荐心香。陈以簠簋,奏以笙簧。昭哉。尚飨。①

民国年间瞻淇汪氏宗族祭祖时仍有祀后土风俗。② 可见,徽州的祖先崇拜一直到近现代仍有遗存。随着掌握儒家祭祀礼仪的老一辈族人的逝去,传统仪节不断消亡。而深入骨髓的祖宗崇拜观念却根深蒂固,在宗族氛围浓厚的乡村更加明显,城市居民对于近祖的崇祀代代相传。

纵观徽州祠祭和墓祭中使用的祭文,有两种不同的风格和行文,一种趋向于传统儒家仪礼的古朴简洁,一种受到民风民俗的影响趋向辞藻华丽,两者统一于儒家三献礼的程序中。徽州祖先崇拜仍遵循尊祖敬宗的儒家传统。

(三)颁胙

祖先祭祀的最后一环就是颁胙。《朱子家礼》规定祭祖最后要将祖灵享用过的福酒和荤素果品分享给族人,这一行为更多地象征着族人均沾祖灵对宗族的赐福,是一种人神交流的方式。

在徽州,分胙一般在祭祖完成后于祠堂举行,称为散胙、散福、合馂,即参与祭祀的族丁在祠堂分领祭肉,族长、长老、礼生等部分支丁在祠堂饮酒会餐。《徽州宗族研究》中记述歙县《程氏东里祠典》的颁胙规例:"胙乃祖宗之惠也,理宜均受,但族内人数颇多,力诎不能人人遍及。今众议照进神主之位

---

① (民国)婺源脥川程氏恒远众立《新祝文簿》,尺寸:240×197mm,包号:720,藏于黄山学院图书馆。该簿册中有民国字样,据内容推测可能书于清末,民国仍沿用此祭祀仪节。

② 民国二十一年(1932)三月歙县瞻淇汪植中执笔轮管山前16族总祠溯本堂《出入簿记》,尺寸:140×200mm,文书编号 :4.4.2—F7221—0001,藏于黄山学院图书馆。

给牌分之……分受之法，会首须于未时鸣锣招集分之。然恐人择肥脊致争，今以羊豕成熟去骨秤称，掣牌给与。每进神主一位，各给熟羊二两，熟豕八两，羊不足以豕补之。"还对合食做规定："祭品八筵，祭之毕，亦祖宗之余惠也。管年者匀作五席，合馂之。夏秋之时，人多生理，故只请六十以上老者及礼生同馂，余者不与。若春冬之时，外归颇众，使不聚而享之，非睦族之道也。故请冠者以上，俱来合馂，益以五腥成熟享焉。"①散胙既要考虑到普遍性，但又不是绝对平均的，同神主的排位、与祭者的秩序一样讲究昭穆和等级，一是优待长者，一是奖励功名。年纪越长、功名越高，分胙越多。根据赵华富先生的研究，绩溪县城西周氏宗族《办祭颁胙例》对不同年龄和不同功名作了具体的规定。②

表 4-1　绩溪县城西周氏宗族《办祭颁胙例》按年龄颁胙

年龄(岁)	包胙(对)	猪羊胙(斤)	散福	备注
15—59	1	0.5		仅猪肉，不参与散福
60	2		是	
70	3	1	是	不与祭者亦参与散福
80	4	2	是	
90	5	4	是	
100	20	8+8	1 席	鼓乐送，猪羊各 8 斤

表 4-2　绩溪县城西周氏宗族《办祭颁胙例》按功名颁胙

功名	包胙(对)	猪羊胙(斤)	散福	备注
童生	1	1	是	
生员、监生	3	2	是	
例贡生、廪生	4	3	是	
恩拔副岁贡	5	4	是	出仕者照出身倍给
举人	7	8	是	
进士	14	16	是	
鼎甲及翰林	28	24+24		鼓乐送，猪羊各 24 斤

---

① 赵华富：《徽州宗族研究》，合肥：安徽大学出版社，2004 年，第 184 页。
② 赵华富：《徽州宗族研究》，合肥：安徽大学出版社，2004 年，第 184—185 页。

表 4-3　绩溪县城西周氏宗族《办祭颁胙例》按官衔颁胙

官衔	包胙(对)	猪羊胙(斤)	散福	备注
州县以上	12	12		科甲出身外照本身加胙
府道以上	24	24		科甲出身外照本身加胙
三品以上勿论出身				通用鼓乐送猪羊全副（各1头）

颁胙的等差性一方面是儒家传统尊老思想的体现,另一方面反映了徽州宗族遵循传统儒家主流价值观,将读书取仕放在第一位,与光宗耀祖直接联系起来,通过重奖激励族中子弟。而事实上这些取得功名、做了大官的族人的确对宗族建设、宗族力量起到了反哺的作用。

胙象征着祖灵的恩典,象征着地位与荣耀。现实中也有族丁贪慕蝇头小利,只想分得利益,不愿为宗族和祭祀出钱出力的现象存在。不少宗族都规定不参与祭祀者或为非作歹者取消胙权。明代祁门善和程氏宗族清明、中元、冬至祭祀后,合族子孙会聚领胙。清明各墓祭完毕后,"长幼毕集百花园墓祠散胙"。① 针对短视行为作出严格规定:"祭以奉先,非为胙也。近有计胙多寡,不出祭谷者,殊可鄙笑。人人若尔,不几于废祀乎?今后但非远行大故,应出祭谷而不出者,中元、冬至二祭俱不许领胙。""中元、冬至之祭,五房十八岁以上者毕集,因以受训受事,其义深矣。预祭者不思其义,惟图散胙,是自绝于窦山公也。今后祭毕之时,管理者将预祭者书名于本年手册后,以凭照序散胙,亦使各知所议以遵守也。"②

清代休宁《茗洲吴氏家典》专门就颁胙进行说明和讨论,"先祖之祭,既撤馂余。既馂,越日复备馔,以燕族之父老及游胶庠者。盖仿仁峰先生敬老育才之义,而有是举也。今复议以节烈配,则当以享节烈之馔,颁及族之嬬妇。享节烈,所以褒死者于既往;颁嬬妇,所以励生者于有成"。重申颁胙的目的

---

① 周绍泉、赵亚光:《窦山公家议校注》卷二《墓茔议》,合肥:黄山书社,1993年,第17页。
② 周绍泉、赵亚光:《窦山公家议校注》卷三《祠祀议》,合肥:黄山书社,1993年,第20页。

和意义在于敬老育才,另外与有的宗族祭祖权和颁胙权仅限于男丁不同的是,休宁茗洲吴氏宗族的节烈孀妇亦享有颁胙权。"立春祭后一日,以祖考贤良作宰,用设敬老育贤之席;以夫人贞节起家,用颁胙于族之孀妇。褒既往、劝将来,寓意甚深,后人当世守之"。①

清代同治年间祁门赤山统祠祭祀,祭毕后当晚与祭族长、文会首人同在大堂叙齿饮福菜九肴,不用烧酒。颁胙包括胙肉、祭品、丁饼,亦有钱两,按照昭穆、年龄、功名对分得的具体数量进行详尽的规定。②

图 4-30 歙县大阜潘氏宗祠

清代道光年间,祁门黄龙口汪氏宗族祭祀越国公汪华后,照例颁发神主饼,"其神主饼每名照给大钱十四文,老神主谷照旧给谷十六斤,冬至粿亥谷照旧给发"。对于考取功名的"礼生"重奖表彰,"每名公议给羊肉半斤官秤、猪肉一斤大秤,粔饱照旧,差成只照给猪、羊肉,其猪肉概议折大钱八十文"。③

到了民国年间,黄龙口汪氏宗族于清明举行墓祭和祠祭,在永安堂总祠散胙喝酒。全村每一个男丁都可以分到一份标胙,包括清明粿、一盘猪肉和鸡蛋,端一个大盆把分得的贡品装回家,称为"分胙"。读小学的分得两份,初中三份,高中四份,满六十岁的两份。各支派墓祀后也要饮福酒、散胙。

民国年间歙县瞻淇汪氏墓祭完毕后,散菜十品,主祭、礼生每人送胙肉一

---

① (清)吴翟辑撰,刘梦芙点校:《茗洲吴氏家典》卷一《家规十八条》,合肥:黄山书社,2006 年,第 24 页。
② (清)同治《赤山元宗祠志》,黄山学院图书馆藏复印件。
③ 清道光十一年(1831)三月汪尚茂、大柯、大宙、大唐四大分人等立公议兴扶合族华公圣会合文,尺寸:540×570mm,由祁门黄龙口村民汪智刚收藏。

斤。① 随着历史的变迁，不少宗族散胙不再以肉类等祭品为主，而是将胙折算成现金颁发。民国黟县南屏叶氏宗族标祀后颁发"胙筹"。陈闾山和月塘，"每处发成丁饼筹二根，幼丁饼筹一根，其未成丁而入文会者，亦发筹二根。六十岁另加一根，七十岁再加一根，八十、九十又递加一根，百岁特别议加"。支丁持胙筹到祠堂领取现金。有的支丁在墓所周边直接用胙筹买食品、小吃、玩具、日用品等。小商贩再到叶氏祠堂将胙筹换成现金。每根胙筹折算的现金根据当时的物价和形势变化，起初一根可折现三十二文，后改为三十文，民国十三年（1924）为六十文，抗战前夕为铜钱二十枚。②

随着宗法制的松解，宗族势力的削弱，有的不肖支丁完全将祭祀、颁胙功利化，以至罔顾宗族及祖宗。

具投状人石震亨

为闹毁祭器殴尊伤确亟叩　论报肃法扶伦事

　　被：逆侄石绪昌　关兆　均闹祭殴尊人

　　证：缘身本年经理众务，天时干旱，租谷蚀收，仅敷完粮散胙，无费办酒，十二月十七日忌辰，身备祭品至家庙献祭，途遇逆侄绪昌，党同关兆，胆敢逞横肆逆，闹毁祭器，将身毒殴，鲜血淋漓，头面紫黑，伤痕确证，当经具投，血摹验明。再旧岁十月，身不在家，关兆持凶锄，闯至身家，曾经夺锄，投明约族。今年迫身回归，始知其事，忍未理较，讵绪不知悛改，反敢得志，益横藐法绝伦，情迫亟叩　秉公理论报究，以肃法纪而扶伦常。

贵房长先生尊前施行

---

①　民国十三年（1924）正月歙县瞻淇汪怀德管《王祖会事务总簿》，尺寸：140×200mm，文书编号：4.4.2－F7213－0001，藏于黄山学院图书馆。

②　民国十五年（1926）四月黟县南屏叶叙秩堂印行《祀事孔明》，黄山学院图书馆藏复印件。

光绪二十年十二月十七日①

两肇之间的纠纷可能另有缘故,仅以该投状而论,导火线是办理祭祀的原告经费不足,仅支付完粮散胙,祭祀毕无力办酒席。被告因自身蝇头小利受到损害,就目无尊长地殴打了原告族叔,而对象征祖宗的祭器大不恭敬,更加难辞其咎。这等殴打尊长、伤害祭祀之事,在徽州宗族内部被视为毫无礼义廉耻的行为,违背了宗法纲常强调的尊卑有序规范。

虽然祭祖是神圣的,可是在徽州分胙权却可以买卖,祭祀祖宗的会股亦可以买卖。如果是正当的卖与同族人,并不会遭到指责。民国年间祁门县发生了一起案件,汪氏不肖支丁私引非本族同姓之人冒宗,照纳丁捐,参与祭祀,享受分胙。② 当时地方政府对这种涉及宗族纠纷的诉讼,判决总是基本中立,各打一板,不愿得罪地方势力。这些都在一定程度上反映了近代以来宗法制的松解,儒家伦理不再像过去那样至高无上地统御着普通人的言行。

在徽州宗族祭祀中,散胙不可或缺,它是祭祀仪节的重要组成部分。子孙后裔以祭品进献祖灵,祖灵享用过的祭品包含了祖先的降福和恩典。通过颁胙的形式实现了人神的沟通,将祖灵的赐福具化分发给族人,通过仪式化的行为象征着祖先恩赐惠顾所有宗族成员。颁胙的文化内涵深受传统儒家伦理和价值取向的影响。这寓意着祖先崇拜最后指向的仍是现世与来世的福祉。按照父系血缘构建的祖先崇拜决定了宗族祭祀和颁胙的权力被男性族丁所把持,现实中的徽州宗族也大多如此。清代休宁茗洲吴氏宗族认可节烈孀妇享有颁胙权,虽然有其价值导向的目的,但仍不具有典型意义。徽州祭祀中的颁胙仪节本身也呈现出由具体祭品向等价物发展的趋势。

---

① 清光绪二十年(1894)十二月婺源石震亨具投狀,编号:5.4.1—E7020—0001,470×227mm,黄山学院图书馆藏。

② 《否认团田冒宗交涉之始末》1册,油印,民国二十年(1931)刊,尺寸:300×185mm,祁门黄龙口汪氏宗族藏。

图 4-31　2015 年清明汪王祭于唐模举行全国汪氏宗亲及嘉宾流水宴

(四)演戏

因民间礼俗崇尚风水及俗乐、追求繁复奢华,为了回归儒家正统,朱熹特作《家礼》以正视听,宣扬和推广儒家仪礼。但在基层社会生活中,虽然沿袭了传统儒家仪礼,却也难以抑制乱力怪神和演戏奏乐的泛滥。徽州宗族祭祀的过程中往往会举办演戏等迎神赛会活动,名义上请祖宗观看,实质上发挥了娱神娱人的作用。

清代道光年间祁门七溪汪氏定期于赤山统祠联宗祭祀时行傩,并且要颁给傩人饼、傩人钱、伶人钱、伶人饼。① 虽然具体的演出内容未见记载,但可见在正规祭祀中有鼓乐伴奏,也可能有演戏的内容。

而在祁门黄龙口的汪氏宗族自古有演戏的传统。清道光十一年(1831)三月汪尚茂、大柯、大宙、大唐四大分人等立公议兴扶合族华公圣会合文中就规定"每年正月会戏后廿六日入祠算账","递年搭新戏台照旧,归做傩人戏首办理,其火烛米众归做傩人戏首收用,戏台青白布亦尽系做傩人戏首办理,纸扎联匾公办"。②

民国年间黄龙口汪氏仍延续了祭祀越国公汪华,请祖宗到祠堂看戏的传统。年成好的时候,请二都小路口镇寺前村姓胡的班子到永安堂唱戏;年成

---

① (清)道光《赤山祠汪氏规产合册》,藏于祁门黄龙口汪氏宗族。
② (清)道光十一年(1831)三月汪尚茂、大柯、大宙、大唐四大分人等立公议兴扶合族华公圣会合文,尺寸:540×570mm,由祁门黄龙口村民汪智刚收藏。

不好的时候,就由黄龙口自己的班子在庙里唱徽剧。戏台搭在永安堂,永安堂也要贴上戏联来营造气氛。正月十八祭祀完,就把汪华小坐像抬到祠堂看戏,由庄生郑姓的两个人专门负责抬送。抬坐像时,跟进庙一样,先是锣鼓开道,京锣、喇叭吹奏十番锣鼓,接着是族老公和礼生,菩萨紧跟其后,村民(很多是看热闹的小孩)跟在菩萨后面,场面非常热闹。戏台搭在永安堂大门里面,戏台是活的,木板一拉,大门就开了。坐像必须从正门过,因此要从戏台上过,放在后进敦本堂(寝殿)的地方看戏。坐像放在专门的桌子上,四个角上是四个龙头。看戏的村民则从侧门过,在天井里看戏。唱戏从十八日一直持续到二十二日,二十白天、晚上连着唱,到二十一日白天不唱、晚上唱,坐像二十二日早上抬回大庙。一样是锣鼓开道,坐像先行,然后是菩萨,礼生跟在后面。①

根据汪柏树的研究,清代光绪年间瞻淇汪氏正月庙祀汪华,从正月十三日夜到二十四日,共演出八天,其中四天日夜连演,晴天在庙外戏台演出,雨天在庙内演出。民国年间祭祀时仍延续这种演戏风俗,演出的剧目包括《闹天宫》、《定军山》、《水淹七军》、《玉堂春》、《空城计》等耳熟能详的故事传说。②

图 4-32 徽州文化博物馆藏徽剧《水淹七军》剧照

徽州民间广泛流传着丰富的传统戏曲和游艺竞技活动,比如徽剧、目连戏、傩戏、地戏、抬阁、歙县雄村跳钟馗、黟县七都游太阳、歙县叶村叠罗汉、歙县汪满田鱼灯等等。这些戏曲游艺活动大多在盛大的年节祭祀时举行,演出时观众如痴如狂。但这些戏曲游艺活动被地方统治者所反对,自明代起就不

---

① 赵懿梅:《黄龙口:宗族聚落的典范》,合肥:合肥工业大学出版社,2013年,第197页。
② 汪柏树:《徽州歙县瞻淇的王祖祭》,载《安徽师范大学学报》,2007年,第2期。

断颁示禁演。清末徽州知府刘汝骥颁布《禁演淫戏示》,禁止有伤风化的"淫戏",提倡和鼓励那些倡导忠孝节义、有益教化的戏目。① 但一纸政令并不能禁锢民众的精神生活。以上民间文献可见,虽然演戏并不是徽州宗族祭祖的正式环节,但是宗族祭祖一般定在合族聚首的重要节日,请戏班子演戏既有恭请祖灵欣赏,蕴含着事死如生、彩衣娱亲的象征意义,更多的还是满足村民的精神生活需求。因此,虽然儒家礼教并不提倡鼓乐游艺,可是在民间却是不可能强制禁行的。

徽州祖先崇拜是汉族祖先崇拜的组成部分,具有汉族祖先崇拜的典型特点。中原士家大族迁入徽州以来,在征服山越土著的过程中,实现了民族和文化的融合。以父系血缘关系为纽带的宗族制度奠定了徽州社会的基础,宋元以来特别是明清时期,徽州成为中国宗族社会的一个典型代表。根基于血缘关系的徽州祖先崇拜既与宗族制度相伴始终,又对宗族管理和控制发挥了实际的作用。诞生和形成于徽州独特地理文化环境中的祖先崇拜深深地打上了农耕经济的烙印,每逢重要的岁时节气都要祈求祖灵的庇护,贯穿于徽州人日常生活的方方面面,无处不在、无时不在。徽州人自觉或不自觉地将祖灵具化,把神主、祠堂、祖墓、祖容、族谱等与祖先有关的一切事项都当作祖灵的化身来崇敬和祭祀,以在现实生活中不断强化祖宗观念和宗族情感,使得祖先崇拜世代相沿。

概而言之,徽州祖先崇拜呈现出如下特点:

一、徽州祖先崇拜根基于儒家文化传统。与少数民族的图腾崇拜有所区别,徽州祖先崇拜秉承儒家文化传统,与宗法、宗族制度联系紧密。徽州祖先崇拜的内核是儒家的忠孝伦理观念,更具体为宋明理学的哲学思想和伦理道德学说。其外在表现形式则主要遵从朱熹在《家礼》中对儒家仪节的规范,实行三献礼,祠堂墓所规制、祭品、祭文也一一遵循和照搬。

二、徽州人的祖灵观念具有灵与人的复杂性。徽州人心目中的祖灵究竟

---

① (清)刘汝骥:《陶甓公牍》卷一《示谕·禁演淫戏示》,见《官箴书集成》第10册,合肥:黄山书社,1997年,第465—466页。

是鬼,是神,还是人？不可做单一的理解。首先,祖先逝世后化为灵魂而存在,寄寓于祖墓、神主、阴间,子孙祭祀时先请土地、山神等招引祖灵降临,祈求后土等神灵保护庇佑祖灵。祖灵又不同于一般的孤魂野鬼和恶鬼,祖灵长期享受信徒的供奉,而降福于族人后裔。其次,祖灵具有与其他神灵相似的罚恶惩善的神格和权能,在子孙心目中具有神秘性和神圣性,促使子孙采用谦卑的崇拜祭祀方式祈求祖灵的庇护。祖灵的权能不如其他神灵强大,却和信徒间有着亲密的血缘关系而更容易被讨好。其权能所起的作用仅限于族人后裔的福祉,如人丁兴旺、家庭和睦、经商致富、读书做官,这些既仰仗于祖灵的庇护,也是祖灵所乐见的宗族荣耀。最后,徽州祖先崇拜对待祖灵如祖先生前一般,具有"事死如事生,事亡如事存"的特点。徽州人出入必告祖先,每逢人生的重要关头如出生、婚嫁、死亡等等,均要祭祀告于祖先；每逢季节变换、夏热冬寒,定期祭祀嘘寒问暖、换衣添被,将祖灵当作在世的长辈一样尊敬和对待。祭祖时敬献精致洁净的酒馔蔬果以供祖先享用,以焚烧纸钱的方式向祖灵献上金银财宝,逢年过节邀请祖先一同看戏娱乐,祖灵的排列和秩序严格按照此岸的长幼尊卑、亲疏远近执行,可以说,徽州祖先崇拜是在模仿现实世界的过程中酝酿形成的。

三、徽州祖先崇拜呈现出现实理性的特征。徽州祖先崇拜发端于儒家伦理,受到孝敬观念的驱动。饮水思源,今日族人后裔的幸福生活源于祖宗先人的勤劳创造,自当崇报祖灵,感恩其开创的业绩。但崇拜祖先的根本目的却是直接功利的——祈求祖灵庇护族人后裔现世乃至世世代代的生存和发展。所有祭祀的最后环节无一例外祈求达成族人加官进禄、添产添丁的现实愿景。徽州宗族祭祀的重要环节——散胙,以实物甚至是财货的形式实现了此岸与彼岸的沟通。对于族丁来说,颁胙既是荣誉和身份的象征,同时具有现实功利的意义。巨家大族的重要祭祀,影响方圆百里的经济和生活,再加上迎神赛会、演戏游艺,除了庄严肃穆的尊祖敬宗涵义外,更多地成为了民间世俗生活的重要组成部分,起到了娱神娱人的作用。

四、徽州祖先崇拜体现了儒释道三教的融合。儒家礼教深入徽州社会,虽有"徽州不尚佛老之教,僧人道士,惟用之以事斋醮耳,无敬信崇奉之者"的说法,但徽州同样拥有道教名山齐云山,加之毗邻佛教圣山九华山,各种民间信仰极为盛行,民间社会算命、风水、巫术泛滥。因此,徽州社会的主流价值观和取向是遵循儒家思想的,佛教和道教文化并不是完全灭绝,而是未能形成强势的风气。徽州的祖先崇拜体现了儒释道三教融合的趋势。《茗洲吴氏家典》专作《不作佛事议》《不用纸钱议》[①]反对丧祭中的佛教习俗,却也反映了佛教等民俗在当时徽州民间的流行。徽州祖先崇拜根基于儒家文化传统,其思想内核和外在形式主要是遵循儒家仪礼展开的,"浮屠间用之",以鞭炮鼓乐烘托气氛,间或追求繁复奢华的祭品,杂以行傩演戏的热闹活动,讲究占卜风水等等。

综上所述,徽州祖先崇拜作为汉族祖先崇拜的典型之一,为我们理解汉地传统民间信仰打开了一扇窗。它形成于徽州独特的地理文化单元之中,是徽州人精神和智慧的结晶,折射了以儒家思想为内核的徽州文化包容并兼及现实理性的特征。

[①] (清)吴翟辑撰,刘梦芙点校:《茗洲吴氏家典》卷五,合肥:黄山书社,2006年,第119—120页。

第五章　巫术与禁忌

　　与徽州自然、祖先、土神等诸多崇拜所反映的徽州社会民间信仰一样,徽州的巫术和禁忌所蕴含的民间观念及信仰世界同样值得注意。巫术和禁忌产生在人们对于自然和精神世界存在的未知领域把握的不确定的基础之上,是人们欲通过幻想、祈祷等神秘的方式沟通神灵对特定的人与事的发展进程予以一定影响的行为。巫术和禁忌源于我国民间信仰中的"万灵崇拜"和"多神崇拜",它没有如宗教教会那样固定的组织机构,没有宗派,没有形成完整的伦理和哲学的体系,也不需要信仰者具备如宗教教徒般自觉的宗教意识。①

　　巫术和禁忌与其他的民间信仰一样,首先具有功利性。人们在现实生活中有着祈福禳灾、求吉避凶、祛病避邪等功利性需求。正如费孝通先生所言:"我们对鬼神很实际,供奉他们为的是风调雨顺,为的是免灾逃祸。我们的祭祀很有点像请客、疏通、贿赂。"②其次具有神秘性。由于科技和生产力的局限,人们对于大自然的认识和改造的能力总是有限,他们相信有超自然力的神秘力量影响和控制着未知世界,从而崇拜这种超自然的神秘魔力。由于相信神秘魔力,人们在日常生活中认为有的人、事、物是神圣不可侵犯的;而有

---

① 乌丙安:《中国民间信仰》,上海:上海人民出版社,1996年,第2页。
② 费孝通:《美国与美国人》,北京:三联书店,1985年,第110页。

的则是不洁、不祥及凶险的代表,普通人应当避免接触,否则灾祸会降临。①巫术是人们试图影响和控制客体而主动采取的行为,而禁忌则是人们为避免超自然的神秘力量带来灾祸而采取的自我防御行为。

徽州历来是文风昌盛,文化发达,民风古朴。淳熙《新安志》记载:"其人自昔特多以材力保捍乡土为称,其后寖有文士。黄巢之乱,中原衣冠多避地保于此,后或去或留,俗益向文雅。宋兴则名臣辈出。其山挺拔严厉,水捍洁;其人多为御史、谏官者。山限壤隔,民不染他俗。"②徽州民俗文化有着汉族地区的一般特点,同时又有着自身的地域系统。

徽州在先秦时期曾经分属吴国、越国和楚国,此后又有大量中原移民进入。因此,徽州文化既有吴越文化和楚国文化的遗风,同时又受中原文化的影响。吴、越和楚国历史上巫术信仰较为浓厚,徽州的巫术和禁忌因此具备汉族民间信仰的基本特点,又具有鲜明的地域特征。

《歙风俗礼教考》云:"徽州不尚佛老之教,僧人道士,惟用之以事斋醮耳,无敬信崇奉之者。所居不过施汤茗之寮,奉香火之庙,求其崇宏壮丽,所设浮屠老子之宫,绝无有焉。于以见文公道学之邦,有不为歧途惑者,其教泽入人深哉。"③这揭示出了徽州民间信仰世界中三教融合的真实情况,说明儒、释、道等传统信仰在徽州正走向实用化的道路。正是出于实用化的需求,巫术和禁忌虽然不同于宗教,但在徽州民间却有世俗的信仰基础,都是人们加强精神活动的主要手段。巫术体现出积极性的特点,希冀通过主动的行为对未知世界进行干预;而禁忌也属于巫术,不过体现的是巫术的消极性特点,希冀通过防御的措施来消除忧虑和恐惧。

---

① 乌丙安:《中国民间信仰》,上海:上海人民出版社,1996年,第11页。
② (南宋)淳熙《新安志》卷一《州郡·风俗》。
③ 许承尧:《歙事闲谭》,合肥:黄山书社,2001年,第607页。

第一节 巫 术

一、巫、巫术、巫文化

关于"巫",由卜辞可知,商王朝有一宗教职官——巫。《说文解字》释为:"巫,祝也。女能事无形,以舞降神者也。象人两袖舞形,与工同意。古者巫咸初作巫,凡巫之属皆从巫。"《国语·楚语下》记载先秦楚国大巫观射夫释"巫"为:"民之精爽不携贰者,而又能齐肃衷正,其智能上下比义,其圣能光远宣朗,其明能光照之,其聪能听彻之,如是则明神降之,在男曰巫觋,在女曰巫。"①根据这样的解释,巫主要为女性。但段玉裁《说文解字注》云:"祝乃觋之误,巫、觋皆巫也。"《周礼·春官·大祝》记:"大祝掌六祝之辞,以事鬼神示、祈福祥、求永贞。"其他如小祝、司巫、男巫、女巫之职司亦无非鬼神山川宗庙之祭以及祈降时雨,袚除凶旱等沟通天地神人之事。②据此可知,"巫"有男巫、女巫之职,并不专为女性。《辞海》对"巫"的解释为:"装神弄鬼替人祈祷为职业的人。"《汉语大字典》对"巫"的解释为:"古代从事祈祷、卜筮、星占,并兼用药物为人求福、却灾、治病的人。"

西方社会常用 Magic(魔法、魔力、巫术)来表示巫术。我国对于"巫术"一词的明确使用至迟在范晔的《后汉书》就已经出现。《后汉书·方术传下·徐登传》载:徐登"善为巫术"。《辞海》释"巫术"为:"幻想依靠超自然力对客体加强影响和控制的活动。"巫术是原始社会信仰和后世天文、历算、医术、宗教的起源,它产生于原始社会前期,可能略迟于法术。巫术与法术的不同之处在于"巫术"已具有模糊的"超自然力"观念,并认为行巫术者具备这种能力。法术主要通过机械或行动去动用外力以影响他人,而巫术则是靠巫师固

---

① (春秋)左丘明:《国语·楚语下》,上海:上海古籍出版社,1978年,第559页。
② 涂白奎:《释巫》,载《华夏考古》,1997年,第1期第89页。

有条件去达到同样目的。① 巫术与宗教的不同之处在于巫术并不是将客体神化,而是向其敬拜求告,力图影响或控制客体。

巫术是人们在原始思维支配下为了一定的目的力图影响和控制客体的行为,其具有神秘性的特点。巫术不仅是一种个体行为,它还是一种社会性行为,经过人们的选择、信仰和坚持,会历史地积淀为传统的民间习俗。巫术还具有两个重要的特点:相似和接触。英国著名学者弗雷泽把巫术分为"模拟巫术"和"接触巫术"两大类。他认为"模拟巫术"就是以相似的代用品求致事物本身,是"同类相生"或"果必同因";"接触巫术"是指物体一旦经过互相接触,在中断实体接触后还会继续远距离的互相作用。② 具体地说,巫术的相似性就是以相似事物为代用品求吉或致灾。比如若恨某人,就在相似该人的木偶上写该人的生辰八字,然后或火烧、或投水、或针刺刀砍,期待置人于死地。接触则是利用人或事物的一部分或是与人和事物相关联的物品求吉或嫁祸。只要是接触到某人身体的一部分或人的用具,都可以达到目的。如某人患病,在病人病痛处放一枚钱币或较贵重的东西,然后丢在路上任人拾去,于是认为病患便转移到了拾者身上。巫术按功能一般分为白巫术和黑巫术,白巫术是求吉的,而黑巫术则是嫁祸的。

"巫文化"是指人们通过巫术行为所反映出的思想、理念、行为、风俗、习惯等方面的认知形式和行为追求,以及由巫术活动所辐射出来的一切活动。与巫术相关的宗教、习俗、艺术等都可视为巫文化。巫文化不仅直接反映人们的思维方式、情感诉求,还间接地反映一个时期和某一地域的生产力发展水平。巫文化作为一种精神现象的载体,它对群族文化的起源与形成有着重要的贡献。在我国,巫文化渗透在音乐、舞蹈、绘画、戏剧、雕塑等方面,为华夏民族的哲学、史学、医学、科技和艺术等的形成和发展奠定了最初的基础。从某种意义上说,巫文化不仅是人类文化的"基因库",也是人类文明的"原始

---

① 中国大百科全书出版社《简明不列颠百科全书》编辑部:《简明不列颠百科全书》(卷2"法术"条),北京:中国大百科全书出版社,1985年,第845页。

② 弗雷泽:《金枝》,北京:大众文艺出版社,1998年,第19页。

推动力"、"催生剂"和"助长剂"。①

二、徽州巫术

(一)徽州的巫术习俗及巫师概说

关于徽州民间存在的巫术活动,《宋史·李稙传》记载:"改知徽州。徽俗崇尚淫祠,稙首以息邪说、正人心为事,民俗为变。"②南宋洪迈在《夷坚志》补卷十六"蔡五十三姐"记载徽州歙县李生外出与自称蔡五十三姐的女子遇合,且已生儿育女。后遇见一道士,"望见此女在门内,去而复还,探袖中幅纸,磨朱砂,濡笔书一符,又以水精珠照太阳,取火焚符,抛入门内。女大叫一声,寂然无迹。"③《夷坚志》支乙卷一还有《张四妻》的记载:"徽州婺源民张四,其妻年少,一白衣客过其家,气度不凡,语妻欲与奸。妻子应允,张四暗伺,发现白毛,张念人安得有毛,以之为怪。后遇道人协助,果擒大白鼠。"④这些民间故事说明在宋代徽州地区就有巫术驱鬼怪的活动。

徽州地方文献中亦有关于民间巫术活动的记载,如《歙西竹枝词》⑤有两首相关的竹枝词,其一曰:"伤寒病热谚曰王,卜筮攘灾费药汤。偏信巫咸凭祷祝,不知到底属荒唐"。其二曰:"妄言生死活阎罗,邪教诬民看鬼婆。大块银钱谁买命?愚顽遭骗奈如何!"再如同治《祁门县志》引《康熙县志》曰:"(妇女)近乃信鬼巫事斋戒,风不可长也。"⑥这说明徽州民间通过巫术活动来驱瘟、驱傩、治病以及害人的现象曾经较普遍。徽州文书中也发现与"叫魂"相关的内容,如《新安上溪源程氏乡局记》、《目录十六条》等,说明徽州民

---

① 林河:《中国巫傩史》,广州:花城出版社,2001年,第35页。
② (元)脱脱:《宋史》第33册,北京:中华书局,1985年,第11702页。
③ (宋)洪迈:《夷坚志》,北京:中华书局,1981年,第1698页。
④ (宋)洪迈:《夷坚志》,北京:中华书局,1981年,第797页。
⑤ (清)《歙西竹枝词》,清乾隆抄本,安徽省博物馆藏。
⑥ (清)同治《祁门县志》卷五《舆地志·风俗》。

间社会曾出现的巫术恐慌及相关应对。①

关于徽州的民间风俗,弘治《徽州府志》记载:"(徽州)地杂瓯骆,务为高行奇节,异材间出,性刚喜斗,民俗真淳杂豪健,东南邹鲁,读书力田间事商贾,衣冠至百年不变,安土重迁,泥于阴阳拘忌废事且昵鬼神,重费无所惮。"②弘治《徽州府志·祀典》记载徽州用于祭祀的坛墠较多,徽州本府有社稷坛、风云雷雨山川坛、郡厉坛、里社坛、乡厉坛等。休宁县有社稷坛、风云雷雨山川坛、邑厉坛、里社坛、乡厉坛等。婺源县、祁门县、黟县、绩溪县各自都有与休宁县同样的祭祀场所。徽州重文化传承,重商贾。凌蒙初《二刻拍案惊奇》中称:"徽州风俗以商贾为第一等生业。"但徽州府县志又皆言本地风俗"泥于阴阳",重祭祀,重风水。算命在徽州甚至成为一种职业,相信算命的民众大有人在,流传下来的相命的书籍数量亦不少。如《黟县五都四图程氏文书》中的文书抄本《清末民初竣磊山人为程先生推书》。③

另外,《故纸堆》④收有民国十四年(1925)歙西的命相文件,安徽省图书馆藏有《看痘吉凶总诀》、《祝由科存》等,歙县档案馆藏有1959年重修编的《命学须知》等。

跟其他地方民间对"巫术"的叫法类似,"巫术"在徽州民间通俗地称为"作法"、"做事业"等。"巫师"中的男巫在徽州被称为"神汉"、"阴阳先生"、"地理先生";女巫被称作"巫婆"、"仙姑"、"问同婆"等。徽州民间认为"神汉"能过阴阳界看病、看命运、看屋运等;"巫婆"主要是托鬼问卜的老妪,宣称能接鬼魂来诉说已死之人在阴间的生活境况。除此以外,"神汉"和"巫婆"还有算命、看相、掐课(此术能测算物品丢失及人走失在何处)、解难等本领。徽州道教文化较浓,境内的齐云山是我国四大道教名山,有些道士亦充当巫师的

---

① 王振忠:《从新发现徽州文书看"叫魂"事件》,载《复旦学报》(社会科学版),2005年,第2期第135—139页。

② (明)弘治《徽州府志·风俗》。

③ 刘伯山:《徽州文书》(第1辑第3册),桂林:广西师范大学出版社,2005年,第298页。

④ 《故纸堆》编委会:《故纸堆》,北京:北京图书馆出版社,2003年,第134—135页。

角色。据《绩溪县志》记载,旧时从事巫术职业者较多。民国后,其县境内犹有不下 50 人。①

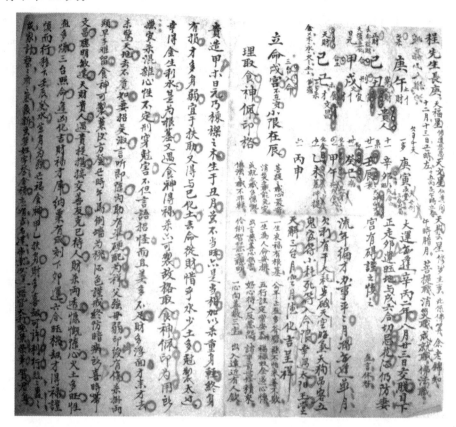

图 5-1　清末民初竣磊山人为程先生推书

文镛盛先生认为"巫师"的来源主要是三种途径:家传、师从和遇奇。②徽州巫师的来源一般是家传和师从两种。遇奇而成为"巫师"在徽州地方文献和民间传说中的也有记载,如《绩溪县志》记载该县胡家乡 20 世纪 80 年代还曾出现过"梦通"老妪,城区及四乡的百姓前往问鬼、问病者甚多。③ 巫师

---

① 绩溪县地方志编纂委员会:《绩溪县志》,合肥:黄山书社,1998 年,第 1056 页。
② 文镛盛:《中国古代社会的巫觋》,北京:华文出版社,1999 年,第 10—15 页。
③ 绩溪县地方志编纂委员会:《绩溪县志》,合肥:黄山书社,1998 年,第 1056 页。

的基本功能是通神和通鬼。绩溪县的《上庄村志》就有关于"问同"的记载：

> 有人遇到家运不好、身体不佳，便疑神疑鬼，便向死去的故人"问同"，以便知凶吉，求保佑。旧时，有专门从事此职业的人叫"仙姑"（巫婆），上庄村人称为"问同婆"。"问同"开始时，问同婆伏在桌上，头盖一块布，点燃一炷香，就"入睡"了；问同者坐在问同婆的旁边。片刻，问同婆开口要问同者报上故人的姓名及墓址。据说，问同婆就据问同者所报到"阴间"去寻此故人，并请故人到问同处来，故人的"鬼魂"就附在问同婆身上，问同婆就成了故人的化身、代言人，与问同者（活人）对话，阴阳怪气，甚是怕人。问同者也有寻到故人，而故人不愿与问同者见面的情况。此时，问同者就感到内疚，以为故人在世时，自己未能尽孝等等。①

在这个关于"问同"的记载中可以看出，"问同婆"具有跨越阴阳两界，能够到阴间去寻访"鬼魂"，具有"通鬼"的本领。

在徽州，巫师具有较好的社会地位。徽州民间丧葬、婚嫁、驱鬼、治病等场合，主家常邀请巫师到场。《夷坚志》支丁卷四《张妖巫师》载："婺源怀金乡巫者张生，善为妖术，能与人致祸。每于富室需索钱米，小不如意，则矩躍勃跳，名曰'打筋斗'。巫顶高冠，着宽袖绯衫，系大黄带，每日升高座，纵谈祸福，随从祇承可三十辈。"②这反映善为妖术的巫师"每日升高座"，受到大家的礼遇，拥有大量的徒众。

（二）徽州巫术的种类

根据徽州地方文献记载，徽州巫术种类大致可以分为：驱疫巫术、驱鬼巫术、婚育巫术、丧葬巫术、建筑巫术以及农事巫术等。从现存的徽州文书中可

---

① 《上庄村志》编委会编：《上庄村志》，皖宣内部图书 2009 第 0000913 号，第 256 页。
② （宋）洪迈：《夷坚志》，北京：中华书局，1981 年，第 995 页。

以看出,徽州民间诉讼制度较为发达,各村各族都有"理判老人"。因此,在其他地方,尤其是我国西南少数民族地区常见的祈求神灵裁判人间是非和财产纠纷的神判巫术较为少见。

1. 驱疫巫术

疾疫历来是人类健康的大敌。在科学不发达的时代,人们认为人之所以患疾病,多是鬼神之力所致。我国著名医学史专家陈邦贤指出:"据民俗学研究,医士的起源不过就是破邪的术士,而药学也不过是一种魔术而已。"①同时,陈邦贤先生还指出:"中国医学的演进,始而巫,继而巫和医混合,再进而巫和医分立,以巫术治病,为世界各民族在文化低级时代的普遍现象。"②

明清两代是徽州文化极盛时期,但由于科学相对不发达,医疗卫生条件较为落后,徽州民间以巫术驱病的现象大量存在。巫术认为人身体罹患疾病是因为一种怪异的力量进入体内,因此,驱病巫术的关键就是驱除这种怪异的力量。驱除的最典型方法就是嫁祸于人,即通过一定的手段把疾病从自己身上转移到他人身上,直到今天在徽州仍然可以经常看到这种现象。比如,人由于患病需要煎服中药,煎药后往往把药渣倒在大路上,希望其他人走路时脚能够踩到药渣,这样疾病就可以转移了,自己则可以顺势康复。这种方法在其他汉族地区也较为常见。

在巫医不分的时代,祈祷和符咒之风盛行。《抱朴子》云:"吴越有禁咒之法,甚有明验,多炁耳。知之者可以如大疫之中,与病人同床而已不染。"同时《抱朴子》中还指出"炁"能禳灾祛鬼,蛇虫虎豹不伤,刀刃箭镞不入;又能禁水使逆流,禁疮使血止,禁钉使自出。③古属吴越的徽州,其地方文书中就有关于驱病巫术的记载,如刘伯山所辑录《徽州文书》中"清后期立《红楼梦问鉴》等杂抄簿之二"有治疗"腹痛"的巫术:

---

① 陈邦贤:《中国医学史》,上海:上海书店出版社,1984年,第6页。
② 陈邦贤:《中国医学史》,上海:上海书店出版社,1984年,第7页。
③ (东晋)葛洪著,王明校释:《抱朴子内篇校释》,北京:中华书局,1980年,第103—104页。

今患者靠壁或柱旁,将痛处挨比在壁柱上,即叫过开,以手自按其痛处,行术者于所比上号"瞢"字,念咒曰:掀天揭地大吉昌,老君命吾摸肚肠。一摸三百六十骨节,二摸心肝脾肺肾肠,三摸邪魔瘟疫去,四摸五鬼见阎王,五五二十五,老鬼命吾来膜肚,吾奉太上老君急急如律令。①

再如治疗"骨鲠"的巫术:

用水一碗向东默念曰:谨请太上东流顺水,急急如南方火帝律令敕。②

其他的例子诸如"舒筋法":"筋舒不能伸,用竹筒尺余系绳挂腰间。""脚转筋":"男子以手挽下阴,女子扯奶子,自舒。或念:木瓜。"③对待瘟疫更是如此。瘟疫是可怕的疾病,徽州文书中亦有用巫术驱除瘟疫的记载,如《康熙五十四年(1715)休宁方氏避瘟疫符》④,共四份,其中一份内容见图5-2。

我们可以看到,道教符咒治病术在徽州民间影响较大,而道教符咒治病术是在原始巫术治病的基础上发展而来,其本身就带有强烈的巫术色彩。有些疾病是由于受惊吓引起,人的精神或心理受到刺激,尤其是婴儿体质差、抵抗力弱,一旦受惊或受病毒感染,就会生病,轻则发冷发热,重则惊厥、抽搐、昏迷,甚至危及生命。根据歙县《璜田志》记载,徽州民间对于治疗婴儿受到惊吓的巫术主要有两种⑤:

---

① 刘伯山:《徽州文书》(第 2 辑第 5 册),桂林:广西师范大学出版社,2006 年,第 481 页。
② 刘伯山:《徽州文书》(第 2 辑第 5 册),桂林:广西师范大学出版社,2006 年,第 481 页。
③ 刘伯山:《徽州文书》(第 2 辑第 5 册),桂林:广西师范大学出版社,2006 年,第 480 页。
④ 中国社科院历史研究所:《徽州千年契约文书》(清·民国编第 1 卷),石家庄:花山文艺出版社,1993 年,第 169—173 页。
⑤ 歙县《璜田志》,皖内图书 HS—2008—0021 号,第 271—272 页。

一种是简单的,也就是病情轻微的。在夜幕降临之后,在灶王爷前点起一炷香,抱起婴儿先拜灶王爷,然后将婴儿头颈部放到灶王爷下的炉膛外沿,由其母喊道:"某某(孩子的名字)别吓啊。"这时,边上父亲或其他亲属便答道:"哦。"这样叫一声数一颗蚕豆,接连数声之后,以锅底烟灰抹在婴儿鼻尖上,再用棉被裹上哄其入睡"发汗",这样连续三天。

图 5-2　康熙五十四年(1715)休宁方氏避瘟疫符

另一种是比较复杂的,也就是婴儿病情比较重一点的。让婴儿躺在床上,最好哄其睡着,施巫者用一只酒杯装满大米,有的盛柴灰,然后用婴儿的内衣或围裙将其包裹好,先从婴儿头顶轻轻点击,然后按顺序从五官、双上肢各关节、双下肢各关节、脐部、背部到脚掌,每点击一下,驱吓人念句咒语。咒语非常简单,如点击头顶部,则念"头顶心圈到杯中心";如点击肚脐部位,就念"肚中心圈到杯中心"。一直点击念到"脚板心圈到杯中心"为止。其间,因为杯中大米(炉灰)受震动,米粒(炉灰)间缝隙变小。整个过程,要加米或炉灰三次以后,用裹杯的内衣让婴儿穿上入睡,为此驱吓,也要连续进行三天才算告结。

《休宁县志》记载该县民间如有家中大小偶有寒热感冒、发热发冷,总认为是遇邪失去魂魄。于是家长领病人立于灶前,焚香祷告,并端清水一碗,将竹筷三支沾水,竖立碗中,待筷自倒,即向倒的方向焚香烧锡箔。同时也有关于"叫魂"的记载:组织二三人,用秤钩钩住病者衣服前行,按其病前所走之路,一路"叫魂";倘若病人神志不清、胡言乱语,则认为是鬼魅作祟,需请道士作法禳解,严重者还得请五猖(由五人扮五猖神),持械吆喊,驱赶邪魔。①

徽州绩溪县曾有名为"寿保"的习俗。"寿保"是指有钱人家人丁不旺,若

---

① 休宁县地方志编纂委员会:《休宁县志》,合肥:黄山书社,2012年,第1408页。

遇亲丁生病、久治不愈,为确保家人安康,便请人做"寿保"。寿保又称"十保"。做寿保时,邀请十个家境贫寒者,用这十人的阳寿去换病人的寿年。相传,替别人做寿保者,自己要减寿。绩溪县《上庄村志》记载,"寿保"是在夜深人静时,东家备好酒、菜、饭,挑到社屋摆在社公、社婆(菩萨)面前,进行祭拜。祭拜后,替人做"寿保"者,便开始喝酒、吃饭。饭后,众人在社屋的每根柱和墙壁上摸一遍,促患者的生魂回来,边摸边喊:"某某某,来家做太公了!"有人应曰:"喔,来了!"摸好后,一行人边喊边应,将病人的"灵魂"引回家。①

徽州民间还有"还枷锁"的习俗,一般是在小孩患重病的时候所采用。徽州民间旧时认为小孩患重病是前世的孽障所致,要到城隍庙去赎罪。"还枷锁"一般在中元节期间举行,中元节前一天要给小孩穿上黑领白衫,装扮成犯人的模样,由大人陪同到城隍庙,奉献上三碗或六碗供礼,然后虔诚地祭拜。祭拜后,给小孩的颈上戴上枷锁,回家后在灶司爷前解开。中元节当天,又在灶司爷前给孩子锁好枷锁,然后又去城隍庙祭拜城隍菩萨,祈求菩萨宽恕自己的罪孽。

病由毒侵,因此,端午驱毒在徽州是驱疫和预防疾病的重要活动。徽州民间认为五毒(蝎、蛇、蜈蚣、壁虎、蟾蜍)在五月活动最猖獗。民谚曰:"端午节,天气热;五毒醒,不安宁。"一到端午节,徽州人家一般用红纸画上五种毒物,贴在屋中,然后用五根针刺在五毒之上,表示毒物既除,可保平安。这是古老的辟邪巫术的遗存。有的人还在端午穿的衣服上绣上五毒图案,在吃的饼上刻五毒图案,把纸画的五毒图案系在手臂上,以此来表示驱毒之意。

驱毒是主动的驱疫行为,尊神则是心理的防御。五通神信仰是徽州较为普遍的民间信仰之一。"五通"又称"五猖"、"五圣"、"五显"、"五郎"等,起初为徽州婺源民间所信仰的五种瘟神,后来此信仰遍及徽州。清代徽州知府刘汝骥指出,当时祁门县"最重神道,岳帝、祖师、地藏、五显、土地莫不有会。愚妇最畏神明,每遇疾病,诚心祷祀,一似神道骤从天降者"。②

---

① 《上庄村志》编委会编:《上庄村志》,皖宣内部图书 2009 第 0000913 号,第 257 页。
② (清)刘汝骥:《陶甓公牍》卷一二《法制科·祁门风俗之习惯·神道》。

图 5-3　傩舞

徽州民间的驱疫巫术往往和礼仪活动联系在一起。傩舞是徽州民间的巫术和礼仪结合的典型活动。傩在徽州原是一种民间的祭祀歌舞,是旧时腊月里驱鬼逐疫的一种祭仪,源于原始巫舞。表演者用面具把自己装扮成比臆想中的鬼疫更凶猛狰狞的傩神,跳着凶猛、狂热的舞蹈来驱邪。《歙风俗礼教考》记载:"傩礼颇近古,而不举于官,乃乡里好事者为之。新正用童子彩衣,蒙假面,作魁星财神之类,或扮彩狮,敲击锣鼓,跳舞于庭,用博果饵,亦即玄衣朱裳黄金四目驱疫遗意。"①清道光《祁门县志》记载:"(祁门)正月元日集长幼列邦神祇,鸣钲出行,饮屠苏酒,谒祠宇,交相贺岁,傩以驱疫。"清嘉庆《绩溪县志》记载:"(绩溪)中元日,近年奉城隍神巡行县鄙,仪仗甚盛,扮诸鬼卒,后拥前呼以逐邪祟,亦乡傩之意也。"

再如《绩溪县志》记载,该县上庄村旧时每隔十年于农历六月中旬举行火把会,会期十天。火把会有游龙舟、火狮舞、祭神、拜佛、演戏等活动。会期末夜,则有数百只火把游乡送舟。"火把会"的来历相传是明天启年间(1621—1627),上庄村人胡直于六月外出经商,行至浙江省青田县时,天色已晚,从别人船上借火把赶路,当时约定十年后归还。十年期满,胡直却忘记此事。当他再次客居青田县时,突发疾病,并且感染同伴。胡直当时在昏迷中狂喊:"还火把!"火把还后,胡直及同伴病即愈。因此,上庄村民为驱赶疾疫,在村中兴起火把会,一直沿袭到民国三十年(1941)。②

与火把节类似的民俗活动,徽州民间还有"迎神赛会"、"三元会"、"太子会"、"观音会"等,这些活动都具有共同的特征,那就是试图通过仪式化的表演和祭祀,来为自己求寿、求子、求平安等,其中的情节今天看来真是匪夷所思。关于巫术研究材料的真实性问题,詹鄞鑫先生认为,巫术材料的真实并

---

① 许承尧:《歙事闲谭》,合肥:黄山书社,2001年,第609—610页。
② 绩溪县地方志编纂委员会:《绩溪县志》,合肥:黄山书社,1998年,第1056页。

不在于法术行为具有一定的功效,而在于这些法术活动是否真实、客观存在。也就是说,要区别开仪式情节的真实与文化意义的真实。从这个意义上讲,传说、古籍及乡土文献中看似荒诞的巫术记载,从巫术文化意义上说,却具有一定的真实性。正如詹鄞鑫先生所言:"我们可以相信所记载的表演活动,未必要相信其结果的显示。"①

图 5-4　火狮舞表演　宣城市文明办供图

2. 驱鬼巫术

《说文解字》释"鬼"为:"人所归为鬼。从人,象鬼头。鬼阴气贼害,从厶。"意思是说"鬼"是人的最后归宿,人会为鬼的阴寒之气所伤害。东汉王充《论衡》中如《论死篇》、《订鬼篇》、《辩祟篇》等 16 篇文章以无神论的观点论及人鬼关系和当时的禁忌活动,反复地说明人死无知,不能为鬼,不能致人祸福,因而提倡薄葬。同时指出,"吉凶祸福,皆遭适偶然",不应相信一切禁忌。这在一定程度上唤醒人们对人鬼关系的重新认识。

但在旧时徽州,关于对鬼神的认识,人们还没有彻底领悟王充的相关阐述。在徽州民间,"鬼"亦是一种神秘的存在,有时"鬼"并不加害于人,甚至在五谷丰登、平安顺利的时候,人们会认为是受鬼灵的保佑。因此,在徽州存在祭鬼的风俗。如每年中元节(农历七月十五)就被称为"鬼节",人们在这一天往往煎油粿、炸面脆、烧香点烛、烧锡箔祭奠鬼灵。在休宁县,中元节还有烧纸"放水灯",给野鬼施粥,超度孤魂,祈求平安的习俗。在歙县农村,农历二月初二是一个既祭神又祭鬼的节日。二月二又叫"土地节",也称"剃虫窝",意为铲尽一切害虫,使这一年庄稼免受虫害,喜获丰收。

驱鬼的行为源于内心对鬼的惧怕。民俗学家张紫晨先生认为:"人们对

---

① 詹鄞鑫:《心智的误区——巫术与中国巫术文化》,上海:上海教育出版社,2001年,第13页。

于鬼的态度,向来有怕与不怕两种倾向。怕,发自人们的内心;不怕,也发自人们的内心。人们经常在怕与不怕之间进行抉择。有时,怕占了上风,于是便进行祈祭;有时不怕占了上风,便进行格斗和驱赶。"[1]徽州的驱鬼巫术亦源于对"鬼"的恐惧,其中最为典型的是"赶吊"。自缢在徽州风俗中是最忌讳的,如果有的家庭不幸出现此类情况,"赶吊"是必须进行的。所谓"赶吊",就是驱赶"吊死鬼"。人寻短见,自缢而亡,其"鬼"称之为"吊死鬼"。歙县《璜田志》关于"赶吊"有详细的记载。[2] "赶吊"前需"解吊",指将尸体从吊索上解下来。为避恶煞加害于人,解吊的人首先必须扇打死者耳光左右各三下,有的还要用桃树枝抽打死者全身,然后斩断绳索,将死者放在床上。主持"赶吊"活动往往是一些丧事和尚(或道士),他们装扮成"吊死鬼",同时雇请他人装扮专门管束"吊死鬼"的天神,在夜晚鸣炮、敲锣打鼓驱赶"吊死鬼"。在徽州其他地方均有此类驱鬼巫术,只不过有些是雇请一些"下等人"穿着死者衣帽,化装成拖长舌、七窍流血、令人恐怖的"吊死鬼"。从这种巫术活动我们可以看到,徽州民间是相信鬼灵的存在,并把鬼灵世界看成是与人生世界并存且相通,认为任何鬼灵都会和现实中的人发生这样或那样的联系。人之所以会遇到各种灾祸,影响平安生活,其主要原因是鬼的存在、鬼的作祟,因此,驱鬼除邪实在是生活中的重要事情。

徽州驱鬼巫术与民间仪式往往融合在一起,其中通行的驱鬼仪式是"跳钟馗"(又名"嬉钟馗")。"跳钟馗"每年端午举行,明万历年间即有此习俗。家家户户于端午节大扫除,以消邪驱瘟,保障平安。孩子们胸前佩挂樟脑香袋,额上用雄黄粉写一个"王"字,房屋正堂悬挂钟馗像,下午进行跳钟馗活动。据《黄山市志》记载,端午节徽州各县举行跳钟馗以驱鬼避邪。跳钟馗有两种,一种是将钟馗偶像架在肩上,沿街市边旋转边舞,旁边锣鼓相随。每至店家门口,点燃爆竹,掷五色小纸块。爆竹金鼓齐鸣,空中五色纸纷飞,气氛颇为热烈。另一种则是由活人装扮成钟馗模样,每年端午节正午十二时,村

---

[1] 张紫晨:《中国巫术》,上海:上海三联书店,1990年,第116页。
[2] 歙县《璜田志》,皖内图书 HS—2008—0021号,第280页。

民先至祠堂拜祖宗。祠内烈焰腾腾,烟雾弥漫,钟馗箭步冲出,身穿蓝色官衣,头戴方翅纱帽,旁插两根野鸡毛,手执朝笏板,赤脚。一鬼手执篾制蝙蝠,逗引钟馗。一鬼手撑破红伞,在钟馗头上不断旋转。代表蜈蚣、蝎子、蛇、壁虎、蟾蜍"五毒"的五个小鬼手执钢叉,在钟馗身前身后又跳又闹,一鬼不时以纸扎的方形酒杯敬钟馗。喝醉酒的钟馗,东倒西歪,欲捉鬼吃。小鬼则逗引钟馗走街串巷,挨门挨户跳舞取乐。各家各户将准备好的铜钱、糕点、喜物送给舞者酬劳,并燃放鞭炮,随舞人员鸣金鼓,撒五色纸。①

图 5-5 跳钟馗

徽州驱鬼巫术的使用与民间故事的流传亦紧密相连。徽州端午节有门楣上插艾叶的习俗,插在门楣上的"艾叶"又被称作"驱邪剑"。人们认为在端午这天门楣插上艾叶,就可以使鬼蜮魑魅不敢进家门。关于插艾叶的习俗,在徽州流传着一段故事:据说黄巢起义时路过徽州,当时百姓由于害怕战乱而四处逃散。端午这天,黄巢追赶官兵时路遇一个逃难的村妇,见妇人身背一大孩,手牵一小孩,十分可怜,黄巢便问妇人:"你何苦自找苦吃?若身背小的,手牵大的,不是能跑得更快吗?"村妇回答:"大的是我丈夫前妻所生,小的是我亲生的骨肉,若背小弃大,万一有所疏忽,我怎能对得起他死去的亲娘!"黄巢听后十分感动,说:"像你这样的好心人,义兵是不会加害于你的!"于是随手在路旁拔一把艾叶,要村妇带回挂在门上,义兵只要见到艾叶,便秋毫无犯。与此类似,由民间故事而演变的节日巫术,徽州民间还有在立夏时节"吃乌饭"的习俗。"乌饭"是在立夏日采来乌饭树叶,捣碎后滤出汁液煮米饭,饭呈铁黑色,看上去形同猪食。民间流传这是源于目连救母的传说,目连为了救母脱离饿鬼的迫害,曾

---

① 黄山市地方志编纂委员会:《黄山市志》,合肥:黄山书社,2010 年,第 2182 页。

用"乌饭"冒充猪食,使众狱鬼不致抢食,终免母亲饿毙。立夏日早晨,徽州还有把煮熟的鸡蛋在门槛上敲碎的习俗,这既是敬门神,又是驱鬼邪。

徽州驱鬼巫术还有民间宗教信仰的渗透。徽州民间还有"放焰口"、"滚车"等驱鬼习俗。在中元节,徽州各地均有"放焰口"的习俗。"放焰口"是给传说中的焰口(饿鬼)施食,救助其饥渴之苦的佛教仪式。最具地方特色的"放焰口"当属休宁县五城地区。休宁五城地临河流,古时常有人落水而亡。

图5-6 轩辕车会

"放焰口"时要在河两岸烧纸化钱,泼粥施食,目的是施舍"落水鬼",祈求平安。同时用色纸、竹篾等扎糊成七十二样鬼形供于祭坛,祭祀以后送至五猖殿焚烧超度。在黄山区仙源、甘棠等地保留着"滚车"的习俗,每年农历七月十九日、二十一日、二十三日、二十四日四天都要举行"滚车"活动,如图5-6。"滚车"的车为木质,质地坚硬,其形如马车车轮,高一丈五尺左右,外圈厚五寸。辐固定在外圈与腰鼓形中轴之间。外圈内侧两根辐之间,钉上两片盘形铁片或铜片,"滚车"人手推腰鼓形中轴,使其滚动,铁片在滚动时上下移动,碰击作响。七月十九日车从车公庙中滚出,只在大街上滚一趟即返回庙中,这称之为"落地车"。正式滚车是二十一、二十三、二十四日三天,二十四日是"滚车"的高潮,滚遍全村所有道路。当地人认为,车轮滚动发出的巨大响声,可驱散邪怪恶鬼,达到避邪保安的目的。

在黟县,每年农历二月二,民间认为是土地公生日。每家做些铜钱大小的馃,俗称"老虎馃",同时用米粉做一只猪脚。两者蒸熟后,用一个红漆茶盘装着。中午或晚上,点起蜡烛,焚烧香纸,祭拜神明,焚烧一张"勇士打虎"的纸画,再用生鸡蛋对着墙上一砸,口中念着:"上不打天,下不打地,单打白虎连历历。""连历历"是指白虎被打痛时脚摔抖状。打后燃放爆竹,表示把"白虎星"赶跑了,然后全家吃"老虎饵"以驱鬼避邪。①

"鬼"尽管是一种虚幻的存在,但给予人们心理的作用确实巨大,人们往往对"鬼"产生莫名的焦虑和恐惧。因此,人们总是要采取必要的措施消除内心的焦虑和恐惧。比如徽州多山,夜间行走山路往往是令人害怕之事,尤其害怕夜间遇鬼。刘伯山《徽州文书》(第二辑)就收录民间的两种处理办法:其一是"山行,念林兵二字却百邪";另一是"夜行,用手掠发邪不敢近,或以中指书'我是鬼'三字,握固不怖"。②

美国学者孔飞力认为:"人在这个世界上的命运其实是很容易受到超自然力量的破坏、伤害。在神鬼之间进行的那场永无休止的对抗中,人的生活需要得到'术'或'法'的保护——不管使用'术'或'法'的是宗教职事人员还是有这方面知识的俗人。"③正是根源于人们内心对"鬼"的恐惧,同时又相信人的力量是可以和鬼神进行对抗,徽州民间才有祈祭、驱赶鬼神的巫术活动。

3. 婚育巫术

结婚和生育在民间是十分重要的生活内容,结婚意味着新家庭的成立,新生命的孕育;生育则代表着新生命的产生。徽州的婚事风俗,各地大同小异。《歙风俗礼教考》有着详细的记载:

> 婚礼,媒通庚帖以后,即致果饼腥鲜于女家,曰探宅,乃古纳采、问名、纳吉意,而并举之。女家则请翁姑及婿履式,以时致馈,曰送鞋样,既而行聘,曰下定,即古纳征也。吉期已卜,则以骈俪语启之,或附纳聘函中,亦有特举者,曰送日子书,即请期之礼。前后三往复,始娶。婿不亲迎,惟以亲族名帖致女家,曰领亲。女家以名帖答,曰交亲,亦不亲送也。伴妇舆者,婿家惟用仆妇之吉者双迎,谓

---

① 黄山市地方志编纂委员会:《黄山市志》,合肥:黄山书社,2010年,第2180页。
② 刘伯山:《徽州文书》(第2辑第5册),桂林:广西师范大学出版社,2006年,第479页。
③ [美]孔飞力著,陈兼、刘昶译:《叫魂:1768年中国妖术大恐慌》,北京:生活·读书·新知三联书店,2012年,第146—147页。

之男妇,曰伴亲。女家用老成妇妪以送,曰伴娘,意殊缜密。新妇入门,即行交拜礼,而后合卺。三日庙见,乃拜谒翁姑尊长,诸家人以次及,曰拜堂。遂宴妇于堂上,始服妇职。①

徽州旧时的婚姻大多遵循父母之命、媒妁之言,经包办、撮合而成。男女通婚有着复杂而繁琐的程序,包括问亲、订婚、娶亲等。旧时徽州民间认为婚姻亦受天地神祇支配,因此,通婚的双方需看生辰八字,根据星象运行看其是否相冲相克。为实现婚姻的美满和顺,徽州民间特别重视婚事的各个环节,尤其是祈求通过一定的方式来实现对美满姻缘的追求。如歙县《璜田志》记载,问亲时,男方父母会托媒婆物色门当户对的合适人选,一旦相中便会委托媒婆问亲。若女方父母同意,便将女方的生辰八字年庚红单让媒婆带给男方。此时,男方会将女方的生辰八字年庚红单压在灶台上三日。若三日内,男方家中没有发生包括打碎碗碟在内的大小祸事,便被认为是吉利的。② 我们可以看到,男方把女方的生辰八字年庚红单压在灶台上的效果对于婚事来说比较重要。如果男女双方生辰八字吻合度一般,但由于女方条件过于出众,且双方都希望成就婚事,那么在女方出嫁时要穿七条麻布裙,这样则可以弥补不足。

徽州旧时婚礼仪式隆重,程序繁杂。男方事先选定良辰吉日,通知女方,俗称"送日子"。新郎、新娘在婚礼前一天要盥沐、更衣。新娘拜别双亲入轿前,娘家人要开始"哭嫁",名曰"不哭不发,一哭大发"。所谓"大发"是指人丁兴旺、发财富贵、风水发迹。黟县婚俗在花轿出门后,女方家便即刻关上宗族祠堂的大门,以祈求女子出嫁顺顺利利。"哭嫁"一般有唱词,内容大多是教育女儿孝敬公婆、侍奉丈夫、持家立业、处理好邻里关系。同时派人尾随迎亲队伍并泼洒清水,表示嫁出去的女儿犹如覆水难收。③ 在歙县乡村,新娘起

---

① 许承尧:《歙事闲谭》,合肥:黄山书社,第2001年,第608页。
② 歙县《璜田志》,皖内图书 HS-2008-0021号,第255页。
③ 郗颜红:《浅谈古黟婚丧风俗》载《徽州社会科学》,1992年,第4期第58—59页。

轿以后,女家随即将自家大门关上,并将单簸(竹制圆形晾晒东西的器具)正面朝下盖在地面上,上面压一块磨盘,过片刻,由身份较低的"下人"拔出门闩的抽梢,打开大门,并向主人乞讨"门闩钱"和"拔梢钱"。这样的做法同样是祈求新娘新婚吉祥,大吉大利。① 婺源同样有"哭嫁"的习俗,新娘的嫁妆中"子孙桶"(尿桶)要先行,桶内放置成双的鸡蛋。跟"子孙桶"在一起的还有取暖用的"火桶",里面置放两块用红纸裹着的木炭,意为日后的日子红红火火。新娘子刚进夫家门时,先拿出"子孙桶"里面的鸡蛋,要请十岁以下的男孩在桶里撒上童子尿,然后把鸡蛋赠送给男孩,以此祈求早生贵子。徽州传统婚礼还有重要的仪式——"传代"。"传代"是把青布制成的长袋铺在地上,新娘要踏袋而行,两只袋要轮流铺垫。"传代"寓意"传宗接代",仪式后即撒彩色纸屑和茶叶米豆,以此驱除婚后生活可能遇到的邪祟。

  男女成婚后,生育就成了头等大事。因为旧时医疗不发达,生育本身对于女子来说极具风险,徽州俗语就有"妇人生孩子是棺材盖上翻跟斗"的说法。徽州民间的生育巫术既受生存本能的驱使,同时也受传统的民间生育观、鬼神观的支配,祈求通过巫术方式解决女子生育所面临的种种困扰。在歙县,新婚妇女初次怀孕,临产前其娘家要去"催生"。所谓"催生"是在两亲家商定之日,由娘家备选最大的箬叶,箬叶的头、尾都要留着,用此箬叶包糯米粽子,一斤米最多包三个,谓"催生粽",粽子越大越好。"催生"日,孕妇家要早早起床开门迎候。娘家人到时,担子直接挑往孕妇的房间,其中担子的一头一定放到床上,另一头则放到地上。孕妇家人把茶叶蛋、茶水、酒菜等放在八仙桌上,互不问候。娘家人自己站着吃茶、饮酒、吃饭,但不吃面条。歙县民间认为,完成这些程序会保证孕妇顺利生产。

  在绩溪,"催生"则是娘家做一碗"鸡子糕"放置孕妇床上。绩溪民间还有"烧天狗"的习俗。"烧天狗"主要是指女子怀孕时,为祈求母子平安,男方家要用糯米粉做成小狗,还要用米粉做三条白色的垫底,两条红色的放在上面,

---

① 歙县《璜田志》,皖内图书 HS-2008-0021 号,第 258—259 页。

叫作"长寿馃";还要用一张箬叶裹成长形的糯米粽,称"长寿粽"。"天狗"等首先要送到社屋,作为祭"社公"的供献,祭拜后再将"天狗"等送到妻子娘家。娘家人将这些食品又分给亲朋好友共尝,与其同喜,时间大多安排在二月或十月半进行。① "天狗"、"长寿馃"、"长寿粽"等都是大米制成的食品,反映出人们将农业文明中五谷丰登的愿望移植到自身生命延续的期盼中。

徽州文书中有关于生育巫术的记载,如有关"催生"的巫术:

> 取本人家中筷子一枝,左手向上拿,莫封口,默念咒曰:金兜肚、银兜肚,是男是女怀中坐,十月怀胎已满,一时临盆生出。三遍毕,暗将筷子向下阴一比,交与□□照样拿回,插在产妇衣领背心中即下,又桃仁一个,劈开一瓣,书"可"字,一书"出"字,甜酒吞,又将本年宪书有印信壳面扯来,不要人见,火化,酒调与服即下。②

还有关于治疗不孕不育的巫术:

> 将夫妇生庚用香虚写于乳香汤中,夫持碗咒曰:天精地血,二结成人,上气下降,一物成形。早晚各默念三遍毕。授与妇人面向东吞之,共行四十九日,无病者可以有孕。③

当然旧时受医疗条件的限制,产妇在分娩中时常会发生不幸死亡的情况。遇此不幸,徽州民间一般要举行"破血湖"的道教祈禳仪式。仪式融入徽州民间流传甚广的"目连救母"的戏文情节。通过道士诵经、口唱以及剑毁血湖池等仪式,达到超度亡魂的效果。分娩如此危险,民间就不得不高度重视。旧时徽州民间妇女分娩,"上人"(徽州俗称,指公公、婆婆)便要请九老爷菩萨

---

① 《上庄村志》编委会编,《上庄村志》,皖宣内部图书 2009 第 0000913 号,第 234 页。
② 刘伯山:《徽州文书》(第 2 辑第 5 册),桂林:广西师范大学出版社,2006 年,第 482 页。
③ 刘伯山:《徽州文书》(第 2 辑第 5 册),桂林:广西师范大学出版社,2006 年,第 483 页。

供奉。如果产程长，分娩慢，"上人"便一边烧香祈求神灵保佑，一边不间断地开关房内的桌屉，以求加快娩出。如果上一胎是不幸夭折的，妇女临盆，房间内要用火钵燃起破鞋以此驱邪逐赶"脐风鬼"。生后三日，要做"三朝"（俗称"洗三朝"），婴儿由接生婆洗澡，剃头。剃完头，用三个煮熟的红壳鸡蛋在婴儿头上转动，同时念吉利咒语。咒语为"鸡子碌一碌，买地又买屋；鸡子捺一捺，子孙玩玩代"。洗完澡，剃好头，男婴儿即在左耳上穿一个耳洞，谓之"穿牛鼻子"，意为紧紧拴住，不让"走"掉，防止夭折。

  小孩长大，开始学习行走，徽州民间有"割脚索"的习俗。徽州民间认为小孩出生以后，有一根无形的绳索束缚住孩子的双脚，导致其不能自由行走。到了一岁左右，小孩子表现出挣脱绑索自己行走的欲望。但是由于受绳索影响，双脚并不能自由行走，走路时摇摇晃晃，尤其是不能迈大步，这时便需要"割脚索"。"割脚索"是由两位大人共同完成，一人在小孩前，诱引小孩迈步，一人手拿镰刀在小孩两脚之间，像割柴禾一样从上到下、从前往后反复割舍，口中念念有词："割脚索，割脚索，割掉脚索大步走。"徽州民间认为孩子被"割脚索"后，其行走会稳健，步伐也更有力量。徽州人将小孩开步行走的迟早与是否稳健，习惯地归功于脚索割得是否早和是否彻底、干净。[①]

  徽州民间非常重视孩子的言行习惯教育，为此采取一系列的做法，其中就有"坐马桶"和"擦屁股"的习俗，这两种习俗通常是在孩子不经意间说错话时所用。如果小孩说些不吉利的话，大人则会信以为真，心事重重，一筹莫展。如果孩子的话是针对别人，便会被别人斥之为"臭嘴筒"、"倒霉鬼"；如果孩子所说的话碰巧成为现实，那就会被别人怨恨。徽州民间认为马桶有"马桶官"，当孩子说错话时，则让孩子坐上马桶，"马桶官"便会施展魔力，将小孩的灵念之气彻底除尽，这样孩子说的话就不会显灵了，所说的一切便会被视为无知瞎说，人们也会将小孩说的话当成笑料取乐而不计较了。"擦屁股"一般是在大年三十，徽州民间特别追求春节的吉祥如意，如果孩子在此时说一

---

① 吴正芳：《徽州传统村落社会：白杨源》，上海：复旦大学出版社，2011年，第210页。

些不吉利的话,就会破坏新年节日祥和的氛围。这时一定要在除夕晚上,趁小孩熟睡之际,用擦屁股的草纸在小孩嘴上抹擦,边擦边讲:"三十夜,擦屁股,擦了屁股不瞎讲。"

4. 丧葬巫术

中国文化历来有重视丧葬祭祀的传统,《礼记·祭义》云:"事死者如事生,思死者如不欲生。忌日必哀,称讳如见亲,祀之忠也。如见亲之所爱,如欲色然,其文王与?"敬事死者就要像其还活着一般,要迎合其生前所喜好。《礼记·祭统》又云:"祭者,所以追养继孝也。孝者,畜也。顺于道而不逆于伦,是之谓畜。是故孝子之事亲也,有三道焉:生则养,没则丧,丧毕则祭。"所谓"孝"就是"畜",就是蓄积延续敬养长辈的习惯;重视丧葬祭祀就是弥补先前未尽的供养而延长侍奉长辈的时间。

徽州地区受传统文化影响很深,其民间有俗语:"生要生在苏州,死要死在徽州。"这反映徽州特别重视丧葬之事。徽州丧葬程序繁琐,仪式隆重。"嘉(靖)、隆(庆)以来,多遵文公家礼,厚薄虽称家,而衣衾含殓,人子务自致焉。四日始成服,设灵座,树名旌,擗踊苫次,茹素啜粥,以承四方之吊。朝夕设饭,七日致奠。"①这种丧葬礼俗体现出多种观念和文化的融合,其中,既有原始观念,又有封建观念;既有对鬼神崇拜的原始思维,又有长者为尊、事死如事生的传统礼仪,表现出儒、佛、道等传统思想文化的影响。特别是明清以来徽州的丧葬仪礼一直处在礼仪和习俗并存、厚葬与薄葬并行、良风与陋俗同在的矛盾状态中。②徽州丧葬礼俗的基本程序,一般分为"送终"、"报丧"、"守铺"、"奔丧"、"入殓"、"搁棺"、"居丧"、"吊唁"、"出殡"、"进阁"、"点彩头灯"、"请三朝"、"祭七"、"偷呼"、"回呼"等等。在徽州,人们坚信人的故去只不过是去了另一个世界,生命又开始新的轮回。阴间和阳世虽不同,但可以通过一定的方式进行神秘的沟通。

---

① (明)万历《休宁县志》卷一《舆地志·风俗》。
② 卞利:《明清以来徽州丧葬礼俗初探》,载《社会科学》,2012年,第9期第131—143页。

人病危,亲属到病榻前守护,这在徽州俗称"送终"。人死后,要根据时辰以及死者的生肖决定"落枕"的时辰。"落枕"是将死者枕头抽去,换上三片屋瓦,同时必须要撤去蚊帐,民间认为这样可以使得亡魂不至于被罩住而不得解脱。"送终"后则需要向死者的亲友"报丧"。报丧者一般手拿一把雨伞进门,将伞尖朝下放置在大门里侧,亲友一看便知。报丧者要到亲友家简要说明死者去世情况以及出殡时间,报告后必须吃些东西才能回来。徽州民间认为"报丧"后吃东西则可使亡灵到阴间亦有饭吃,不至挨饿。"守铺"是指死者去世后要请专人"守灵","守铺"的人要不断给死者烧锡箔纸,还要防止鼠和猫进入死者的房内,因为鼠、猫的叫声会使死者的躯体立即立起,其家道则会衰落。

　　死者入殓前要做一些必要的准备工作,第一是给死者沐浴。沐浴前死者家属要特意到附近的河(或小溪)中焚烧香纸,意为"买水",只有"买"的水才能清洗死者的凡尘。第二是给死者更换衣服。更换衣服前要根据死者的性别将寿衣分别给儿子或儿媳披一披,这叫"焐衣衫",然后才能给死者穿上。给死者穿戴完毕,亲属还要用纸把自己的衣服、头、脸等擦拭一番,这样可以让死者把"霉气"全带走。入殓时,死者的嘴里要放入"铜钱",同时让其左手捏金,右手握银。家属此时要按顺序向死者祭拜、敬酒,从"果盒"中每种果子取一点放入棺内,用手指沾酒滴入死者口中,然后才能盖棺。盖棺后有"印钉"的环节。"印钉"是由丧事的主事先钉上其他棺材钉,其中留一个不钉,最后由嫡系亲属用秤砣敲击,这可以祈求家族日后人丁兴旺。

　　出殡与送葬是徽州丧礼的重要环节。死者棺材抬出家门后,要立即用锄头在家中厅堂锄一圈,然后在上面压一磨盘。出殡时除亲属及送葬队伍外,棺材之前各由一人手持魂幡,前面上书"金童前引路",后面上书"玉女后跟随"。女儿、孙女持"衣箱担"。长子或长孙托盘。托盘内放置大半升稻谷,稻谷中插上死者牌位,另外,还点上蜡烛与素香。一边走还要一边撒"黄表纸",以示送"买路钱"。棺材头由儿子扶着,如有次子,则长子扶头,次子扶脚,谓之为"扶头衬脚",以示死者有福气。死者的儿媳在死者出殡时要用火把在棺材下晃几下,再到水口(即岔路口)焚烧一些稻草,然后把火把带回家放入灶炉内。这表明死者"交家",下人(即媳妇)"接家"。

死者的墓地选择十分讲究,墓地宜高阜、朝阳、沥水,墓地正前方不能对着山尖。墓地底部要平整,寓意后代的子孙各支要平衡发展。棺材放置墓地前,要焚烧豆萁或者麦秸秆,同时留取火种。把棺材在墓地放正后,要在现场宰杀公鸡,把公鸡血淋在棺盖上。亲友祭拜后开始填土盖坟。仪式完成后,亲属则脱去孝服,用留取的火种点燃灯笼,然后燃放鞭炮。最后把灯笼带回家,这叫"回火"。"回火"一方面是祈求死者入土为安,另一方面则是希望子孙绵延。入墓后第二天清早,亲属要早早起床去死者坟上祭拜,谓之"请三朝"。徽州民间认为这时死者的亡灵还可以看见亲属,"请三朝"时亲属必须号啕大哭,让亡灵感到后人尽孝,心理得到满足,安心去阴间。"请三朝"时亲属还必带锄头将死者的坟墓整理一番,如果不这样做,此坟就为顽病坟,日后不可动此坟,如不小心触碰此坟之草木或土石等任何东西,就会有灾祸降临。

徽州民间认为死者的亡灵在入葬后还要回家一次,即为"偷呼"之日或是"回呼"之日。这日子是由佛事和尚按照死者死亡时间、"落枕"时间及生辰八字等,然后根据天干地支排算出来的,最吉利的时间一般是十二天"回呼","回呼"前一天为"偷呼"。"回呼"晚上要焚烧用纸糊成的衣物、橱桌、凳椅、箱担等日常用具,烧后的灰要在第二天早上埋到死者坟前的土里,表示家人供给死者在阴间的日常生活所需。

"重丧"和"空亡"在徽州是非常忌讳的。所谓"重丧"是指按迷信说法死者死后可能还要再死一人;"空亡"是指死者去世以后,该家族可能衰败。为防止这两种情况发生,在出殡时必须采取相应办法加以镇制。出殡时,在可能引发"重丧"的死者棺材上放上一个小小的纸棺材,表示"重丧"已出,可保障他人平安。在可能引发"空亡"的死者出殡时,当其棺材抬出大门后,把一只竹筐搁在门槛上点燃,趁火烧得正旺时,一脚将其踢进屋内,表示"空亡"已除,家族会重新红火。

5. 建筑巫术

孔飞力在《叫魂：1768年中国妖术大恐慌》一书的第一章《中国窃贼传奇》中描述乾隆三十三年(1768)浙江德清县因建筑巫术谣言引发的社会恐慌。当时人们认为石匠、木匠等传统工匠拥有一种凶险不祥的魔力，石匠们在建桥时把活人的姓名写在纸片上，然后把纸片贴在木桩底部，借此窃取其精气，大锤敲击木桩时就会增加某种神奇力量，木桩也因此更容易打到河底深处。而那些被窃取精气的受害者，不是生病，就是死去。① 孔飞力所指的"叫魂"，实际上是"偷魂"、"盗魂"。当时一些人还通过剪他人发辫并对发辫进行"作法"，从而期望产生对辫子主人不利的后果，这其实就是"魇胜之术"。这种"巫蛊之祸"自汉代以来就在中国社会流行，其流行的原因与汉代受命改制、谶纬造作和灾异之说的普遍流行关系紧密。② 同时希望借助发誓起咒，实现人与神的沟通，从而使弱者通过超自然力量的帮助实现生活中难以实现的愿望。

徽州也曾受巫术谣言的影响，如《黟县四志》记载：

> 光绪四年戊寅，有邪术剪人发者。先是大江南北及浙江地方，风传有邪术剪辫之奇闻，兹乃蔓延至黟。窃谓此种衺邪，必系愚民受奸人利用，或暗剪人辫，或自行剪之，以神其术耳。③

我们以建房为例，探讨巫术在徽州建筑中的应用。徽州民居多为砖木结构，其中木工特别重要。建房时，如果主人待工匠热情周到，那么他们会在房屋中施以法术，保主家兴旺发达；如果主人招待不周，那么他们则会悄悄施以相应法术，达到贻害主家之目的。徽州工匠的这些法术大多受民间流传的

---

① ［美］孔飞力著，陈兼、刘昶译：《叫魂：1768年中国妖术大恐慌》，北京：生活·读书·新知三联书店，2012年，第3—9页。

② 汪庆华：《盛世背后的历史、法律与社会——基于〈叫魂：1768年中国妖术大恐慌〉的讨论》，载《政法论坛》，2015年，第1期第168—173页。

③ （民国）《黟县四志》卷一《纪事表》。

《鲁班经》的影响。《鲁班经》除记载木工营造的各种技艺,同时也记载了一些魇胜之术。如"铁锁中间藏木人,上描五彩像人形,其家一载死五口,三年五载绝人丁,藏井底或藏墙内"。① 工匠们把事先准备的铁锁内藏上木人,并把该锁藏在井底或藏墙内则会导致主人家破人亡。再如"一个剑头一系维,块藏地下随处行。夫妻父子常不睦,吊死绳头有几人。不论埋何处"。② 意指工匠们在剑头上系上绳子,然后埋在房屋地下,则会使主人家庭不睦,甚至其成员会上吊自杀。当然,除了这些极为恶毒的黑巫术外,《鲁班经》中也记载了一些工匠们使用的白巫术。如把画有松柏树枝图案的纸张或物品藏在房屋中,可"主主人寿长"。③ 另外,在屋梁上藏桂叶、木制小船、竹叶青等,也可发生对主人有利的事情。如"桂叶藏于斗中,主发科甲","船亦藏于斗中,可用船头朝内,主进财。不可朝外,朝外主财退"。④ "竹叶青三片,连上书大吉、太平、平安,深藏高顶橡梁上,人口平安永吉祥"。⑤

  出于对建筑黑巫术效力的恐惧,徽州人建房特别重视每个环节。第一,建房前特别重视堪舆风水。旧时建房,首先要请地理先生看"风水",择地基。开工头一天,要请"开工酒",并将新鲜猪血(或鸡血)洒在地基上,俗称"杀生压邪",用意就在于驱赶鬼邪。第二,房屋上梁之日,张贴"紫薇高照"横批和"立柱喜逢黄道日,上梁巧遇紫微星"等吉利对联,上梁时辰一到,鞭炮齐鸣,木匠师傅将正中的缠悬红布的正梁架好后,随即进行"撒五谷"、"撒果子"、"撒百子棰"等程序。其中,"五谷"一般为多年的稻谷和麦子,越陈越好,喻为五谷丰登。百子棰上写有"寿比南山"、"福如东海"、"五子登科"、"个个状元"等吉利语。上梁最后一项仪式是"摔金鸡"。木匠将两只公鸡(徽州民间称之为"长生鸡")滴血于屋柱后猛抛于地,高喊"金鸡落地,大吉大利"。⑥ 第三,

---

① (明)午荣:《鲁班经》,上海:上海鸿文书局,1938年,第38页。
② (明)午荣:《鲁班经》,上海:上海鸿文书局,1938年,第39页。
③ (明)午荣:《鲁班经》,上海:上海鸿文书局,1938年,第38页。
④ (明)午荣:《鲁班经》,上海:上海鸿文书局,1938年,第38页。
⑤ (明)午荣:《鲁班经》,上海:上海鸿文书局,1938年,第39页。
⑥ 歙县地方志编纂委员会:《歙县志》,北京:中华书局,1995年,第627页。

新房建成后，如果出现两屋大门相对、门对尖角或其他不利的情况，便在正门或窗户上方悬挂一面镜子，这面镜子可以驱赶妖魔鬼怪，住户因此可逢凶化吉，该镜子在徽州俗称为"照妖镜"。

除了在以上方面形成的建筑信仰习俗之外，徽州民间建筑文化还包括深层的建筑心理和建筑信仰，譬如，建筑信仰中的镇宅观念，它主要借助装饰或实用的材料与构件而展现的具体图像与物象。徽州民间用以镇宅的饰件主要有牙脊、角脊、镜子与古狮等。以镜子的摆设为例，徽州人相信它能照妖驱邪，故多被镶嵌于民宅的大门顶端正中部位。另外，还有《鲁班经》所提到的一些建筑巫具等相关法物的使用，用以趋吉避凶。这些徽州建筑信仰习俗，既有迷信的成分，亦有充满功利实用的心理信仰因素，同时，也透露出徽州文化的另一种信息。

以绩溪县上庄村为例，建房是生活中的大事。挖地基前必须先制作"老郎"，以保在建房的过程中平安无事。"老郎"的做法是：将三个金银（锡箔纸叠成）及三根香卷在三张黄纸（或火纸）中，香的两头必须露在外面，再用一张红纸将这个纸筒包上，并用青棉线扎好，"老郎"便制作完成。在制作"老郎"时，还要做两份大土封（也用火纸包上金银），摆上供献，然后烧纸（大封）、放炮仗，祭拜大地。再将"老郎"挂在新建房屋地基正中祭拜。拜毕，将老郎请回家（原住处）挂在客厅高处。一切完成后，方可开工挖墙脚。待新屋落成后，再将"老郎"请到新屋，挂在新屋客厅的高处，开始烧纸，点香祭拜，放炮仗，谓之"谢老郎"。在"谢老郎"的过程中，主人要给建房的工匠们每人一只红灯笼，其中装着枣、栗、花生。由工匠们站在屋上抛向高空，落下后，小孩、大人都奋力争抢。场面十分喜庆。①

为期盼建房及此后的居住平安，徽州民间还会使用一些建房镇宅的符咒，主要有：上梁符、安门符、镇四方土禁并退方神符、镇宅平安符、五岳镇宅符、镇宅十二年土府神杀符、三教救宅神符等。还有一些常见的防盗和镇盗

---

① 《上庄村志》编委会编：《上庄村志》，皖宣内部图书 2009 第 0000913 号，第 246—247 页。

的符咒,其中的咒语直截了当。如屏盗贼符咒,其咒语云:"七七四十九,盗贼满地走,伽蓝把住门,处处不着手,童七童七奈若何。"如果家中失盗,人们则会对着盗贼留下的脚印或其他痕迹,反复诅咒:"天杀你,地杀你,一钉子钉死你!"

徽州特别讲究村落建筑选址,背山面水是徽州村落的基本格局。徽州的宗谱大多记载每个村落的始祖卜居吉地而后家族繁衍的历史,如《歙西溪南吴氏世谱》记载西溪南村(今属徽州区)的吴氏始祖在定居西溪南的选址过程。徽州因多山,村庄大多四面环山。"水口"实际上是村落进出的咽喉,民间十分重视"水口"的建设,认为其关系整个村子的兴衰荣败。徽州人认为,"水"象征着财气,为了留住财气,在水口上游处建"天门",在下游处建"地户"。如绩溪县浩寨乡冯村至今仍保留着完好的水口布局。其在上水口架安仁桥,并在桥上方建围墙,是为"天门"。"天门"要求开敞,水主财,门开则财来;其在"水口"的下游处建理仁桥,在桥的下方建台榭,是为"地户"。"天门开,地户闭",徽州先民借助风水观念,通过村落的建筑布局,表达自身对生活的美好向往。如果村庄科甲不发,文运不兴,徽州村落一般在甲、巽、丙、丁四字方位上,选择一块吉地,建一高塔,是为"文峰塔",这可使村庄科甲兴旺。徽州部分村落限于客观条件,其地形可能不符风水理论的要求,此时会采取引沟开圳、挖塘蓄水、开湖、筑堤坝、造桥等各种补救措施。根据婺源《羽中麓齐氏族谱》记载:"吾里山林水绕……而要害尤在村中之一川。相传古坑族祖渊公精堪舆论之学,教吾里开此圳,而科第始盛。"

我们由建房可以看出,徽州建筑中的巫术活动大多受风水观念的支配,当然其中也蕴含民众在长期的生产和生活中积累的实践经验。这种观念和经验由于受相对封闭的地理环境的影响以及出于某种功利的目的,以文化传承的方式,逐渐演变成建筑伦理和风俗习惯。

6. 农事巫术

农业取得丰收的重要前提是风调雨顺,无水旱等自然灾害及病虫灾害。但徽州地处山区,水旱灾害时常发生。关于徽州自然灾害的记载多存在于正史、实录、档案、官箴、方志、契约文书、宗族谱牒等文献中。根据现存的徽州府志、各县方志、宗族谱牒及《明史》、《清史稿》初步统计,从明洪武元年(1368)到民国十二年(1923),徽州"一府六县"共发生水灾222次,旱灾202次。①

南宋罗愿《新安志》曾对徽州地区的水灾情况有过描述:"新安为郡在万山间,其地险陋而不夷,其土驿刚而不化……一遇雨泽,山水暴出,则粪壤与禾荡然一空。"②徽州每年五、六、七月份为雨季集中的时段,水灾体现为长期下雨而导致的内涝以及暴雨所导致的山洪暴发。"龙"与"蛟"两种虚构的动物,都是产生在我国先民水神崇拜的基础上。但在传统文化中,两者的文化形象却区别迥然:"龙"是施云布雨的水神;"蛟"是兴风作浪的水妖。

徽州民间亦认为"蛟"兴风作浪导致洪水泛滥,地方文献中对"蛟害"多有记载。据安徽省水利勘测设计院编《安徽省水旱灾害史料整理分析(前190—1949)》统计,徽州历史上蛟害频繁。如顺治八年(1651),"休宁大水,商山出蛟28条,漂没庐舍";康熙五十七年(1718),歙县"万蛟齐出";乾隆九年(1744),绩溪"七月蛟水陡发";乾隆五十三年(1788),祁门"东北诸乡蛟水齐发"等。③而宋代文人彭乘在《墨客挥犀》中对蛟的形态、生活习性及危害性的生动描述则为"鳄鱼是蛟的原型"这一猜想提供了又一佐证。其云:"蛟之状如蛇,其首如虎,长者数丈。多居溪潭石穴,声如牛鸣。岸行或溪行者,时遭其害。见人先腥涎绕之,即于腰下吮其血,血尽乃止。"④

因此,每当蛟害肆虐,徽州民间则有"伐蛟"之术。清代魏廷珍《伐蛟说》云:"江南地方,如徽宁六霍等处,蛟水为患,人畜田舍,随波荡尽,殊可悯恻,访之故老,考之传闻,识产蛟之处,得伐蛟之法。"同治《祁门县志》对此亦有

---

① 吴媛媛:《明清徽州水旱灾害研究》,载《安徽史学》,2008年,第4期第78—87页。
② (宋)赵不悔修,罗愿纂:《新安志》卷二《叙贡赋》,见《宋元方志丛刊》第8册,北京:中华书局,1990年,第7624页。
③ 安徽省水利勘测设计院编:《安徽省水旱灾害史料整理分析(前190—1949)》,1981年,第51—54页。
④ 彭乘:《墨客挥犀》卷三,见《唐宋史料笔记丛刊》,北京:中华书局,2002年,第308页。

记载:

> 祁门高山复岭,每多蛟害。乾隆五十三年,为害尤烈。今详述伐蛟之法,用以先事预防。按:蛇与雉交,生卵,遇雷入地数丈,自能转动,久吮地泉,遂成为蛟。状似蛇,四足细,头有白婴大者数围。蛟所生地,冬雪不存,夏苗不长,鸟雀不集,其土色红,其气朝黄暮黑、星夜有光……乘其未出,掘而煮食之,味甚美。或先用不洁之物镇之,或用铁与犬羊血埋之,或夏日田间做金鼓声禁之,或用荆树汁灌之,皆可以默消其灾于无形……①

徽州多山,易发山洪,人们常受"蛟水"之害。当地人们采用种种禳灾的措施,实际上反映其欲主动避免洪灾造成的损失,其中包含着巫术的思维和行动。"伐蛟"作为禳除洪灾的民间举措,曾在明清时期包括徽州在内的长江中下游地区广为流行。这是由于历史上该地区水灾频繁,有产生"蛟水"传说的民间现实土壤;同时,也源于在江南流传甚广的道教文化中的"许真君斩蛟"故事。事实上,"伐蛟"并不会起到防御洪水的作用,这主要是由于人们受传统的水神崇拜的影响,对洪水暴发缺乏科学的认知而产生的观念误区。②

凡遇大旱之年,为祈求天赐甘露,徽州民间往往要举行盛大的求雨活动。在黟县,民众在求雨前要先素食斋戒,穿上洁净的衣服和鞋子。在求雨的途中不能带雨伞、戴草帽。用葫芦到郊外汲取河、井或潭中的水。返回后,对着盛水的葫芦跪拜,然后将圣水倒入田中。在绩溪县,求雨需先搭建求雨台,台上安放汪公菩萨。仪式开始时,由村董、祠首带领村民在求雨台前烧金银纸,对天祷告,祈求天降甘露,以救民生。而后由和尚来祷告,祷告到下雨为止。村民们手持各色求雨旗、钢叉、三门铳、震天铳,组成三路求雨队伍。各路人马均身背葫芦,到各处龙潭取水,接龙王来降雨。取水人返回时,敲锣打鼓,

---

① (清)同治《祁门县志》卷三六《杂志·祥异》。
② 陈桂权:《"蛟水"与"伐蛟"——基于环境史的解读》,载《唐都学刊》,2013 年,第 3 期第 74—79 页。

沿途各村各寨均备茶招待。路上行人一律放震天铳。游行完毕，将葫芦放在求雨台的菩萨前，一直放到下雨为止。开始下雨时，再将水倒掉，同时拆掉求雨台，将汪公菩萨抬回庙中。① 徽州休宁一带还有"晒大圣"的求雨习俗。旧时久旱不雨，土地干涸，农民便将专司风雨、保护丰收的"大圣"石像，背出庙，放在村口或田畈曝晒，直到下雨为止。

徽州农村还有"开秧门"的农事习俗，农村每年早稻的第一次插秧称为"开秧门"。歙县这一天要设宴请"田公、田母"，朝拜时，先插三根香于田埂，还要虔诚跪拜，并念祈祷歌，云："田公、田母、田伯伯，上丘不长禾，下丘不出薔，保佑我家田里长满薔，喜乐种田人，挑坏割稻客。"休宁、屯溪这一带，当家人去秧田选定"门向"，然后带泥拔出一块秧苗，置于茶盘，捧送回家放在贡桌上，祭拜天地后，将带泥秧苗倒甩上阁板，以全部粘上为无灾无害、生长良好的兆头。

"五谷丰登"和"六畜兴旺"是徽州民间百姓的朴实而又良好的农事愿望。徽州歙县、绩溪等地至今还流行重要的农事习俗——安苗节。"安苗节"就是通过相应的仪式期盼风调雨顺，禾苗苗壮，五谷丰登。绩溪岭南登源一带，安苗节在芒种后选取一吉日举行，歙县及其他地方一般在农历六月初六左右举行。安苗节这天，人们要举行安苗祭祀活动，每家都要做包粿，并供包粿在田畈地头。同时焚香烧纸，并在田里插小红旗，祭祀"谷神"，祈祷丰收。现藏黟县档案馆的清乾隆五年（1740）抄本《菩萨谱》中有《安请禾苗文》，兹录如下：

安请禾苗文

伏以，香焚金炉之内，烟飘宝盖之中。腾瑞气以为台，结祥云而作盖。先伸焚香关启。此间土地，里域真官。于日奏事功曹，值符使者，降伏香筵。听今告白：大清国江南徽州府黟县厶乡厶里厶社管，奉神安苗弟子厶通家眷等，于日投诚言念。传此香信，一心奉请。

---

① 《上庄村志》编委会编：《上庄村志》，皖宣内部图书 2009 第 0000913 号，第 254 页。

上古耕种，神农黄帝。教人播种，老郎先师、后稷大神、泗洲大圣、普照王菩萨。再炷信香，虔诚拜请东方苗稼神君、西方苗稼神君、南方苗稼神君、北方苗稼神君、中央苗稼神君、田公田母神君、田男田女神君、田子田孙神君、掌管五谷神君、开花结子神君、收捉黄虫神君、雷公电母、风伯雨师、作种老郎师傅、本祭社令大神，于日安苗会上，该请一切圣众。标名不尽，仝赴香筵。受沾供养，下有情款。谨当告白：大清国江南徽州府黟县厶乡厶里厶社管居住，奉神安苗弟子厶通家眷等，于日投诚言念。生居盖载之中，务农耕作营生。（或撒谷子在于田内，或种豆子在于坦上，或插禾苗在于田中）特伸托保之门。专取今月厶日，谨备荤素酒礼之仪。恭就（或田或坦）头，特伸拜请。伏望尊神，欢喜纳受。乞求神力，专伸保佑。

　　现今撒种谷子，在于田内。茎茎刺水，粒粒发芽。现今种作豆子，在于坦上。粒粒发芽，根根清秀。现今插莳禾苗，在于田中。根根清秀，稆稆通头。风调雨顺，国泰民安。春生夏长，秋收冬藏。一子落地，万担归仓。神圣聪明，不必再祝。来有香烟拜请，去有钱财奉送。伏望神光，欢喜纳受。下情无任，保安之至。①

　　从文中可以看出，徽州民间农业神灵崇拜的氛围较浓，从神农黄帝、老郎先师、后稷大神、泗洲大圣、普照王菩萨，到东西南北方及中央的苗稼神君，再到田公田母、五谷神君、雷公电母、风伯雨师、作种老郎师傅等无一不加以祭祀。这可以看出徽州巫术文化传统，尤其是其中的神灵崇拜与徽州民众的思维方式、情感态度及行为方式的紧密结合。

　　安苗节的重要环节是"汪公看稻"。"汪公"是指徽州历史上的伟人——汪华。汪华为保一方平安，于唐武德四年（621）将其所占据的歙、杭、宣等六州上表归唐，被封为"上柱国"、"越国公"。汪华为官清正，造福百姓，深受徽州人民爱戴。汪华被誉为"生为忠臣，死为明神"，六州各地均立庙祭祀，尊其

---

① （清）《菩萨谱》，乾隆五年（1740）抄本，藏黟县档案馆，共84页。

为汪公菩萨、汪公大帝太阳菩萨、太平之主或花朝老爷。安苗节当天,徽州家家户户都虔诚地以各种祭品供奉圣祖越国公汪华,并向其敬奉秧苗,而后抬圣祖越国公汪华塑像到田间巡游,察看禾苗长势,此谓"汪公看稻"。"汪公看稻"是徽州以祭祀汪公为中心开展的祖先崇拜、英雄崇拜等民间信仰的反映,希望保境安民的英雄祖先汪华能够继续发挥其当年保障六州安定和民生福祉的作用,这是民间对英雄的神化。

饲养家畜也是徽州重要的农业劳动。猪和牛是徽州民间饲养最普遍的家畜,为保证六畜兴旺,往往会有祭祀猪栏神、牛栏神的活动。与安苗一样,要焚香祷祝,以此通神,期盼神灵保佑。现藏黟县档案馆的清乾隆五年(1740)抄本《菩萨谱》中有《请猪栏牛栏》,兹录如下:

请猪栏牛栏

伏以,神通有感,正直无私。凡有祷求,必蒙感应。今据大清国江南徽州府黟县厶乡厶里厶社管居住,奉神弟子厶通家眷等,于日投诚言念。看养猪牛在于栏内,不凭祈保,难护兴隆。专今月厶日,谨备荤素酒礼之仪,恭就栏前。代吾传此香信,一心拜请东方猪、牛栏土地神君,西方猪、牛栏土地神君,南方猪、牛栏土地神君,北方猪、牛栏土地神君,中央猪、牛栏土地神君,守牛童子,掌牛判官,养猪娘子,喂猪娘娘,栏前栏后一切圣众。仝降香筵,受沾供养。伏望神光,专伸保佑。牧养牛只,上山吃草断根,下山吃水断流。眼似铜铃,脚似铁钉。凶处莫行,险处莫踏。拖犁拖耙,不避轻重。朝不赶自去,夜不收自回。看养猪只,成群旺相。低头吃食,起头长滩。个个异长,只只充肥。年长千金(斤),月长万两。倘有瘟风时气,远遣他方。来有香烟拔请,去有钱财奉送。伏望神光,欢喜纳受。下任无情,保安之至。①

---

① (清)《菩萨谱》,乾隆五年(1740)抄本,藏黟县档案馆,共84页。

从中可见，徽州民间祭祀猪栏、牛栏态度一样要虔诚，需"荤素酒礼之仪，恭就栏前"。猪栏、牛栏同样有土地神君掌管，还有守牛童子、掌牛判官、养猪娘子、喂猪娘娘等，这些角色当然是来自民间的想象世界，是人们对自然界的一些现象加以人格化并对之进行崇拜，借助它们的力量可以使家畜长势喜人，"个个异长，只只充肥。年长千金（斤），月长万两"，从而贡献于人们。

举行包含巫术在内的祭祀活动，并不是说徽州人放弃农业技术改良的努力，而是在农业科学技术较为落后的时代，现实生活中还存在凭借已有的知识和能力所不能认识与把握的外在的因素，借此希冀改变人们在农业生产方面所面临的困境。这实际上也是人们企图通过主动的举措对不利于农业生产的某些因素施加影响，从而减少不利的影响而增加有利的因素，获取精神上的慰藉，实现农业丰收的美好愿景。

第二节 禁 忌

一、关于禁忌

许慎《说文解字》关于"禁"和"忌"的解释："禁，吉凶之忌也。从示林声。居荫切。""忌，憎恶也。从心己声。渠记切。""禁"和"忌"都有"禁止"的含义，都是政治统治和社会约束的有效手段之一。通过"禁"和"忌"来维持一个地方乃至一个国家的政治和社会的正常运转，明确人的行为的基本规范，从而对人们的思想和行为进行较为有力的控制。所不同的是，"禁"更带有强力控制的色彩，作为一种客观存在的戒律，要求大家必须遵守，体现出他律的特点；"忌"更多则是指基于自我约束的主动回避的行为，体现出自律的特点。按许慎的解释，"忌"是源于自我情感的憎恶，体现出自律的特点。当然，"禁"和"忌"既是对群体也是对个体的禁止性约束，也体现在对个体的自我约束。在普通人看来，"禁"和"忌"并无多大差别，他们和"讳"相通，《广韵》更是直接解释:"忌,讳也。"由此可见它们能相互通用。①

我国最迟在东汉就已经明确出现"禁忌"一词。《汉书·艺文志·阴阳家》:"阴阳家流,盖出于羲和之官,敬顺昊天,历象日月星辰,敬授民时,此其所长也。及拘者为之,则牵于禁忌,泥于小数,舍人事而任鬼神。"②东汉时期,"禁忌"一词出现较多。《后汉书》中就有关"禁忌"的9条记载,具体为:《后汉书·郎𫖮襄楷列传》:"臣生长草野,不晓禁忌,披露肝胆,书不择言。"《后汉书·梁统列传》:"尝有西域贾胡,不知禁忌,误杀一兔,转相告言,坐死者十余人。"《后汉书·杨李翟应霍爰徐列传》:"汉兴,诸侯王不力教诲,多触禁忌,故有亡国之祸,而乏嘉善之称。"《后汉书·王充王符仲长统列传》:"贵戚愿其宅吉而制为令名,欲其门坚而造作铁枢,卒其所以败者,非苦禁忌少而门枢朽也,常苦崇财货而行骄僭耳。"《后汉书·杜栾刘李刘谢列传》:"李云所言,虽不识禁忌,干上逆旨,其意归于忠国而已。"《后汉书·蔡邕列传》:"初,朝议以州郡相党,人情比周,乃制婚姻之家及两州人士不得对相监临。至是复有三互法,禁忌转密,选用艰难。幽、冀二州,久缺不补。"《后汉书·循吏列传》:"初,景以为《六经》所载,皆有卜筮,作事举止,质于蓍龟,而众书错糅,吉凶相反,乃参纪众家数术文书,冢宅禁忌,堪舆日相之属,适于事用者,集为《大衍玄基》云。"《后汉书·南蛮西南夷列传》:"初,楚顷襄王时,遣将庄豪从沅水伐夜郎,军至且兰,椓船于岸而步战。既灭夜郎,因留王滇池。以且兰有椓船牂柯处,乃改其名为牂柯。牂柯地多雨潦,俗好巫鬼禁忌,寡畜生,又无蚕桑,故其郡最贫。"《后汉书·百官志二》:"太史令一人,六百石。本注曰:掌天时、星历。凡岁将终,奏新年历。凡国祭祀、丧、娶之事,掌奏良日及时节禁忌。凡国有瑞应、灾异,掌记之。"

由此可见,我国古代典籍中,当"禁忌"作为一个词出现后,它所涵盖的内容较为广泛,它既指国家的禁令、朝廷的法制,又指人们语言和行为的禁区,同时还和宗教、祭祀、巫鬼等现象联系在一起,成为一种较为普遍的文化

---

① 孙京荣:《世俗的法规:甘肃民间禁忌》,兰州:兰州大学出版社,2009年,第2—3页。
② 万建中:《中国民间禁忌风俗》,北京:中国电影出版社,2005年,第4—5页。

现象。

禁忌作为一种习俗和观念,在我国历史较为悠久。然从人类学、宗教学、民俗学的角度对"禁忌"进行专门研究的却是从西方开始的。作为人类学、宗教学、民俗学意义上的"禁忌"一词来源于波利尼西亚群岛的土语 Tabu,现代英语译为 Taboo,在我国亦音译为"塔布"。1777 年,英国航海家柯克船长探险到波利尼西亚群岛的汤加岛,他发现当地土著人有一种奇特的生活现象,比如有些物品只有特殊身份的人才能使用,女性和儿童禁止进入一些公共场合。当地的土著人信仰和崇拜一种超自然的神秘力量,这种力量被称之为"玛那"(Mana),具有这种力量的人和物都是不可触碰的,否则便会得到惩罚。1816 至 1824 年,埃利斯在该群岛生活了 8 年,在离开该群岛 5 年以后,他出版了《波利尼西亚研究》一书,对当地土著人的"塔布"信仰作了详细的阐述。在这以后,人们在太平洋西南部的美拉尼西亚人、美洲的印第安人、澳洲的土著部落、非洲的马达加斯加人等处通过田野调查都发现类似的禁忌现象广为存在。① 在波利尼西亚语中,"塔布"的反义词是"诺亚"(Noa),其含义是"普通的"或"通常可接近的"。因此,"塔布"就具有某种不可接近之物的含义,而且它主要是以各种禁忌和限制的形式表现出来的。

弗洛伊德在《图腾与禁忌》一书中指出"塔布"(禁忌)具有两种相互对立的含义:一方面,它指的是"神圣的"、"被圣化的";另一方面,它又有"神秘"、"危险"、"禁止"和"不洁"的含义。这两方面实际上涉及禁忌的对象。在弗洛伊德看来,塔布不同于宗教或道德上的禁忌,他认为"塔布"(禁忌)与其说是建立在某些神圣戒律之上,不如说是建立在自身之上。弗洛伊德认为,塔布(禁忌)与道德禁忌的不同之处在于:它们并不系统地宣称某些必须遵从的普遍性戒律以及必须遵从的理由。塔布(禁忌)没有什么基础,也没有明确的起源。但对于那些受其控制的人们来说,它们则被视为是理所当然的。②

---

① 孙京荣:《世俗的法规:甘肃民间禁忌》,兰州:兰州大学出版社,2009 年,第 3—5 页。
② [奥地利]弗洛伊德著,赵立玮译:《图腾与禁忌》,上海:上海人民出版社,2005 年,第 27—28 页。

因此,禁忌是对生活中神圣或不洁的现象产生畏惧感后习惯性的表达,这种畏惧感是与信仰崇拜及其相关行为密切联系的。禁忌既存在于人们对语言和行为的习惯中,还存在于生活习俗,甚至是明确的成文法中。禁忌作为一种否定性的行为规范对社会及人加以约束,并调节和控制社会秩序和人们生活。禁忌载体和源泉有时是一个人、一个地方或是一件物品,有时还是一种短暂的状态,都是这种神秘属性的载体或源泉。它也意指那些源自这种神秘属性的禁忌。禁忌系统所表达的是超越我们理解力范围之外的心理态度和思想观念,它的某些内容甚至演变成我们的道德规范和法律根源。

二、徽州的民间禁忌

徽州民俗起源于原始社会旧石器时代末和新石器时代初。徽州多山地,其居民以山越土著及中原移民为主,其民俗文化兼有北方中原民俗和南方吴、越、楚地民俗文化因素,呈现出相对稳固且富有特色的山区民俗特征。[①] 徽州民间禁忌也是如此,既与汉族其他地区民间禁忌有相同之处,又富有地域特色。徽州民间禁忌种类较多,主要有:

1. 节日禁忌

徽州与其他地区一样,其节日习俗与自然、神灵、祖先、英雄等崇拜联系较紧,同时和巫术、禁忌、迷信等密切相关。究其历史渊源,徽州历史上曾分属巫风盛行吴国、越国和楚国,这对徽州节日习俗的形成有重要影响。[②] 如嘉靖《徽州府志》记载徽州九月的习俗:"九月,获姜,霜早降,杀白苎、黑荞。祁、婺之乡占雨,休、歙之地占晴,重阳日占微雨。是月也,苞、姜种,剥桐实。"[③]

徽州各地重视的节日主要有:春节、新春节(立春日)、二月二、清明节、端午节、立夏日、中元节、中秋节、重阳节、腊八节、冬至、小年、除夕等。春节是

---

① 卞利:《徽州民俗》,合肥:安徽人民出版社,2005 年,第 13 页。
② 卞利:《徽州民俗》,合肥:安徽人民出版社,2005 年,第 198 页。
③ (明)嘉靖《徽州府志》卷二《风俗》。

中华民族的传统佳节,徽州各地庆祝春节的活动一般从大年三十持续到农历二月,其中最重要的时间阶段是从正月初一到正月十八。节日禁忌以春节禁忌最为讲究,徽州春节禁忌较多,主要有:一忌说坏话和脏话,正月初一忌对"断奶"的孩子说"卖甜";二忌打碎杯碗器皿;三忌使用剪刀;四忌扫地;五忌向门外泼水;六忌服药;七忌煎炒食物;八忌用白、蓝、绿、青、黄等色。① 犯忌为不吉,未来一年会有破财、生病及其他灾祸发生。

小孩在春节说坏话和脏话是犯忌的,必须用草纸擦拭嘴巴,俗称"擦屁股"。"卖甜"与"卖田"同音,这是谐音禁忌;打破杯碗器皿,必须立即反复说三次"岁岁(碎碎)平安"以消灾化解;使用剪刀,则是"破"的象征,但可以使用针线,寓意"只立不破";扫地和向门外泼水,都是财气外流的表现,在正月初五"接财神、拜财神"那天更是重禁。春节服药则会败坏好兆头,预示将年头吃药到年尾;煎炒在徽州与"争吵"音近,春节期间煎炒食物预示来年家庭不睦;白、蓝、绿、青、黄等色往往与丧事活动联系在一起,在春节喜庆的氛围中属忌讳。在除夕之夜,徽州各地还有"发灯"的习俗。"发灯"即除夕夜在房中、灶台、猪圈、鸡窝,甚至鱼池等处点灯,此夜灯熄则属禁忌,因为徽州方言"灯"与"丁"音近,灯熄则意味家中男丁不旺。

在绩溪县,自除夕至初三,客厅前垃圾应扫集中在客厅主桌桌下,厨房垃圾扫到灶门前,禁止倒屋外。客人走后,其用过的茶水禁倒门外,表示财不外流。② 徽州旧时乡俗,出嫁女除夕夜禁忌在娘家度过,意即出嫁女不能看娘家灯火,否则娘家不利。立春日,女儿禁回娘家,避带走娘家的春神。同理,立春日禁到他人家中做客。小年(农历腊月二十四)这天,徽州农家灶台上禁忌摆东西,因为摆东西会给灶神一种杂乱的印象,而这一天在徽州民间看来正是灶神到天帝奏报本户人家一年来善恶德行的大日子。③

农历二月二,徽州民间认为土地公生日,俗称"龙抬头"。二月二,农民忌

---

① 歙县地方志编纂委员会:《歙县志》,北京:中华书局,1995年,第635页。
② 绩溪县地方志编纂委员会:《绩溪县志》,合肥:黄山书社,1998年,第1057页。
③ 黟县地方志编纂委员会:《黟县志》,北京:光明日报出版社,1988年,第513页。

下地,妇女忌拿针线。① 清明节是祭祀亲人的节日,徽州清明祭祀跟其他地方一样,主要有二忌:一忌新坟祭祀过社日(春社);二忌清明前一日扫墓。立夏日,徽州有"敬门神"习俗。"敬门神"的仪式十分简单,就是在立夏日的早上,用煮熟的鸡蛋在门槛上敲碎,就完成了仪式。立夏这一天,无论大人还是小孩,都禁忌坐在门槛上,理由是这样门神会得不到休息,也就不能很好庇佑门户。徽州民间还忌讳立夏日下雨,俗谚有"立夏落,炒破锅"。因为徽州各地农业以茶为主,立夏日下雨则可能预示整个采茶季节都会下雨,对制茶的炒青环节影响较大,这种禁忌其实是和生活经验紧密相连。

徽州,有些日子虽然不是民间公认的节日,却被一些家庭当作节日看待。比如,家庭成员出行和归家的日子。由于徽州地处山区,自古以来交通不便,行旅极为困难。徽州的行旅有"七不出,八不归"的禁忌,即逢农历初七、十七、二十七不出远门,逢初八、十八、二十八不从远道归家。若恰逢忌日归,则在途中推迟或赶夜路提前回家。婚嫁、出殡同样有此禁忌。②

2. 婚育禁忌

徽州旧时特别重视婚姻,有繁琐的程序和隆重的仪式。其中当然也有一些陋习,清末徽州知府刘汝骥曾以休宁为例总结徽州婚娶中存在九个方面的陋俗,如"论婚之家先讨八字,必问女子缠足不缠足,缠足信为大姓,不缠足者疑为小姓","门户相当,男家无言矣,女家又要求家赀之比我好。彼媒妁以虚与委蛇对付之","事谐矣,开一礼单送男家去,糜费以二百圆为中数","星期既定,聘礼或有不给,媒妁不敢担此任,女家必欲求其盈,虽男家借贷典质而不顾"等。③ 这说明徽州婚娶比较重视门第和财富。清代徽州休宁人吴翟的《茗洲吴氏家典》曾描述当时徽州客观存在的不合"昏礼仪节"婚配现象。

> 慨自昏礼不明,有阴阳拘忌,选命合昏,男女失时者;有自幼许

---

① 黄山市地方志编纂委员会:《黄山市志》,合肥:黄山书社,2010年,第2180页。
② 绩溪县地方志编纂委员会:《绩溪县志》,合肥:黄山书社,1998年,第1057页。
③ (清)刘汝骥:《陶甓公牍》卷一二《法制科·休宁风俗之习惯·婚娶》,安徽印刷局,1911年。

字,指腹为昏,致疾病贫窭,背信爽约者;有门第非偶,妄自缔昏者;有过听媒妁之言,不以性行家法为务,而惟依财附势是急者;有弃亲丧之礼,而讲合卺之仪,宽括发之戚,而修结发之好者;有张鼓吹、演戏剧,以娱宾亲者;有男女混杂,行类禽兽,如世俗所谓闹房者;有往来礼节不周,更相责望,遂致乖争者。种种恶习,不可枚举,有一于此,便非古道。①

尽管以吴翟为代表的徽州先贤对徽州婚配不合古代礼仪的做法大加批评,但民间婚配讲究禁忌的风气从未断绝,且古代礼仪认为"昏有六礼":纳采、问名、纳吉、纳征、请期、亲迎。② 其仪式之繁琐,客观上也为婚配中崇尚禁忌留下了空间。徽州婚配禁忌主要有:第一,年龄禁忌。俗有"只可男大七,不可女大一",即男方可以大女方七岁,而且上限不定;女方不可大男方一岁。但是,男女年龄相差六岁或三岁也属禁忌的范围。年龄相差六岁称为"大六冲",相差三岁叫"小六冲"。③ 第二,属相禁忌。生肖配对时,忌龙配虎,蛇配鼠,称之为"大小龙虎斗";鸡狗相配则是套用"鸡犬不宁"的说法。"龙虎斗"、"鸡犬不宁"都预示婚后夫妻生活不和谐。同时还禁忌属虎与属羊相配,虎羊相配则羊落虎口,预示夫妻一方强势将压倒另一方。禁忌属蛇与属马的相配,俗称"蛇缠马脚",预示会对夫妻属马的一方不利。禁忌属鼠与属羊的相配,俗称"鼠羊相配一旦休",这实际上是民间对阴阳五行相生相克的信仰,因子鼠为水、未羊为土,五行中水土相克,预示婚后运势受阻,家道不旺。第三,"回头亲"禁忌。既姑母家的女儿不能配舅舅家的儿子,反之亦然。第四,血缘禁忌。同姓后裔婚配要超过五代,五代以内血亲不得婚配。徽州婚配禁忌与其他地方民间婚配禁忌大同小异,前两者属于巫术意义的民间禁忌,后两者禁忌则具有医学内涵。徽州还禁忌"红沙年"(即农历丙午、丁未

---

① (清)吴翟辑,刘梦芙点校:《茗洲吴氏家典》卷四,合肥:黄山书社,2006年,第81—82页。
② (清)吴翟辑,刘梦芙点校:《茗洲吴氏家典》卷四,合肥:黄山书社,2006年,第82页。
③ 黄山市地方志编纂委员会:《黄山市志》,合肥:黄山书社,2010年,第2175页。

年,为"凶年")婚嫁,这预示不祥。

徽州人历来有"重男轻女"的生育观念,刘汝骥曾言徽州"民情重生男不重生女,俗有'赔钱货'之呼,憎而贱之"。① 为了保证女子怀孕和生产的顺利进行,徽州民间存在诸多禁忌:新婚洞房的婚床禁忌女孩在上面玩耍,这预示头胎会是女孩;女子怀孕期间,禁忌将裤子张口朝天晾晒,更禁忌将衣裤整晚晾在外面,意指防止鬼怪钻入孕妇衣裤;孕妇禁忌看庙会和开炉孔、门缺、窗户等,避免婴儿出生缺嘴。②

怀孕期间,孕妇的饮食也有禁忌。比如禁忌吃猪肝、鸡肝、兔肉、狗肉、鸭肉等,吃猪肝、鸡肝会使孕妇产后无奶水,因为"肝"与"干"同音,属谐音禁忌;吃兔肉会使出生的孩子长兔唇,吃狗肉会使孩子出生后喜咬人,吃鸭肉会使孩子出生后摇头晃脑。

产妇临盆前,娘家要准备一些婴儿用品送到女儿家,这在徽州民俗中称为"催生"。在送"催生"物品的途中,无论是否晴雨,娘家必须打着雨伞,且禁忌在路途中说话,意为不让天色和人语惊扰了神灵,以此祈求双方往后家庭幸福安康;产妇分娩时,禁忌属虎者和外婆进入产房,俗语"老虎外婆",新生儿见虎犯克。又禁忌女儿在娘家分娩,民间说法这是血洗门庭,对娘家不利。③ 孕妇禁忌在他人新婚良辰、死人入殓和出殡时在场,如孕妇违反禁忌在上述场所现身,则会使他人招致重婚、重丧之祸。

3. 建筑禁忌

美国学者拉普普在谈到民俗传统对于建筑的影响时说:"民俗传统直接而不自觉地依托文化——它的需求和价值,人民的欲望、梦想和情感——转化为实质的形式,它是缩小的世界观,是展现在建筑和聚落上的人民的'理想'环境。"④徽派建筑历来被认为自成一个传统的乡土建筑体系,它不仅具

---

① (清)刘汝骥:《陶甓公牍》卷一二《法制科·绩溪民情之习惯·溺女之有无》,安徽印刷局,1911年。
② 绩溪县地方志编纂委员会:《绩溪县志》,合肥:黄山书社,1998年,第1057页。
③ 休宁县地方志编纂委员会:《休宁县志》,合肥:安徽教育出版社,1990年,第584页。
④ [美]拉普普著,张玫玫译:《住屋形式与文化》,台北:境与象出版社,1969年,第8期。

有物质的意义,而且蕴含着复杂的民间传统文化的符号系统,从选址、布局、造型、结构等空间及形式方面渗透徽州民间的理想、信仰和情感。徽州民间都给予建筑高度重视,祈求通过建造民居庇佑家族兴旺、生活平顺。徽州人一方面崇尚风水信仰,选择吉地营建;另一方面实行建筑禁忌,避免因触犯禁忌、破坏风水而招致灾祸。

徽州民居建筑的禁忌主要有:

一是择地禁忌。徽州建房择地的基本原则是利则建,不利则迁或避。《阳宅十书》卷一《论宅外行第一》中云:"凡宅左有流水,谓之青龙;右有长道,谓之白虎;前有宅池,谓之朱雀;后有丘陵,谓之元(玄)武,为最贵地。"这种体现传统风水学观念的四兽理论正是徽州民间住宅最理想的选址。徽州人选择宅基地,一禁忌宅基地紧连水塘,徽州俗谚曰:"宅前有水后有丘,十人遇此九人忧。家财初有终耗尽,牛羊倒死祸无休。"二禁忌宅基地直接对着道路,徽州俗谚曰:"大路直冲房,灾祸无法挡。"如果无法避免,则要在房子墙体正对道路的方向嵌入一块竖石,上面刻上"泰山石敢当"或"姜太公在此"的字样,这在《鲁班经》中亦有记载。三禁忌宅基地选择在祠前庙后以及寺庵旁,徽州俗谚曰:"祠前庙后无福无寿,井基寺庵有子无孙祸成双。"四禁忌宅基地靠河边及河坝下,徽州俗谚曰:"顺水推舟,一家无有。"当然,徽州民居宅基选择主要依据山水、土壤的分布与走势,体现出追求人与自然和谐的理念。

二是门向禁忌。徽州民间信仰"宅之吉凶全在大门",因为大门"以上接天气,下收地气,层层引进以定吉凶"。门向一般取东南或正南,当然也有因禁忌而改变门向的。如呈坎村(今属徽州区)的民居门向多朝东向,据风水理念,该村南向犯忌。茗洲村(今属休宁县)住宅门向一律朝北,这是地形所限,因为要大门朝山。也有村庄的民居大门朝西南向,这是因为门外山脉在西南向有缺口,便于民居吸纳吉祥之气。徽州民间建宅还有门不对角,门不对池,门不对门,门不对巷的禁忌。大门如果朝向石壁或右侧高于左侧均被视为禁忌。徽州俗谚有"门对石煞,非管即押"。如果犯了这类禁忌,必须在门楣上方写一"吞"字表示破解,悬挂镜子或剪刀表示克制,在门前砌照壁墙或迁移门向表示回避。由于受宅基地所在地形、地势等客观条件的限制,门向无法朝着吉祥的方向时,徽州人便在房屋中设置驱凶避邪而永不开启的假门、斜门。《新安徐氏统宗祠录》曾对此作出说明,曰:"祸绝之方,开门不利。虽造假门,永不宜开。"徽州民居的门向还与房屋主人的职业有关,所谓"商家门不宜南向,南向主火",这成了徽商在建筑门向方面的基本要求。

三是建造禁忌。因徽州民间崇拜土地神,建造房屋需精心选择开工日期,必须选择良辰吉日开工。这是因为建房时禁忌触犯土地神,避免"太岁头上动土"。徽州民居大多为砖木结构,房屋框架全为木制。架梁在徽州民间历来被视为营建中的大事。上梁、竖柱也要请风水先生选良辰、择吉日。① 用作房屋的正梁需在上梁前夜去砍伐。砍伐时禁忌树木倒地,砍伐后禁忌人跨越践踏和沾染污秽。这是因为徽州人坚信正梁容不得亵渎。有意思的是,用作正梁的树木禁忌在自家林地砍伐,而需到别人家林地偷伐。林地主人发现后会大骂偷伐者,却并不上门索赔,建房人家因此赚取"越骂越发"的吉兆。屋架竖起后,"正梁"(屋脊梁)两头须写上"文东武西"字样,中间披红布,插金花一对,横贴"紫微高照"大红纸幅。"照"字下面四点禁忌写全,需少写一点,因为四点则成"火",犯了忌讳。② 建房时,禁忌右屋高左屋低,徽州俗谚有"白虎压青龙(左青龙右白虎),人亡财尽","宁可青龙高一丈,不可白虎高一尺"的说法。在正宅前建造厨房、柴屋等附属房屋,禁忌朝白虎向,否则"白虎当头,子孙不留"。此外,建房还忌讳"大屋背小屋",即大屋后边不能紧接着附厨房、柴房、猪圈等的小屋,否则不吉利,会破财气,殃及后代。这如今看来有些危言耸听,但在徽州民间都成约定俗成的禁忌规矩。

徽州民居中,厨房中的灶台也是十分关键的,灶台的营造丝毫不能马虎。灶台的营造在徽州民间称为"安灶"。安灶首先要选日子,选日子要讲究月忌和日忌。月忌主要是指农历正、三、五、七、九、十一这六个月不安灶;日忌主要是指农历的二、四、六、八、十、十二这六个月的初五、十四、二十三这三天不

---

① 卞利:《徽州民俗》,合肥:安徽人民出版社,2005年,第52页。
② 休宁县地方志编纂委员会:《休宁县志》,合肥:安徽教育出版社,1990年,第583页。

安灶。其他时间均可,但以农历的二、四、六、八、十、十二这六个月的初三与十一最适宜。徽州俗话说:"初三、十一,日子不须择的。"但也有少数人家除去忌月与忌日不安灶,其他日子则不十分讲究禁忌,认为:"择日不如撞日。"在徽州,安灶也需定向。依据风水学,徽州民间安灶定向的原则是:灶在乾方自灭门,亥壬二位捐儿孙,子癸坤宫灾困死,辰乙失火又遭瘟,寅中辰位诸福德,丑上六畜祸难分,巳丙两方遭殃火,庚酉辛方大旺兴。徽州民居中的灶台禁忌朝北向,有"灶口不朝北"之禁。徽州民间信仰按天干地支相配五行,因北方属壬癸亥子水方,认为水能克火,灶内将烧火不旺。

4. 丧事禁忌

人死不能复生,人死即阴阳两隔。但我国历来重视血脉亲情,认为人死以后总会通过各种方式与阳世保持着千丝万缕的联系。徽州人也是如此,秉承着"事死如事生"的理念和"慎终追远"的意识,对丧葬礼仪特别重视。徽州的丧葬礼仪既反映宗族、祖先和神灵崇拜等民间信仰,又有恪守朱熹理学和《文公家礼》的礼仪规范,同时兼有儒、释、道等宗教仪式,是原始观念和封建观念的混合体。[①] 徽州的丧葬习俗在历代地方志中已有记载,如万历《休宁县志》云:"嘉(靖)、隆(庆)以来,多遵文公家礼,厚薄虽称家,而衣衾含殓,人子务自致焉。四日始成服,设灵座,树名旌,擗踊苫次,茹素啜粥,以承四方之吊。朝夕设饭,七日致奠。"休宁县茗洲村人吴翟于清康熙、雍正年间编刻的《茗洲吴氏家典》,其中反映出明清时期徽州的丧葬礼俗具有程序复杂、礼节繁琐、铺张厚葬成风、儒释道三教杂糅等特点。[②] 徽州民间认为死人和活人虽处于不同的彼岸世界,但两者是相通的。因此,徽州丧葬习俗便有诸多禁忌,以确保亡灵的安详,生者的安康。

徽州民间的丧事禁忌主要有:

一是死亡禁忌。死亡禁忌主要分年龄和场合两种。死亡的年龄禁忌是

[①] 黄山市地方志编纂委员会:《黄山市志》,合肥:黄山书社,2010 年,第 2178 页。
[②] 卞利:《明清以来徽州丧葬礼俗初探》,载《社会科学》,2012 年,第 9 期第 131－143 页。

指徽州乡俗认为老人在八十一岁去世是不吉祥的象征,俗语云:"八十一死不得,死了儿孙没饭吃。"如果时不凑巧,家中凡有老人于虚岁八十一死亡,亲人在办完丧事后,需要披麻戴孝去乞讨百家饭。乞讨回来的饭菜须一锅同煮,亲属共同分吃,民间认为此举可免去将来子孙"没饭吃"之灾祸。① 同时,人在腊月和正月死亡亦属忌讳。徽州民间忌讳人在三十六岁死亡,俗称"半世死",对家族是不吉利的。人的年龄还有一些"坎",如七十三、八十四岁,有"七十三、八十四,阎王不请自己去"的说法,因此七十三和八十四亦成为死亡的禁忌年龄。未成年人死亡,称为"幼丧",如死亡时间正值春庚申、夏甲子之日,则是大凶,属禁忌。② 死亡的场合,徽州民间禁忌人死在偏室卧房,而应在正寝内。《茗洲吴氏家典》载:"疾病,迁居正寝。既绝,乃哭。"③徽州人还忌讳人死在外乡,禁忌抬死人进村。如果有人不幸死在外乡,则必须在本村村口停尸收殓,忌尸骨还家犯邻居之忌。④ 至于那些轻生而死的人,徽州民间谓之"犯十恶",这些人死后三年禁"晋主"入祠。父母病危弥留之际,亲生女儿必须回避,禁忌在现场,民间有"骨肉到堂,家散人亡"的说法。⑤

二是殓尸禁忌。吴翟《茗洲吴氏家典》对徽州包括殓尸在内的丧葬仪式及程序有详细的描述,殓尸分为"小殓"和"大殓"两个环节,"小殓"是指给死者洁身、穿寿衣,然后挺尸于堂内;"大殓"是指死者入棺。⑥ 徽州民间殓尸程序也有不遵礼制的情况发生。如民国《歙县志》指出:"丧礼,殓死,衣冠犹存古制。俗尚七七,延僧诵经,相沿已久。"其中的禁忌自然必不可少,如"买水洗尸"后洗尸水禁忌乱泼,生者脚不能踩到死者的洗尸水,否则晦气上身。所谓"买水洗尸",即给死者更衣前,需象征性地洁身,而洁身所用之水需到小溪

---

① 歙县地方志编纂委员会:《歙县志》,北京:中华书局,1995年,第636页。
② 任骋:《中国民间禁忌》(增补本),石家庄:花山文艺出版社,1998年,第382页。
③ (清)吴翟辑,刘梦芙点校:《茗洲吴氏家典》卷五,合肥:黄山书社,2006年,第129页。
④ 《溪头志》编纂委员会:《溪头志》,合肥:合肥工业大学出版社,2003年,第845页。
⑤ 休宁县地方志编纂委员会:《休宁县志》,合肥:安徽教育出版社,1990年,第584页。
⑥ (清)吴翟辑,刘梦芙点校:《茗洲吴氏家典》卷五,合肥:黄山书社,2006年,第133—135页。

边焚烧纸钱后取用。死者的寿衣一般用单数,禁忌双数,唯恐丧事再临。寿衣上禁忌保留纽扣,如果寿衣是死者生前穿过的衣服,需事先将纽扣全部去除。殓尸时,禁忌孕妇在场,禁忌与死者生肖相克者在场。亲友在死者入殓后,禁忌直接离去,需用纸将自己的衣服及头、脸揩拭,意把所有的"霉气"给死者带进棺材,生者则可万事大吉。殓尸最后的程序是钉棺材盖,俗称"子孙钉",钉棺盖一般先用秤砣敲击,俗称"应钉"。棺木中间的"子孙钉"禁忌钉紧,俗称"留钉",即"留后"之意。

三是奔丧禁忌。徽州民间人家如不幸有成员死亡,该家庭称为"丧家"。丧家需向亲友报死讯,名为"关素"。"关素"主要有两种,其一是派专人登门口报,报丧者手持雨伞进门,将伞尖朝下放置在大门里侧,亲友一见便知;其二是发讣告,若是男性去世,讣告正文称"寿终正寝",若是女性去世,讣告正文称"寿终内寝"。

吴翟《茗洲吴氏家典》对"闻丧、奔丧"也有较为详尽的说明,其中就奔父母丧云:

> 始闻亲丧,哭。易服。遂行。道中哀至,则哭。望其州境、其县境、其城、其家,皆哭。入门诣柩前,再拜,再变服,就位哭。诣柩前,拜,兴,拜,兴,拜,兴,拜,兴。擗踊无数。拜吊尊长。受卑幼拜吊。被发,徒跣,不食。就位哭。袒,括发,袭衣。后四日成服,举哀。相吊,受吊。稽颡再拜。①

从以上文字可以看出,徽州民间的奔丧礼俗基本与《礼记·奔丧》中的要求一致,说明儒家礼仪在徽州民间有着重要影响。奔丧的禁忌主要有:奔丧途中禁忌在闹市哭泣;亲友奔丧送香、烛、纸时,要直接送到死者家中,禁忌中途串门。清明上坟途中,亦禁忌将祭品带入他人家中。哭泣时,禁忌眼泪滴在死者身上,民间认为此举会引发僵尸的后果。给死者穿寿衣时,禁忌亲属

---

① (清)吴翟辑,刘梦芙点校:《茗洲吴氏家典》卷五,合肥:黄山书社,2006年,第206页。

在旁哭泣,认为这会使亡灵不安。出嫁之女要为父母"戴孝"。"戴孝"是指父母去世后臂戴黑纱,鞋缝白布,手腕系白布条等。父母丧期既满,则需去除上述物件,名为"去孝",但禁忌在婆家(尤其公婆健在)"去孝"。

四是造坟禁忌。我国很早就有"坟墓必择吉地"的民间信仰,晋朝郭璞就有《葬经》一书,预言墓地选择与后代福祉的关系。徽州的丧葬方式基本为土葬,阴宅建造亦是人生大事。晚辈为长辈造坟及安葬不当,则会受到惩罚。清代赵吉士在《寄园寄所寄》中就引用《㓂庵偶笔》中的一则民间故事说明这种现象:

> 休宁汪季阁偶触伤足大拇指,痛苦十余年,百药不效。后移其父柩营葬,棺久厝浅土,底已坏烂,见一足指在棺外。乃易新棺,纳指于内,以锦裹束。葬甫半月,而季阁之足指,不治自愈。①

徽州民间的造坟谨遵朱熹《家礼》,有"五患之忌"。《家礼》曰:"惟五患者不得不谨,须使它日不为道路,不为城市,不为沟池,不为势豪所夺,不为耕犁所及也。"②吴翟《茗洲吴氏家典》对徽州治葬礼仪做了详细介绍,指出徽州治葬"世俗信葬师之说,既择年、月、日、时,又择山水形式,认为子孙的贫富、贵贱、贤愚、寿夭,尽系于此。"③

徽州民间的造坟除"五患之忌"外,还有其他禁忌。与建房禁忌类似,造坟亦禁忌"白虎压青龙"。以人背坟,右手为西,为白虎;左手为东,为青龙。选址时,青龙向山脉要高于白虎向山脉,否则人丁财气均不利。徽州多山,根据五行观念,五行相生者为吉山,可安葬;五行相克者为凶山,禁忌安葬。如果死者本命属木,则要安葬在北方壬癸亥子属水之座山,按照水能生木之论,后代子孙即能大发;禁忌安葬在西方庚申辛酉属金之座山,按照金克木之论,有断子绝孙之虞。同一座山安葬,晚辈的坟墓地势禁忌高于长辈之坟。造坟

---

① (清)赵吉士辑:《寄园寄所寄》卷上,上海:大达图书供应社,1935年,第218页。
② (宋)朱熹:《家礼》卷四《治葬》,北京:北京图书馆出版社,2004年。
③ (清)吴翟辑,刘梦芙点校:《茗洲吴氏家典》卷五,合肥:黄山书社,2006年,第138页。

日期也有禁忌,农历正、三、五、七、九、十一六个月不造坟。

5. 农事禁忌

农事禁忌是农业劳动者为了自身的生存和发展而在农事行为方面的自我约束、自我保护。这一方面是劳动者为顺应天时及对神灵的崇拜和畏惧,另一方面则是出于期盼农业丰收的功利性目的。这表明农事禁忌是在一个相对落后且封闭的农业系统里,农业劳动者对神秘的大自然所作出的妥协和让步,它也是联系人与自然的一条脆弱的纽带。① 徽州向来有"七山一水一分田,一分道路和庄园"之称,意即徽州多山少田。因此,徽州农业是典型的山区农业,体现以山林劳作为主、田地劳作为辅的特点。徽州农业禁忌与其他地方的农业禁忌一样,在农业生产和生活中曾起到一定的规范和约束作用。随着农业文明现代化的到来,有的农业禁忌逐渐消亡,但仍有部分农业禁忌依然存在,成为农业文化的一部分。

水旱灾害是农业发展的天敌。关于可能引发水灾的禁忌,徽州地方文献鲜有提及。但在民间对下雨的时间有所忌讳,如忌立秋日打雷、下雨,忌立秋时辰前起风,俗谚"(立秋日)一雷波万顷"、"雷打秋,晚禾折半收"、"秋甲子忌雨,雨则多涝"、"秋前北风秋后雨"等;忌白露下雨,俗谚"白露前是雨,白露后是鬼",说明白露下雨可能导致洪水泛滥;冬至忌晴天,俗谚"干净冬至,邋遢年",意谓冬至天晴则预示春节期间将雨水不断,影响春耕。

在徽州,旱灾对农民的生产与生活亦造成严重的危害。徽州由于水田资源有限,因此对水稻种植格外重视。如民间有"关王爷(关公)磨刀"的传说,农历五月十三日为关王爷磨刀日,是日忌晴天,因磨刀需水;如晴天,则预示有旱情,不利于水稻生长。② 如持续干旱,为祈求天赐甘露,徽州民间往往会组织频繁的求雨活动。民众在求雨前要先素食斋戒,穿上洁净的衣服和鞋子。在求雨的途中禁忌带雨伞、戴草帽,否则视为不虔诚,求雨无效。如遇求

---

① 万建中:《中国民间禁忌习俗》,北京:中国电影出版社,2005年,第73页。
② 黟县地方志编纂委员会:《黟县志》,北京:光明日报出版社,1988年,第514页。

雨队伍，路人也需自动收起雨伞或除去草帽，以示虔诚。①

种子是丰收的希望，徽州有关于农作物种子方面的禁忌，如农民种植作物缺少种子时，忌向邻居讨要种子，必须用其他东西等价交换。农民每年在秋收前后，都有选留种子的习惯。所选种子晒干筛净后，用红布袋装置，悬挂梁上或者用坛、罐盛装密盖，以备来年之用。在选留种子的过程中，忌妇女插手，忌说破话，忌在装留稻种的稻箩上架腿或跌坐。一年一熟，浸稻种多在清明前后。所谓"懵里懵懂，清明下种"。浸种过程中，也是以男性为主，浸种的器皿上插以柳枝，象征"一年之计在于春"的意思。稻种发芽以后，禁忌说"白"，要叫"发"。②

农业劳作时间方面也存在禁忌，徽州民间在一些特殊的日子是禁忌劳作的。如正月初一到元宵节忌下地劳作，民间认为此时劳作会触犯神灵，导致流年不利。农历二月二是土地节，即土地神的生日，这一天农民忌下地，妇女亦忌拿针线。③ 同时，徽州民间与其他地方一样有敬雷神的农业习俗，在每年首次打雷时，忌犁田、耕地、播种，若犯忌，则会雨水不调，庄稼歉收。每月初一、十五，农家忌挑粪、忌倒粪桶。这种劳作时间方面的禁忌，一方面对农业生产产生消极影响，另一方面客观上起到调整人们劳作和休息的积极作用。④

收获作物时，徽州民间忌讳给作物估产；忌讳邻人打听收成；向别人问候时禁忌说"作物都收完了吧"这样的话语。同时，忌讳女子进打粮场所，认为女子"不洁"，会玷污粮食。这如今已成荒唐之事，已无此类禁忌。禁忌有人休息时坐在打粮食的石磙上，徽州民间将石磙亦奉为"青龙"，人坐在石磙上，意谓"强压青龙头"，必会触犯神灵，坐石磙的人亦会"烂裤裆"。

养蚕、缫丝在徽州是古老的农业活动，徽州民间养蚕遵守元代人编纂的

---

① 屯溪市地方志编纂委员会：《屯溪市志》，合肥：安徽教育出版社，1990年，第398页。
② 屯溪市地方志编纂委员会：《屯溪市志》，合肥：安徽教育出版社，1990年，第398页。
③ 屯溪市地方志编纂委员会：《屯溪市志》，合肥：安徽教育出版社，1990年，第398页。
④ 尉迟从泰：《民间禁忌》，郑州：海燕出版社，1997年，第273页。

《养蚕辑要》的"七忌",即"自小至大忌烟熏;忌酒醋五辛;忌麝香油气;忌饲雾叶;忌饲热叶;忌侧近舂捣;忌丧服产妇",其中前六忌是由蚕的生理习性决定的,这属于养蚕的劳动经验。最后一忌则是由于丧服、产妇均是"不洁"的象征,可能会导致养蚕不顺利,这就属于我们所讨论的民间禁忌范畴。因此,在徽州养蚕季节到来时,家家户户的妇女需洗净养蚕用具,打扫房屋及院落。养蚕人还需要熏香沐浴。

杀猪历来是徽州民间重大节庆的重要内容,也是庆祝农业丰收的重要活动。杀猪亦有禁忌,杀猪应一刀杀死,忌杀两刀。杀猪刀使用后要扔在地上,刀尖忌朝主人家门,否则该家将有凶事。徽州山多林密,为保护森林,禁止乱砍滥伐,现存的徽州文书有大量"山禁"文书。村庄的水口林更是禁忌砍伐,砍伐水口林木不仅会得到宗族的惩罚而且会给全村带来灾难。如确属需要,农民进山斫树,多结伴而行。斫树下山后忌言"回家",而应讲"草鞋翻翻边吧",否则会有灾祸。[①]

6. 商业禁忌

徽州历来被视为文化之乡,有"程朱阙里"和"东南邹鲁"之称。徽州又是商业文化极为发达的地域。读书和经商,这曾是徽州人生活的重要出路。如隆庆祁门《文堂乡约家法》所云:"人生在世,须是各安其命,各理其生。如聪明便用心读书,如愚鲁便用心买卖,如再无本钱,便习手艺,及耕田种地,与人工活。"[②]明清时期,徽商在我国有着极强的影响力,称雄商界三百余年,"全国金融几可操纵"。徽商足迹遍及各地,江南一带有"无徽不成镇"的民谚。[③]受徽州特有的自然环境和人文风尚的影响,徽商有"贾而好儒"、"商而兼士"的特征,"儒贾"二字反映出徽商思想素质和文化素质,体现出异于其他商帮的独特之处。[④]

[①] 绩溪县地方志编纂委员会:《绩溪县志》,合肥:黄山书社,1998年,第1049页。
[②] 卞利:《徽州民俗》,合肥:安徽人民出版社,2005年,第36页。
[③] (民国)《歙县志》卷一《舆地志·风土》。
[④] 周晓光、李琳琦:《徽商与经营文化》,上海:世界图书出版公司,1998年,第9页。

徽商在长期的商业活动中,历史地形成自身的经营理念和经营文化,其中就包括他们所奉行的禁忌法则。徽州有"前世不修,生在徽州。十二三岁,往外一丢"的民谚,意思是说徽州土地贫瘠,粮食短缺,许多孩子从小就要被家庭送到外地学习经商,做商业学徒。学徒生活十分辛苦,每天清晨要提前一至两个小时起床,打扫店堂,洗刷水烟筒,并负责为伙房买米买菜。打扫店堂垃圾有禁忌,禁忌垃圾由里往外扫,而应由外往里扫,避免把财气扫地出门。①

徽商的居屋门向亦有禁忌。从自然条件说,房屋门向宜"坐北朝南",这样的朝向可保冬暖夏凉。但我国汉代就流行着"商家门不宜南向,征家门不宜北向"的说法,明清时期,徽商在家乡所建民居采用此说法,大多是大门朝北,而忌朝南,这在至今保存完好的黟县西递、宏村等地徽商所建的古民居中可以得到印证。徽商居屋的门向禁忌,一方面是由于"南"与"难"谐音,另一方面是信奉五行观念。按五行说法,"商属金",南方则属火,火克金,则门向不宜朝南;北方属水,则寓意财源滚滚来。

明代徽州人程春宇选辑的《士商类要》是徽商编纂的有关商业经营活动的典籍,其中就包含商人起居饮食和修身养性方面的经验与禁忌。其涉及的经商及生活禁忌主要有:起居杂忌、阳宅宜忌、随时避忌、饮食杂忌等。

《士商类要》卷四《起居杂忌》有"乱发藏卧房中久,招不详"、"夜梦不详不宜说,夜间不宜说鬼神事"、"星月下,不可裸形"、"夜间不宜朝西北小遗"、"向星神庙宇,不可大小便"、"晦日不可大醉"、"本命日及风、雨、雷、电、大寒、大暑、日月薄蚀、庚申、甲子,并朔望、晦日、四时、二社、二分、二至,并忌房事"、"口勿吹灯,损气"、"雷鸣时,不可仰卧"、"睡卧勿当舍脊,主招不详"等禁忌条目。②

《士商类要》卷四《阳宅宜忌》中有"凡人家起屋,不可先砌墙垣,为之'困'字,主人家不兴旺也"、"凡人家屋后,不宜起小屋,为之停丧屋,主损人口"、

---

① 歙县地方志编纂委员会:《歙县志》,北京:中华书局,1995年,第628页。
② (明)程春宇:《士商类要》,上海:上海古籍出版社,2006年,第351页。

"凡人家起屋,莫开池塘,为之'漏胎泄气',主退财绝嗣"、"凡人家住屋朝空,主退财不发"、"凡人家住屋折去半边,为之破家,主人不旺,贫穷"、"凡人家门前后,沟渠水不可分,八字水绝嗣退财"等禁忌条目。①

《士商类要》卷四《随时避忌》中有"又早起空腹,不宜见尸"、"五月二十八日,人神在阴,切忌欲事"、"岁除之夜,乃天地交会日,切忌欲事。如犯之,主有三年离别之厄"等禁忌条目。②

《士商类要》卷四《饮食杂忌》中有"葡萄架下,不宜饮酒"、"孕妇食兔肉,令子缺唇"、"食山羊肉,令子多疾"、"食羊肝,令子多厄"、"食鳖肉,令子颈短"、"食螃蟹,令子横生"等禁忌条目。③

《士商类要》作为明代的日用类书和商书,其中所选辑的内容可以看出徽商对自身商业经营及居家生活行为的自我规范和约束。这反映出在商业社会,徽商注重自省和自律,注重道德和文化修养,是具有较高道德水准和文化素质的群体。这在禁忌条目之外,还在《士商类要》卷四的《立身持己》、《省心法言》、《思虑醒言》、《养心穷理》、《勤读书史》、《警世歌词》等篇中得到充分体现,反映出以儒家为代表的传统文化植根于徽商的经营中。徽商的商业禁忌不仅是道德修身的需要,也是徽商出于商业经营和日常生活的安全考虑而采取的自我规避风险的具体做法,体现出徽商强烈的商业安全意识。

徽州民间巫文化影响着民众的日常生活,巫术和禁忌信仰渗透在岁时节日、婚丧嫁娶、衣食住行、生老病死等方方面面。徽州民间的巫术和禁忌既有汉族地区民间信仰的特点,大多出于对"万物有灵"的崇拜;同时在祖先崇拜、民间英雄崇拜等方面又具有鲜明的地域特色。巫术和禁忌大多属于想象性的生活实践,建立在心灵感应的基础上。尽管其功利性的目的十分明显,但也历史性地总结了民众的哲理经验、伦理情感、智慧情趣以及生命意识等。

徽州民间巫术和禁忌同样产生于原始的蒙昧时代,是人们把自然界难以

---

① (明)程春宇:《士商类要》,上海:上海古籍出版社,2006年,第352页。
② (明)程春宇:《士商类要》,上海:上海古籍出版社,2006年,第355页。
③ (明)程春宇:《士商类要》,上海:上海古籍出版社,2006年,第355页。

认识和不可制服的力量视为一种异己力量,从而无法对其进行正确认知的文化意识活动。正如马克思、恩格斯在《德意志意识形态》中所言:"自然界起初是作为一种完全异己的,有无限威力的和不可制服的力量与人们对立,人们同它的关系完全像动物同它的关系一样,人们就像牲畜一样服从它的权力。"① 在有着巫术和禁忌信仰的人们看来,自然和社会中一切具有人格的对象,无论是人还是神,最终都从属于一种能够控制一切的神秘力量。从本质上说,巫术和禁忌基于超自然的想象,它反映的并不是存在于自然和社会中的客观真理。从某种意义上说,巫术和禁忌是人们探究事物因果关系和发展秩序时的颠倒和错误的意识,是对现实世界的歪曲反映。正如弗雷泽指出:"巫术的严重缺点,不在于它对某种由客观规律决定的事件程序的一般假定,而在于它对控制这种程序的特殊规律的性质的完全错误的认识。"②

但不可否认的是,巫术和禁忌并没有随着科技和文化的发展而完全退出民众的生活。徽州民间至今还保留着巫术和禁忌的行为,这是因为人们至今也没有完全控制自然的能力,有时需要通过巫术和禁忌来试图理解、预测、控制生活的神秘性。这种充满着精神胜利的民间信仰,寄寓着民众的心理抚慰和对未来生活的期盼。同时,巫术和禁忌所拥有的价值和制度范式又在一定程度上协调和整合民间社会秩序,对民间道德的建构亦有促进作用。正如马林诺夫斯基指出:"我们知道巫术不是科学,亦不是假科学;我们知道它并不助长思想万能的见解;我们知道它是不能用'曼那'来解释,亦不是原始人类的愚蠢,因为我们已见就是我们自己所谓文明人中也脱不了它。若这是愚蠢,则这愚蠢是普遍的。但是这愚蠢却又是这样不能缺少,它决不能只是一种劣根性而已。"③

---

① 中共中央马克思恩格斯列宁斯大林著作编译局编:《马克思恩格斯选集》第一卷,北京:人民出版社,1972年,第35页。
② [英]弗雷泽著,徐育新、汪培基等译:《金枝》,北京:大众文艺出版社,1998年,第47页。
③ [英]马林诺夫斯基著,费孝通译:《文化论》,北京:中国民间文艺出版社,1987年,第65页。

我们研究巫术和禁忌,当然并不是要在民间重新确立巫术的相应法则。随着科学的进一步发展,巫术和禁忌的作用会逐渐终结。但我们目前并不能抱着鄙夷的态度看待巫术和禁忌,作为民间信仰的组成部分,巫术和禁忌有着认识和研究的价值。

参考文献

[1](清)林枚.阳宅会心集.清嘉庆十六年(1811)刻本.

[2](唐)李吉甫.元和郡县志.上海:上海古籍出版社,1987.

[3]李乔.中国行业神崇拜.北京:中国华侨出版公司,1990.

[4]胡道静等主编.藏外道书.成都:巴蜀书社,1992.

[5](后晋)刘昫等.旧唐书.长春:吉林人民出版社,1995.

[6](北宋)欧阳修,宋祁.新唐书.长春:吉林人民出版社,1995.

[7]乌丙安.中国民间信仰.上海:上海人民出版社,1995.

[8]常建华.宗族志.上海:上海人民出版社,1998.

[9]溪头志编纂委员会.溪头志.合肥:合肥工业大学出版社,2003.

[10]赵华富.徽州宗族研究.合肥:安徽大学出版社,2004.

[11]冯尔康.18世纪以来中国家族的现代转向.上海:上海人民出版社,2005.

[12]冯剑辉.崇商重文两相济——万安.合肥:合肥工业大学出版社,2011.